汉译世界学术名著丛书

语用学原则

〔英〕杰弗里·利奇 著

冉永平 译

商务印书馆
创于1897 The Commercial Press

Authorized translation from the English language edition:

Principles of Pragmatics

根据英国卢德里奇出版公司 2018 年英文版译出

汉译世界学术名著丛书
出 版 说 明

我馆历来重视移译世界各国学术名著。从20世纪50年代起，更致力于翻译出版马克思主义诞生以前的古典学术著作，同时适当介绍当代具有定评的各派代表作品。我们确信只有用人类创造的全部知识财富来丰富自己的头脑，才能够建成现代化的社会主义社会。这些书籍所蕴藏的思想财富和学术价值，为学人所熟悉，毋需赘述。这些译本过去以单行本印行，难见系统，汇编为丛书，才能相得益彰，蔚为大观，既便于研读查考，又利于文化积累。为此，我们从1981年着手分辑刊行，至2021年已先后分十九辑印行名著850种。现继续编印第二十辑，到2022年出版至900种。今后在积累单本著作的基础上仍将陆续以名著版印行。希望海内外读书界、著译界给我们批评、建议，帮助我们把这套丛书出得更好。

商务印书馆编辑部

2021年9月

译者前言

自20世纪70年代以来，礼貌就一直是语用学研究的核心议题之一。迄今为止，礼貌研究经历了两个重要的发展阶段，第一阶段是经典礼貌理论时期，以杰弗里·利奇（Leech 1983）、布朗和莱文森（Brown & Levinson 1978/1987）等学者为代表，主要依靠研究者或分析者的客位（etic）视角探究礼貌形式与礼貌策略；第二阶段是后现代礼貌理论时期，以埃伦（Eelen 2001）、洛克和瓦茨（Locher & Watts 2005）等学者为代表，聚焦于交际参与者主位（emic）视角下的礼貌感知与礼貌评价，体现了礼貌研究的视角转向与话语转向（discursive turn）。这些年来，尽管礼貌研究取得了多方面的突破性成果，新的理论主张和分析模式层出不穷，但经典礼貌理论对社交语用、人际语用等研究的影响仍然深远且广泛，比如利奇提出的礼貌原则（the Politeness Principle），它是研究（不）礼貌问题、人际语用问题等所涉及的重要理论框架。作为礼貌研究的起源（roots of politeness research）（Kádár & Haugh 2013：34）之一，利奇的礼貌原则依然深刻地影响着我们对礼貌的理解与认识。不仅如此，该理论还被广泛应用于人际交往的语用学研究。

利奇的代表性语用学思想主要体现于1983年朗文公司（Longman

Group Limited）出版的《语用学原则》（*Principles of Pragmatics*）一书。为了帮助国内读者更好地学习和了解国外学者提出的语用学理论，指导与（不）礼貌相关的研究，商务印书馆出版本书的汉译本，希望能够对国内读者有所裨益。全书包括十章，利奇拓展了格赖斯（Grice）合作原则（the Cooperative Principle）所延续的人际语用问题，首次提出了"礼貌原则"，认为该原则是对合作原则的"拯救"，因为它能够说明合作原则无法解释的礼貌现象，可为语言选择，尤其是交际策略等的选择提供语用理据。同时，他将礼貌原则嵌于宏观的人际修辞（Interpersonal Rhetoric）框架之中，并对语法与语用的关系、交际策略、施为用意、间接言语行为等进行了人际修辞视角下的界定与阐释。作为涉及人际语用学思想的先驱代表，本书具有如下三方面的显著特色：

一、它是一本系统地介绍语法与语用学之间关系的著作。不同于以往的语义论（semanticism）和语用论（pragmaticism），利奇提出了"互补论"（complementarism）的观点，主张采用语法与语用相结合的方法，从微观层面描述和解释语言使用及其意义的交际特征。他认为，语法与语用学存在密切联系，又有本质区别。二者的差异体现为各自不同的基本假设和研究范式，比如，"语法规则具有规约性，普通语用学原则受交际目标的驱动，具有非规约性"，"语法具有概念性，语用具有人际性和篇章性"，"语法描述基于离散性与确定性范畴，语用描述基于连续性与不确定性意义"，等等。在此基础上，利奇提出了形式–功能观，即：语言包括语法和语用，语法是抽象的形式系统，而语用涉及策略与原则，是交际顺利进行的保证。

二、全书内容的哲学底蕴深厚，逻辑结构严密。利奇吸取了语言哲学、逻辑学、科学哲学等领域的研究成果，并进行了综合与融汇，丰富了人际交往所涉及的人际修辞理论。特别是在本书的第三章，他将科学哲学家波普尔（Popper）的“三个世界”理论应用到了语言形式与功能的讨论中。比如，他认为波普尔的“三个世界”不能解释社会现象或机构性事实的存在，进而提出了“四个世界”的概念范畴。其中，“第1世界”是包括物理实体和生物状态的物理世界，“第2世界”是包括个体心理与主观经验的心智世界，“第3世界”是超越个体、走向主体间性的社会世界，“第4世界”是独立于心智或社会现象的客观世界。在利奇看来，语言或语法属于第4世界中的一种现象，语用学研究第4世界现象与第3世界现象（即社会）之间的关系，目的在于提供一种功能性的分析视角。此外，利奇还根据“四个世界”范畴，批判了多个语言学流派的不足，认为语言学研究不应局限于语言世界本身，也不应局限于语言世界与物理世界或个体心智世界之间的关系，还应从语用的角度阐释社会世界与语言社区之间的关系。

三、提出了人际修辞理论的核心原则——礼貌原则。在梳理语用学的产生背景和发展脉络的基础上，利奇重点阐述了人际修辞理论的主要内容，包括合作原则、礼貌原则、反讽原则、玩笑原则等社交语用原则，其中最大的亮点与创新之处就是所提出的礼貌原则。他认为，礼貌原则可以弥补格赖斯合作原则对相关问题的解释力缺陷，比如涵义与语力、语言表达与交际目的等之间的相互关系，还可以在更高层次上对维护和调节人际关系和谐等的语用理据进行阐释。具体而言，礼貌就是最小程度地向他人表示受损，或最大程度地向他人表示受益，为此需要遵循得体准则、慷慨准则、赞誉准则、谦逊准则、一致准则和同情准则六条准则。每条准则包括两条次准则，涉及语言形式与交际策略的选择，以及说话人和听话人之间受损与受益的表现。在利奇看来，人际交往中的礼貌原则与合作原则之间存在相互矛盾之处，比如合作原则要求遵循其中的量准则，但为什么交际中又存在很多间接性或含糊性话语呢？因为有的交际信息不能直接表述，否则会对人际关系产生负面效应。为此，我们需要交际中的人际修辞理论。在礼貌原则内部，也存在着不同准则或次准则之间的相互矛盾与冲突。利奇还运用礼貌原则及其人际修辞理论框架，对英语语法、施为句、言语行为动词等进行了批判与重释，也对奥斯汀（Austin）和塞尔（Searle）的言语行为理论进行了新的解读，意在揭示人际交往中语言使用的社交语用、人际语用等语用理据。

在本书中，利奇从人际修辞、社会心理、形式–功能等角度看待交际互动，强调语言交际的目的不仅在于传递语言信息或命题内容，还在于建构并维护适宜的人际关系，尤其（不）礼貌视角下的人际关系。通过礼貌原则的理论分析与例释运用，充分体现了利奇等语言学家重视语言使用中的人际交往原则以及制约语言使用的社会心理、人际关系需求等非语言因素。总的来讲，本书内容不仅涉及语言使用的语用问题，也涉及社会学、人类学、交际学、文化研究等学科领域的相关议题，兼有理论性与实用性，具有很强的指导性。毫无疑问，本书既是广大语用学爱好者与研究者必读的经典著作，也能让其他学科方向的学者了解语言使用中的语用理据和人际交往的语用原则，还是研究人类交际、人际关系、社会文化等方面内容的重要资料。

经典著作的翻译并非易事。在本书的翻译过程中，尽管我们查阅了有关资料，但鉴于译者的能力所限，在原著内容的理解、译文的汉语表述等方面可能存在不尽准确与不妥帖之处，甚至有误，敬请读者批评指正。在此，我要特别感谢广东外语外贸大学的赵林森博士、博士生雷容和范琳琳，还有广东韶关学院的彭卓老师，他们分别给我提供了多方面的帮助，包括部分章节的译文初稿、术语查对以及疑难点语句的译文商榷，确保了本书翻译工作的顺利完成。感谢广东外语外贸大学教育部人文社科重点研究基地外国语言学及应用语言学研究中心和广东省普通高校人文社会科学研究重点项目“人际语用学前沿研究与理论创新”（2018WZDXM006）的资助。

冉永平

2019年2月

参考文献

Brown, P. & S. C. Levinson, 1978. “Universals in language usage: Politeness phenomena.” In Esther N. Goody (ed.) *Questions and Politeness*. Cambridge: Cambridge University Press, 56–310.

Brown, P. & S. C. Levinson, 1987. *Politeness: Some Universals in Language Usage*. Cambridge: Cambridge University Press.

Eelen, G., 2001. *A Critique of Politeness Theories*. Manchester: St. Jerome Publishing.

Kádár, D. & M. Haugh, 2013. *Understanding Politeness*. Cambridge: Cambridge University Press.

Leech, G. N., 1983. *Principles of Pragmatics*. London: Longman Group Limited.

Locher, M. A. & R. J. Watts, 2005. "Politeness theory and relational work." *Journal of Politeness Research* 1 (1): 9–33.

献给汤姆和卡米拉

目　录

前言 …… i

符号说明 …… iv

第一章　导言 …… 1

1.1　历史序言 …… 1

1.2　语义学与语用学 …… 6

1.2.1　一个例子：格赖斯的合作原则 …… 8

1.3　普通语用学 …… 11

1.4　言语情景的多种因素 …… 14

1.5　修辞 …… 17

第二章　一系列假设 …… 21

2.1　语义表征和语用阐释 …… 21

2.2　规则与原则 …… 23

2.3　规范与动机 …… 27

2.4　涵义与语力的关系 …… 33

2.5　语用学作为问题解决 …… 40

2.5.1　从手段-目的分析看说话人任务 …… 41

2.5.2　从探索式理解分析的角度看听话人任务 …… 47

2.6 结论 …… 51
第三章 形式主义与功能主义 …… 53
3.1 形式与功能阐释 …… 54
3.2 功能主义的生物、心理与社会多样性 …… 55
3.3 语言的概念功能、人际功能与语篇功能 …… 64
3.3.1 语言的过程模式 …… 66
3.3.2 一个例证 …… 70
3.3.3 语篇语用学 …… 72
3.4 概念功能：离散性与确定性 …… 79
3.5 “过度语法化”的案例 …… 83
3.6 结语 …… 87
第四章 合作原则的人际角色 …… 90
4.1 合作原则和礼貌原则 …… 91
4.2 量准则与质准则 …… 97
4.2.1 与确定性相关的含意 …… 103
4.3 关系准则 …… 107
4.4 暗示策略与预期的以言行事 …… 111
4.5 方式准则 …… 115
4.5.1 否定的间接性与信息不充分性 …… 116
第五章 得体准则 …… 120
5.1 以言行事功能的类别 …… 120
5.2 塞尔的以言行事行为范畴 …… 122
5.3 得体：一种礼貌类型 …… 123
5.4 礼貌的语用悖论 …… 128

5.5 陈述句、疑问句和祈使句的语义表征 …… 132
5.6 强加类言语行为的理解 …… 138
5.7 语用等级 …… 144
5.8 得体与屈尊 …… 149
第六章　人际修辞概观 …… 153
6.1 礼貌准则 …… 153
6.1.1 慷慨准则 …… 156
6.1.2 赞誉准则 …… 158
6.1.3 谦逊准则 …… 159
6.1.4 其他礼貌准则 …… 162
6.2 礼貌的元语言方面 …… 163
6.3 反讽和玩笑 …… 167
6.4 夸张和曲言 …… 171
6.5 结论 …… 175
第七章　交际语法：例证 …… 179
7.1 交际语法和语力 …… 179
7.2 语用元语言 …… 183
7.3 英语否定句和疑问句 …… 185
7.3.1 句法层面 …… 185
7.3.2 语义分析 …… 186
7.3.3 语用分析 …… 192
7.3.3.1 肯定命题 …… 192
7.3.3.2 否定命题 …… 194
7.3.3.3 常规性一般疑问句 …… 194

7.3.3.4 诱导性一般疑问句 …… 195
7.4 礼貌含意 …… 199
7.5 结论 …… 202
第八章 施为句 …… 205
8.1 关于施为句和施为动词的谬论 …… 205
8.2 奥斯汀和塞尔的言语行为理论 …… 207
8.2.1 宣告类言语行为 …… 211
8.3 以言行事施为句：描述与非描述的视角 …… 213
8.4 以言行事施为句和间接话语 …… 217
8.5 以言行事施为句的语用 …… 223
8.6 施为假设 …… 225
8.7 扩展性施为假设 …… 227
8.8 结论 …… 230
第九章 英语中的言语行为动词 …… 232
9.1 以言指事行为、以言行事行为和以言成事行为 …… 233
9.2 言语行为动词类别概况 …… 238
9.2.1 以言行事动词和以言成事动词 …… 238
9.2.2 以言行事动词分类 …… 241
9.2.3 分类问题和解决办法 …… 244
9.2.4 有声描述动词和内容描述动词 …… 249
9.3 是否有一种独立的施为动词？ …… 251
9.4 以言行事动词的语义分析 …… 254
9.5 断言类动词 …… 262
9.6 结论 …… 264

第十章　回顾与展望 …… 269

参考文献 …… 274

索引 …… 286

前　言

语用学可以定义为研究话语如何在语境中产生意义的一门学科。本书中，我提出一种语用学的互补论，意在总体框架中探究作为交际系统的语言。简单而言，这意味着研究语言使用不同于作为形式系统的语言，但它们互为补充。或更简单地说，语法（在广义上）与语用学必须分离开来。为了证明这一点，从否定的角度来定义语用学是不够的，因为那样的语言学研究不能很好地适应语言学本身。相反，我们应该构建语用学本身特有的理论和描写方法，并体现与语法理论及方法之间的不同。那么，我们就能够界定语用学的研究范围，把语用学与语法区分开来，同时揭示如何在一个整体框架内把二者结合起来研究语言。

迄今为止，对建构语用学范式影响最大的就是奥斯汀（Austin）和塞尔（Searle）的施为用意及格赖斯（Grice）的会话含意理论的两种意义观。同样，它们也对我在本书中所表达的思想影响最大，但我采用的语用学路径则是基于交际是解决问题的观点。作为交际者，说话人必须解决的问题是："假如我想对听话人的意识产生某种结果，为了实现该目标，那么使用语言的最佳方式是什么？"对于听话人，有另一种问题要解决："假如说话人说了些话语，那么说话人借此想让我理解什么呢？"这种交

xi 际观引发了语用学的修辞学路径，说话人在“得体交际行为”原则与准则的制约下努力实现目标。格赖斯的合作原则以及礼貌原则、反讽原则等其他原则都在该过程中起着重要作用。总而言之，语用学不同于语法，本质上受目标驱动，并具有评价性。通过这样的定位，我希望本书将有助于实现语法与修辞学之间的新“和解”。

第一章概述本研究的历史脉络与知识背景，并提出将在第二章和第三章详细阐释的一系列假设。第三章提出将语言学哲学领域里的形式主义与功能主义整合起来。第四章开始涉及本书中更多的描述性内容，将格赖斯的合作原则及其准则拓展应用到更为宏观的人际修辞框架之中。第五章和第六章探讨人际修辞的其他准则，尤其是礼貌的各条准则。接着，第七章用前面三节论述的框架，来描述与解释英语语法中特定否定句和疑问句类型等语法现象是如何在英语中体现语用的。“交际语法”这一标题可以合理地应用于语言描述，将语法形式与各种语用效用联系起来。呈现这样的实际问题之后，第八章与第九章再讨论更具争议性的问题。有学者认为，语用修辞观要求我们从不同角度看待施为句和以言行事行为，以区别于奥斯汀和塞尔提出的“经典”言语行为理论。这种观点指出，塞尔的以言行事行为类型应该重新解释为言语行为动词的语义类型。

与国内外同行学者和读者的多次讨论，使我受益匪浅。我要特别感谢兰卡斯特大学的研究生苏珊·乔治（Susan George）、安德鲁·麦克纳布（Andrew McNab）和迪莉斯·索普（Dilys Thorp），他们与我一起讨论了本书初稿。最后，我同样要感谢詹妮弗·托

马斯（Jennifer Thomas）对书稿后期的多次讨论和提出的修改意
见。我的兰卡斯特大学同事黑尔（R. L.V. Hale）帮忙从敏锐但友
善的哲学视角，审读了多章内容，并提出了很多改进建议。朗文
语言学文库的合作编辑罗宾斯（R. H. Robins）教授也很友善地对
本书终稿提出了有益的评论。我对本书存在的缺陷负全责，照例
在此声明是尤其恰当的：探讨一个备受争议的话题，如本研究， xii
即使是对我最友善的评论家也已经发现了提出异议的充分理由，
而且将来一定会有更多不同的意见。

我要感谢阿姆斯特丹的约翰·本杰明（John Benjamins）出版社允许我使用《语用学与会话修辞》一文中的部分内容，使之成为本书第七章的一部分，该文我原来曾投给由赫尔曼·帕里特（Herman Parret）、玛丽娜·斯比萨（Marina Sbisã）和耶夫·维索尔伦（Jef Verschueren）联合编著的《语用学的可能性与局限性》（*Possibilities and Limitations of Pragmatics*），于 1981 年由阿姆斯特丹的约翰·本杰明出版社出版。

利奇

1982 年 5 月

兰卡斯特大学

符号说明

书中所使用的符号 s 表示“说话人或作者”，h 表示“听话人或读者”。当这些符号右下角加标注时，表明所提及的人是主要言语情景、次要言语情景等的参与者。比如，s_1 表示“主要说话人”，s_2 表示“次要说话人”。

符号↑ s、↑ h、↓ s 和↓ h 分别解释为：

↑ s = 利于说话人

↑ h = 利于听话人

↓ s = 不利于说话人

↓ h = 不利于听话人

其他缩略符号有：

CP = 合作原则

PP = 礼貌原则

IP = 反讽原则

第一章　导言

科学的目的在于接近真理。

［卡尔·波普尔，《客观知识》，第 71 页］

（Karl R. Popper, *Objective Knowledge*, p.71）

广义而言，本书探究人类语言的本质。狭义而言，研究人类语言的某一方面，这对于人类语言的整体理解至关重要。我称之为“普通语用学”（General Pragmatics）。

1.1　历史序言

语用学是当今语言学界大家熟知的话题之一。尽管该术语早在十五年前就已出现，但当时语言学家却很少提及它。在那看似遥远的时期，语用学是被遗忘的废布篓，塞满了难以掌控的语料。如今，我们认为只有理解了语用学，即交际中的语言使用，才能真正理解语言的本质。

这种变化是如何发生的[1]？我们可以用一系列的发现来描述近期的语言学发展，那就是，取出废布篓中的旧布料，然后缝补成一件像样的衣服。布龙菲尔德（Bloomfield）的追随者认为，语言学主要包括语音学、音位学或形态音位学，而句法学太抽象，难以超越发现的地平线。20 世纪 50 年代后期，乔姆斯基（Chomsky）发现句法学的核心之后，所有的变化都出现了。但同结构主义者一样，他认为意义太琐碎而不能进行科学研究。20 世纪 60 年代早期的语言学发展很快，卡茨（Katz）与其多位合作者（Katz and Fodor 1963；Katz and Postal 1964；Katz 1964）提出
2 了如何将意义纳入形式语言学理论，不久之后不成功便成仁的精神导致了语用学殖民化。以莱可夫（Lakoff）为代表的学者反驳道（1971），句法学不能脱离语言使用研究。此后，语用学开始出现在了语言学领域。语用学殖民化不过是语言学一轮又一轮扩张的最后阶段，从处理自然话语的狭义学科，转变为研究形式、意义与语境的广义学科。

然而，这还不是故事的全貌。前面段落中的名字都是美国人，因其描述了美国主流语言学的发展。与其他主题相比，主要影响语言学的是美国学者。但我们应意识到，许多有影响力的学者无论在美国还是在其他地方，都在“美国主流”之外工作。我们不能忽视这些独立的思想家，如早期强调研究语境意义的弗斯（Firth）以及提出语言社会理论的韩礼德（Halliday）。同样，我们不能忽视哲学的影响。在 20 世纪 60 年代晚期，当罗斯（Ross）和莱可夫等语言学先驱宣称语用学的主张时，他们就遇见了已在该领域默默耕耘的本土语言哲学家。事实上，当代语用学受哲学的影响较深，奥斯汀（1962）、塞尔（1969）和格赖斯（1975）都是近年来较有影响的代表者。

语言学范围的拓展改变了人们对什么是语言以及语言学家应

如何界定研究主题等问题的看法。美国结构主义者最喜欢语言学是自然科学的观点，进而竭力排除涉及意义的主题研究[②]。但是，通过承认语言学基本语料中的歧义性和同义性，乔姆斯基为语义学打开了一扇门。随后，生成语义学流派中对乔姆斯基不满的学生进一步将语义学视为语言学理论的基础。但是，一旦承认了意义在语言中的核心地位，就很难排除因语境而变化的意义，语义学进而就会渗透到语用学。生成语义学家很快发现，他们所做的已经远远超出了自己的能力范围。科学思维中存在一个合理假设：一个理论或范式只有被证伪后，才会被推翻。所以，生成语义学家致力于运用生成语法范式，去解决诸如预设或施为用意等问题， 3
现在大多数人认为它们涉及语用学。这种尝试失败了，并不是因为某次至关重要的证伪，而是因为对立论据的缓慢积累[③]，这种情况在语言学领域很常见。

我认为库恩（Kuhn）使用的“范式”不同于“理论”，广义上它指一系列的背景假说，包含某事物的本质界限、研究方法以及关于证据和理论形式的判断等[④]。例如，“生成语法”这一术语其实是一系列关于共同假设的理论：语言是一种心智现象，可通过特定的数理规则对其进行研究，该理论的语料可被人类直觉所感知，语言可通过一系列句子进行构建，等等。

生成语义学家探讨该范式在语义学与语用学之间的外部界限，而乔姆斯基和他的支持者对狭义范围内的定义感兴趣，称其为“扩展的标准理论”，随后演变为狭义“修正的扩展标准理论”。这些生成语法范式构成了句法学的核心；语义学在这一模式中被降级至边缘位置，甚至整体被忽视[⑤]。语用学根本就没有被考虑过，因为乔姆斯基坚持语法的独立性，是有关“心智器官”或“心智能力”的一种理论，区别于语言使用与功能[⑥]。

从乔姆斯基的术语出发，狭义的语言学理论是一种“能力”理论，而不是“运用”理论。其优势在于，它可以保持语言学的完整性，如同城市围墙，让其远离语境和用法的腐蚀。但是对这种狭义的语言范式以及高度抽象化与理想化的语料要求，许多人都提出质疑。

20世纪70年代以前，生成语法局限于严格的形式主义。之后，
4 它逐渐失去了在语言学领域的统治地位。越来越多的语言学家凭借智力和想象力发现了更加宽阔的研究路径。尽管这些路径缺少统一的研究范式，但有效地削弱了乔姆斯基的范式。社会语言学家否定了乔姆斯基所提出的“理想化的本族语说话人 / 听话人”的说法。心理语言学家与人工智能强调人类语言能力的“过程”模型，推翻了乔姆斯基割裂语言理论与心理过程的论断。语篇语言学与话语分析学者发现，语言学并非仅限于句子语法。会话分析强调语言研究中的社会维度。基于这些前期成果，语用学开始关注使用中的意义，即本书主题，非聚焦于抽象意义。

以上研究背景促使语言研究从“能力”转向“运用”。许多学者都赞同这种转向，但是多元化意味着没有任何一个综合性范式可以替代生成语法。我相信，关于语言定义的统一解释已不复存在。因此，本书的目的在于提出一个崭新范式。这不是说我的观点具有高度原创性：范式在一段时间内涌现，在一段时间内消亡，本书中的观点“在流传中”（in the air），我们很难确定它们是否源于特定作者[⑦]。另外，本书不对整体语言做出阐释，而是对涉及语

法与语用的差异性观点进行论证。然而，这些论证将会深刻影响人们看待语言的方式。本质上，语法（语言作为抽象的形式系统）与语用学（语言使用的原则）在语言学领域内相互补充。为了理解语言本质，我们必须研究二者及二者之间的相互关系。这个观点得到认可之后，我们就可以从“语言能力”的角度肯定乔姆斯基的形式语言学的中心地位，但必须意识到它们需要融入兼顾形式与功能的综合性解释框架。

在这一点上，我只讨论“形式–功能”范式的主要假设。在接
下来的一章，我将审视它们，并给出初步的合理性论证；在其他 5
章节，我将通过细致的描述性问题，对它们进行论证。这些假设包括：

假设 1：话语的语义表征（或逻辑形式）与语用理解之间存在差异性。

假设 2：语义学受规则管控（= 语法性）；普通语用学受原则制约（= 修辞性）。

假设 3：语法规则具有规约性；普通语用学原则具有非规约性，即受会话目标的驱动。

假设 4：普通语用学将话语的涵义（或语法意义）与语力（或施为用意）进行直接或间接的联系。

假设 5：语法对应关系根据投射进行界定；语用对应关系根据问题与应答进行界定。

假设 6：语法解释具有形式特征；语用解释具有功能特征。

假设 7：语法具有概念性；语用具有人际性和语篇性。

假设 8：总体而言，语法描述基于离散性与确定性的范畴；语用描述基于连续的、不确定性意义。

上述主要假设描述了两类不同的研究领域和范式，构成了语言学

的单一"复杂"范式。我们认可该范式的原因是它提供了简洁、自然的解释。不存在检验科学范式的清晰方式：它们比波普尔描述的科学方法（"一种大胆猜想，试图严格巧妙地推翻它们的方法"）更为抽象。尽管如此，通过分析、表述和完善研究范式，我们可以确定探索语言真理的背景假设，并在探索中增加理解。

1.2 语义学与语用学

在实践中，"语言"与"语言使用 / 言语"的区分集中于语义学与语用学的界限争议。两者都聚焦于意义，但它们的区别可以追溯到动词 *to mean*（意指）的两种不同用法：

6 [1] What does X mean？ [2] What did you mean by X？

X 意指什么？ 你用 X 意指什么？

从传统上来说，语义学处理意义的二元关系，如例 [1]；语用学处理意义的三元关系，如例 [2]。因此，在语用学中意义的定义与语言的说话人或使用者有关，而在语义学中意义被纯粹定义为特定语言中的表达属性，抽象于特定语境、说话人或听话人。这是莫里斯（Morris 1938, 1946）或卡纳普（Carnap 1942）等哲学家基于特定目标，所做出的简单区别和修正[8]。出于语言学的目标，我把语用学重新定义为言语语境中的意义研究（见下文 1.4）。

语义学与语用学两个领域相辅相成，相互补充，既有联系，又有区别。这些观点从主观上很容易理解，但在客观上却难于进行论证。最好从反面论证，即指出替代性观点的缺陷与不足。从逻辑上讲，这里存在两种明确的替代性观点：可以说例 [1]、例 [2]

的意义使用都是语义学的研究内容；或者说都是语用学关注的对象。现在，我提出三种观点，可用图 1.1 表示。

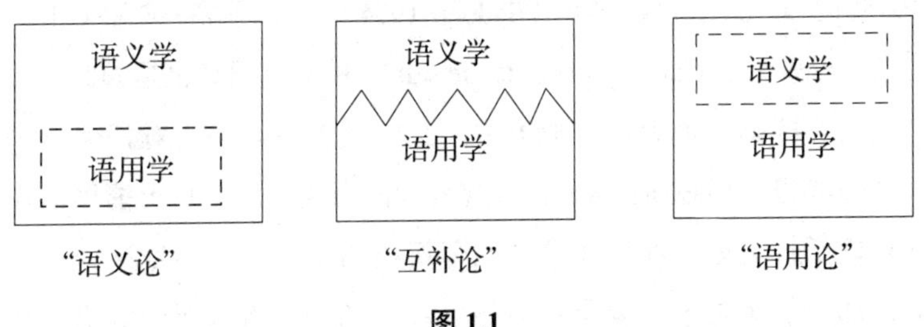

图 1.1

由于术语的界定问题，语义论与语用论的清晰案例很难找到。在实践中，我们注意到，有的解释偏重于语义，而非语用，或者相反。因此，在一定意义上，对意义研究采取单一立场的人，我们往往给其贴上“语义学家”或“语用学家”的标签。

下面列举两种立场的情况。许多颇具影响力的传统语言哲学
家，如维特根斯坦（Wittgenstein）、奥斯汀、阿尔斯通（Alston）、 7
塞尔等，对视意义为概念之类的抽象心智过程的传统路径提出了质疑，主张以某种方式将语义学纳入到语用学。例如，塞尔（1969：17）指出，意义理论（实际上整个语言）是行为理论的一部分，因此认为意义的定义是说话人对听话人实施了什么言语行为。另一方面，20 世纪 70 年代早期的生成语义学家致力于将语用学融入语义学，他们特别支持“施为假设”（Performative Hypothesis）观点（Ross 1970），认为句子的深层结构或语义表征是一种施为句，比如“I state to you that X, I order you to Y.”（我向你表述 X，我命令你做 Y）。也就是说，话语的语义结构包含了施为或语用用意⑨。

塞尔（1969）和罗斯（1970）的观点似乎很接近，他们都强调

施为句的重要性（见8.2，8.6），但事实上这是两种对立观点，可参考塞尔对“施为假设”的批评（1979：162–179）。塞尔（1979 [1975b]：30–57）和萨多克（Sadock 1974，尤其是73–95）关于间接以言行事（如Can you pass me the salt?）的对立路径也是如此。

我支持第三种观点，即语用语义的互补论。因为对任何语言意义的阐释，都必须：（a）符合观察到的事实，（b）尽可能简洁且具有概括性。如果我们仅从语用分析或语义分析的角度来处理意义，都不能满足这些要求；但如果我们结合二者来研究意义，从这两个标准来看，将得到令人满意的结果。

1.2.1 一个例子：格赖斯的合作原则

我赞同将格赖斯的合作原则（1975：45–46）所阐述的会话原则（Conversational Principles）应用到语用学研究。我要引入语用学的内容，不仅包括合作原则（CP），还有礼貌原则（PP）等其他原则[10]。事实上，本书的重点之一在于阐述这两个原则的相互联系，特别是第四章到第七章。

8 在过去几年里，合作原则经常被引用和讨论。作为本书的一个重要的出发点，此处我再次引用它。该原则包含四个次准则（Maxims）：

合作原则

量准则：提供足量的信息内容，即

1. 所说的话应该满足交际所需的信息量；

2. 所说的话不应超出交际所需的信息量。

质准则：提供真实信息，即

1. 不要说自知是虚假的话；
2. 不要说缺乏足够证据的话。

关系准则：说话要相关。

方式准则：说话要明白清楚，即

1. 避免晦涩；
2. 避免歧义；
3. 要简练（避免啰唆）；
4. 井井有条。

[改编自 Grice 1975]

格赖斯合作原则所阐述的语言行为制约在很多方面都不同于语言学规则或逻辑规则（见下文 2.2）。（我暂不区分“原则”和“准则”，因为格赖斯认为后者是前者的特殊表现。）

（a）原则 / 准则可应用到语言使用的不同语境。

（b）原则 / 准则的应用具有程度之分，而不是以非有即无的方式。

（c）原则 / 准则可能相互冲突。

（d）原则 / 准则可能被违反，无须放弃它们所控制的活动。

从塞尔的术语（1969：33 及以下诸页）角度看，最后一条陈述表
示会话原则和准则具有“调节性”，而不是“建构性”。语言规则
（例如，英语中附加疑问句的构成规则）通常是某种语言定义的组
成部分，而准则并非如此。因此，如果某人用英语撒谎，就违反
了格赖斯的准则之一（质准则）；但这不表明他说英语失败了。事 9
实上，人类语言可用来进行欺骗或误导他人（见 Lyons 1977：83–
84；Thorpe 1972：33），这也是语言的部分定义。另一方面，如果
某人违反了附加疑问句的规则，说“We've met before, isn't it?”，

而不是“We’ve met before, haven’t we?”，在某些情形下就是说英语失败了。

上述定义忽略了一个因素，尽管它部分属于术语“原则”和“准则”的日常解释。这表明，类似制约具有道德或伦理属性。讲真话确实可以算是一种道德要求，但语言的科学解释应该具有描述性，而非规定性。这些准则构成了描述语言意义的必要部分，因为它们可以解释说话人如何经常“言不尽意”：用格赖斯的术语来说，通过会话含意（Conversational Implicatures）的语用含意进行解释。例如，从严格的逻辑术语看：

[3] Many of the delegates opposed the motion.

与以下命题不一致：

[4] All the delegates opposed the motion.

然而，在大部分语境下，可以排除这种理解：如果说话人知道所有代表反对该动议，第一条量准则（“所说的话应该满足交际所需的信息量”）使他不得不说有足够信息的话。从这个意义上说，会话中例 [3] 隐含了例 [5]：

[5] Not all the delegates opposed the motion.

但是，仅当特定假设或“可能假设”成立时该隐含才成立。这些假设包含：首先，说话人知道是否所有代表反对该动议（语境证据也许支持或不支持），其次说话人遵守合作原则。说话人也可以选择不遵守合作原则，例如明目张胆欺骗听话人。某人可以用英语或其他语言撒谎，但合作原则的要点在于，如果说话人随意撒谎，我们将无法使用语言进行交流。

在通常情况下人们会遵循合作原则，这并不意味着我们需要

从道德的角度进行判断。但有一点不容置疑，即原则把交际价值如真实性引入了语言研究。在传统研究中，语言学家往往避免提 10
及这种价值，因为它会削弱他们的主张的客观性。然而，只要我们所要求的价值在社会实践中是可行的，而不是强加给社会的，就没有任何理由将它们排除在外。

随着本书的推进，我对“原则”/“准则”与“规则”所做的区分将会进一步得以发展和完善。目前看来，这种区分过于绝对。前面已经隐含地指出，在应用中的规则并不总是轮廓分明，语义学与语用学的互补作用也并非绝对清晰，如例 [3] 和例 [4] 所示；但是合作原则值得仿效，因其体现了话语中涵义与语力的分工。根据这个简单例子，我们也许会发现，语义 / 语用之分就是索绪尔（Saussure）的“语言”与“言语”（1959 [1916]：11–13）或乔姆斯基的“能力”与“运用”（1965：3–9）的特殊表现。然而，这两种区分都是出于语言学的目的，对语言进行抽象界定，结果往往不考虑语言使用的语料。鉴于上述或其他原因，我将避免使用大家熟悉的二分法；相反，我把形式语言系统称为语法，与语用学相对，从广义上也可视为语言学领域的一部分。尽管这种**语法**的用法是广义上的，但实际上它对应于当前“转换语法”所使用的术语，指整个语言系统的研究。

1.3　普通语用学

我已在前面指出，本书的主题是普通语用学。该术语意在划清与言语交际的普遍条件研究之间的界限，并排除有关语言使用更具体的“局部”条件。后者可能属于不那么抽象的社会语用学领域，因为很明显的是，合作原则与礼貌原则随着文化或语言社区、社会语境、社会阶层等因素的变化而变化[11]。比如，“讲故事”存在禁忌（也即，有时讲真话不合时宜），或者说在中国、印度或美国等不同社会中，存在对礼貌的不同理解。鉴于这些差异，我们发现语用描述必然涉及特定的社会条件[12]。换言之，社会语用学属于语用学的社会学界面。从这个意义上讲，许多会话分析研
11 究是有限的，并限于局部的会话语料。另一方面，“语用语言学”（Pragmalingustics）这一术语适用于语用学的语言学研究范围——探讨某种语言中表达特定施为用意的特定资源[13]（图 1.2）。

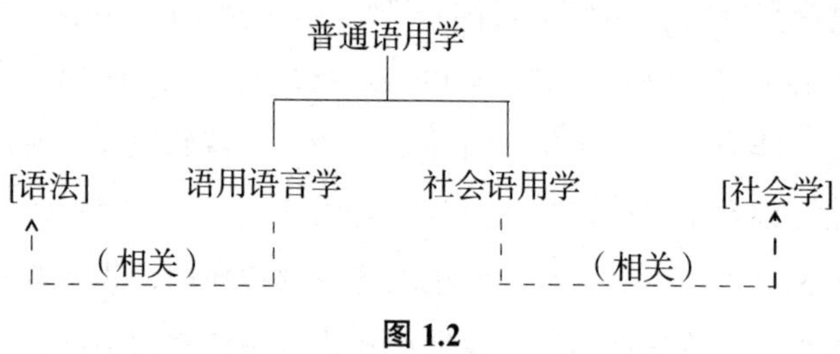

图 1.2

相反，本研究中的普通语用学是一种非常抽象的研究。当然，我们需要更加细致地从事特定语言的语用语言学研究，以及特定文化的社会语用学研究。同时，我们也需要在更普遍的层面进行研究，从语境或更具体的社会语言使用中抽象出语言研究，这是抽象的必然阶段。

我提出的“普通语用学”概念限定于会话原则视域下的语言交际研究。更准确地说，限于语用学的修辞模式。这意味着一些属于语用学的话题将成为背景。首先，我较少关注格赖斯的“规

约含意”，即语用含意直接源自于词义，而不是通过会话原则产生[14]。（例如，句子“She was poor, but she was honest.”，词语 *but* 表达了这样的含意：一个人穷可以是他不诚实的理由。“语用小品词”的意义，例如古希腊语中的 *de*，德语中的 *ja*，芬兰语中的 *sitä*，可能属于同一范畴。）[15] 还有一个例外，就是语调的态度功能，以及凭借手势语与副语言的非言语交际。“指称语用学”（Referential Pragmatics）与我目前的关注更相关，但仍属于边缘现象，就是指特定话语中指称结构的信息确认，比如人称代词、动词时态等指示成分的信息。

还有一个领域包含在语用学中，但只在此处提及，它与语言 12
选择有关，属于语境的相对恒定参数，如韩礼德（如 1978）所使用的“语域”（Register）以及其他学者仍沿用的“语体”（Style）（Crystal and Davy 1969）。语用学与语域之间的区别相当于阿盖尔和迪安（Argyle and Dean 1965）对非言语交际的讨论。也就是说，话语的某些属性处于不断变化与修正中（如施为用意，见 Austin 1962：100）。但是，有的属性，比如语体正式等，在长时间内通常保持不变。尽管如此，区分这两类条件并非易事。例如，礼貌通常具有这样的功能：交际参与者的恒定特征，如社会距离等，与动态特征，如说话人对听话人的施为要求（请求、建议、命令等）形成互动，进而出现与语境相适应的礼貌等级（见 5.7）。

照此方式缩小领域之后，我现在用图表来描述语义学（作为语法的一部分）与普通语用学（作为语法使用的一部分）之间的隐含区分。此处，我赞同语言系统（语法）的三分模式，包括语义学、句法学和音位学。这些层面可以视为三种连续的编码系统，

“涵义”转成“声音”，达到给信息进行编码的目的（产出）；或“声音”转成“涵义”，达到解码的目的（理解）。图1.3表明，语法通过语义学，与语用学产生相互作用。尽管这个观点是有效的
13 开端，但这并非全貌。大家可能注意到了一种例外，即音系学中相关的语用维度（如声调的礼貌用法）与语用学产生直接联系，而不是间接通过句法学和语义学相互影响的。

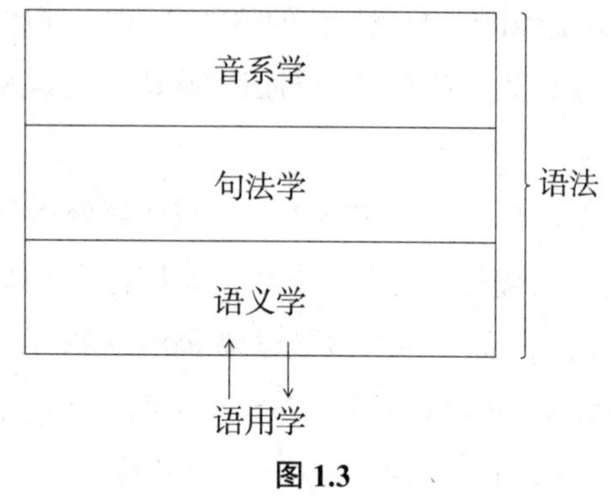

图 1.3

1.4 言语情景的多种因素

一个难以回避的问题就是：我们如何知道自己是在做语用学研究，而不是在研究语义现象？由于语用学研究言语语境中的意义，因此可以参照言语情景的一个或多个因素，以此作为判断语用学研究的一种标准。

（i）发话人和受话人

为方便起见，我按照塞尔和其他人的惯例，把发话人和受话人分别简称为 s（说话人）和 h（听话人）。它们是“说话人/作者”

与“听话人 / 读者”的缩略语。因此，缩略用法 *s* 和 *h* 并不将语用学仅限于口语研究。一个重要区分是接收者（信息的接收与理解者）与受话者（信息的**意向**接受者）（见 Lyons 1977：34）。接收者可能是旁听者或偷听者，而非受话人。这种区分与本研究相关，接收者指语用意义的分析者：俗称“未被觉察的观察者”，他们根据一切可获得的语境证据去理解话语内容。然而，*h* 表示一个或多个受话人，或 *s* 的接收者。

（ii）话语语境

对于语境，存在不同方式的理解。比如，它可以包含话语的物理语境或社会语境中的某“相关”方面。我将语境看成是 *s* 与 *h* 所共享的背景信息，并有助于 *h* 理解 *s* 的特定会话信息。

（iii）话语目标

谈论一个话语的目标或功能，比谈论它的意图意义或 *s* 的说话
意图更有用（见 2.3、3.1）。“目标”这一术语比“意图”显得更 14
中性些，因为它不要求话语使用者承诺有意识的意愿或动机，却能广泛用于以目标为驱动的活动。在这一点上，“意图”则易产生误导。

（iv）话语是一种行为或活动的形式：一种言语行为

语法研究抽象的、静态的单位，如句子（句法学）和命题（语义学）等，而语用学研究特定语境中即时性的话语行为或语言运用。从这个方面说，语用学比语法更关注语言使用的具体层面。

（v）话语是言语行为的产物

在语用学中，“话语”一词的使用还有另一种涵义：它可以指一个言语行为的结果，而非言语行为本身。例如，用礼貌的升调

说出的话语“Would you please be quiet?”，可以被描述为一种句子、问句或请求。然而，我们既可以保留语法系统中的“句子”和“疑问句”等术语，又可以使用基于特定语境的“话语”这一概念。因此，一个话语可能是句子实例或类似句子那样的结构；但严格而言，它不可能是句子。从第二种意义上说，话语是语用学研究的意义成分。实际上，我们可以正确地表述为：语用学关注话语意义，语义学关注句子意义。然而，我们不要认为所有的话语都是类似句子那样的结构。我们可能会把有的语言片段看成话语，因为它太长或太短，而不可能是句子。

上文（iv）中的话语意义与（v）中的话语意义很容易混淆：把“Would you please be quiet?”描述为话语［见（v）］和把“Would you please be quiet?”的发话行为描述为话语［见（iv）］，这二者之间是有区别的，尽管不是特别明显[16]。幸运的是，我们可以减少这种混淆。为方便起见，（iv）中的话语相当于“言语行为”，或更准确地说，相当于奥斯汀（1962：100）的术语“以言行事行为”。这意味着，我们可以用“以言行事行为”或“以言行事”代替（iv）中所描述的话语行为，并保留“话语”这一术语，表示该行为的语言产出。当我们努力推断出话语意义时，就是在重构说话人产出话语时要实施的行为，这是一种目标驱动性交际。从这个意义上讲，我们可以把话语意义称为“施为用意”（Illocutionary Force）。［事实上，奥斯汀区分了以言行事与其他行为之间的差异，特别是以言指事行为与以言成事行为之间的不同。但是，语用学解释中的其他行为（见 9.1）在很大程度上可以忽略。］

根据上述的（i）发话人与受话人，（ii）语境，（iii）目标，

（iv）以言行事和（v）话语，我们可以构建“言语情景”（Speech Situation）这一概念，除上述因素外，话语的时间和地点等也包括在其中。语用学与语义学的不同之处在于：语用学关注特定言语情景中的意义。

1.5　修辞

之前我指出过，当前的语用学路径具有“修辞”特点。术语“修辞”的使用相当传统，指交际中语言使用的有效性用法研究。但在特定的历史传统中，修辞被理解为巧妙地运用语言，以实现说服，或体现表达文采，或发表演说的一门艺术。我的观点是，从最广义而言，语言的有效使用主要是指日常会话，其次才指需要进行更多事先准备的公共语言使用。在该语境中，“修辞”术语的要旨在于聚焦目标驱动的言语语境，其中 *s* 使用语言，以对 *h* 的心智产生某种特定效果。

此外，我将术语“修辞”视为一个可数名词，指一套涉及相关功能的会话原则。与韩礼德的分类相似，我区分了“人际”（Interpersonal）与“语篇”（Textual）两种修辞（图 1.4，见 3.3）。每种修辞（后面解释其功能）包含一系列原则，如前面提及的合作原则和礼貌原则。原则进一步包含一系列准则，这与格赖斯的术语一致。然而，我将格赖斯的“准则”称为“次准则”，在等级中引入另一层次。但我不想严格坚持四个等级层次，因为某准则属于哪个层面并不总是很明确的。比如，格赖斯的两条质准则（我称之为次准则），第二条似乎是第一条的可预测性拓展：

准则 1：不要说自知是虚假的话

准则 2：不要说缺乏足够证据的话

如果我们说一些缺乏足够证据的话，我们就不知道所说的是真还是假。因此，准则 2 仅是表示“不应将自己置于违反准则 1 的冒险处境”；并且二者都能够用“避免说假话”进行总结。图 1.4 的

16

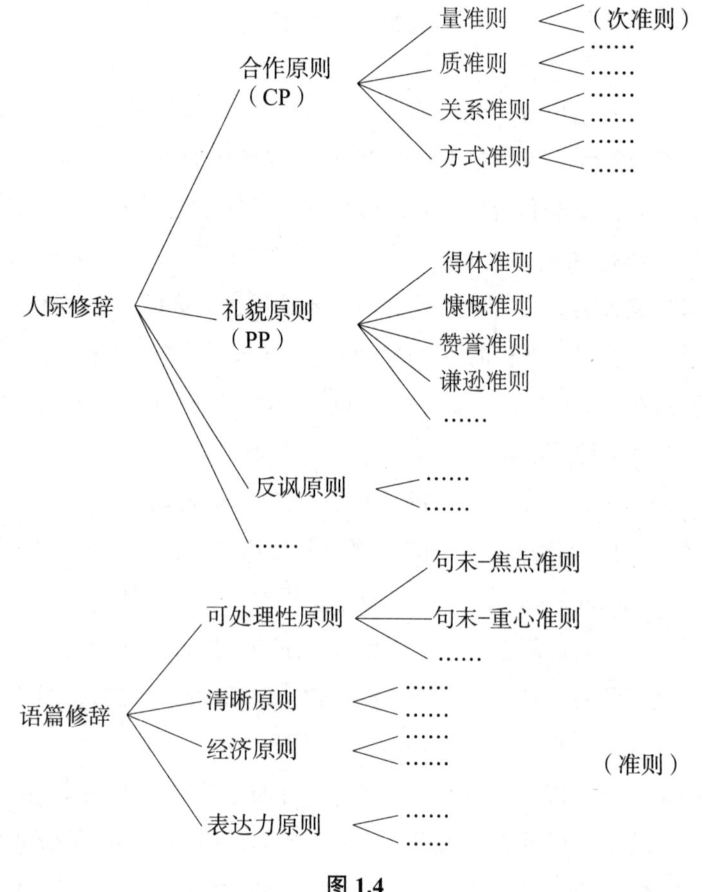

图 1.4

分类架构只是预先勾勒出了本书的一些内容（特别是第四至六章），但它们不是固定不变的。

修辞原则在社交中以各种方式制约交际行为，但它们不提供
谈话的主要动机（除了问候和感谢等“纯社交”的话语以外）。例 17
如，合作与礼貌主要是调节性因素，确保会话的顺利进行，不至出现中断，甚至失败。因此，有必要区分施为目的和社交目的，或者说区分话语的“施为用意”与其“修辞语力”（Rhetorical Force），也即，*s* 遵循修辞原则时传达的意义（例如 *s* 在多大程度上是真实的、礼貌的和讽刺的）。施为用意与修辞语力一起构成了话语的“语力”（Pragmatic Force）。

涵义（Sense，由语义决定的意义）与语力（Force，由语用与语义共同决定的意义）的区分对本研究至关重要。但是，意识到二者的联系也很重要：语力**包含**涵义，也是从语用上**推导**自涵义，第二章将阐述此问题。

注释

① 见纽迈尔（Newmeyer 1980）用易读的整本书描述这个段落间接提及的事件。

② 布龙菲尔德对意义显著排斥，其视意义为“语言研究中的一个弱点”（Bloomfield 1933/35：140），抛弃意义的观点被后来的语言学技术所继承——尤其见哈里斯（Harris 1951：7）。

③ 从这一观点看，施为假设（见 8.6）的兴盛与衰落特别有指导性。关于命题的争议席卷了 20 世纪 70 年代，包括威尔逊（Wilson 1975）、坎普森（Kempson 1975）和盖兹达（Gazdar 1979）反对 20 世纪 60 年代末期语言学中盛行的对命题的逻辑解释（即语义学家）。

④ 在这方面，作为语言学的科学模型，库恩（Kuhn 1962）的“范式”和拉卡托斯（Lakatos 1970, 1978）的“研究方案”比判决性实验的教义更具有启

发性。

⑤ 见乔姆斯基（1976：306）和乔姆斯基与罗纳（Chomsky and Ronat 1979：56–57）。

⑥ 见乔姆斯基与塞尔关于语言功能性基础的争论（1976：55–77）。

⑦ 在许多有影响力的同步发展中，我应该提及上文注释③中引用的作者以及哈尼什（Harnish 1976）、霍尔德克罗夫特（Holdcroft 1978）、巴赫和哈尼什（Bach and Harnish 1979）、吉翁（Givón 1979）和埃德蒙森（Edmondson 1981）。

⑧ 见莱昂斯（Lyons）对这些早期哲学路径的解释。

⑨ 生成语义学路径没有区分句子的深层句法结构和语义结构。尤其见麦考利
18 （McCawley 1968）和莱可夫（1971）。

⑩ 格赖斯（1975：47）意识到了礼貌因素在解释会话含意中的重要性。从修辞原则和准则角度对礼貌的早期解释，可以见利奇（Leech 1980：9–30, 79–116）。

⑪ 所以，社会语用学涉及原则和准则所赋予的不同价值。但合作原则和礼貌原则具有普遍性吗？如果它们不以某种形式在所有社会中运作，反倒令人惊讶。反例已被报道——比如，基南（Keenan 1976）引用了马达加斯加人习惯于不顾及量准则的情形——但哈里斯指出（Harris 1976：340，注释29），这不是真正的反例，因为没有观点认为合作原则需要绝对遵守。

⑫ 例如，甘柏兹（Gumperz）、谢格罗夫（Schegloff）和萨克斯（Sacks）、拉波夫（Labov）和范谢尔（Fanshel）的著作。该领域有用的研究综述，见科尔萨罗（Corsaro 1981）。

⑬ 我感谢托马斯（Thomas 1981）对语用语言学与社会语用学所进行的区分。

⑭ 格赖斯（1975：44）。关于规约含意的进一步讨论，见哈尼什（1976：331–340）与卡尔图宁和彼得斯（Karttunen and Peters 1979）。

⑮ 对德语中 *ja*, *doch* 和其他"情态小品词"的讨论，见布勃利茨（Bublitz 1978）；关于 *sitä*，见哈库利宁（Hakulinen 1975）。

⑯ 在法语中，话语的这两种涵义用术语 *énonciation* 和 *énoncé* 进行区分。相关讨论，见莱昂斯（Lyons 1977：26）。

第二章　一系列假设

原则的最有用之处在于它总是能让位于权宜之计。

［萨默塞特·毛姆，《圈子》，第 1 幕］

（Somerset Maugham, *The Circle*, Act 1）

在本章和接下来的章节，我将阐释第 5 页的假设，以说明语义学和语用学的区别。这些假设位于每个小节标题下方。这些假设已有初步证据，我将在后面的相关章节中具体介绍。

2.1　语义表征和语用阐释

假设 1：话语的语义表征（或逻辑形式）与语用理解之间存在差异性。

我同意上述的互补观（见第 6 页），表面原因是过去的对立观点导致了有关语言的令人难以置信、甚至荒唐的解释。

首先，让我们看一种不合理的语义观：试图将语用现象纳入语义学。根据 20 世纪 70 年代早期生成语义学流派提出的施为假设（见 8.6），一种语言中的每个句子 *s* 在深层结构或语义结构上都是施为句，大致具有“我断言 / 宣告 / 询问等”的句子形式。这意味着，话语的施为用意在语义表征中占有一席之地（由于该流派没有区分句法表征和语义表征，所以也是深层句法表征）。据我所见，莱文（S. R. Levin）的观点是该流派中最荒谬的，他认为每
20 首诗（比如莎士比亚的 154 首十四行诗）都以省略的施为动词开始，例如："I imagine myself in and invite you to conceive of a world in which..."（1976：150）。即使不考虑这句话有多么新奇，人们也能够根据它后面的结果看出施为假设的不合理性。在书面说明文中（比如，百科全书中的文章），从深层结构上来说每个简单句都存在省略了的施为序言，比如"我断言……"；进而可推断，一篇 100 个句子的文章中存在重复了 100 遍相同（或类似）的前置从句。此外，更不合理的是施为句包含对作者（我）的指称，甚至是在由于文体原因而避免使用第一人称指称的正式说明文中[①]。很明显，施为假设是将语用现象（即施为用意）进行"语法化"的一种非刻意性尝试，我相信只有生成语法范式的支持者才喜爱它。只有通过这种方式，他们才可以忽略显而易见的事实：语言存在于语境中[②]（我将在 8.6 阐述关于施为假设的这一观点）。

另一方面，存在从言语行为和言语语境的角度出发来说明意义（如果不是语言）的方方面面这样的不合理尝试。这在阿尔斯通（Alston）的观点中达到了极端，即根据一个词语对施为用意的贡献去定义词意：

> W_1 的意义就是 $W_2 =_{df}$。在大部分 W_2 出现的句子中，W_1 可以取代它，而不改变该句子的潜在以言行事行为。
>
> [Alston 1964：38]

阿尔斯通将同义词（W_1，W_2 等）定义为一种词语所在句子的相似

的潜在以言行事行为；但是，因为单独的词语不能构成以言行事行为，因此他无法解释词语本身如何拥有意义。在他看来，*cow* 的意义并不取决于任何奶牛这种产奶牛科动物的概念或定义，而是当我们使用 *cow* 一词时以言行事行为的一种功能。

关于语用论，大家熟知的例子可能是塞尔（1969）的言语行为理论所给出的总结，“语言理论是行为理论的一部分”（1969：17）。除以言行事行为外，塞尔设想了各种语法行为；换言之，他从理论上将语法系统解释为各种言语行为的具体表现： 21

> …… 为了特定目标，有人可能想将我命名的话语行为分解成发声行为、音素行为、词素行为等。当然，就多数目的而言，在语言学学科中根本没有必要谈论行为，而只能讨论音素、词素、句子等。
>
> [Searle 1969：25]

“当然”后面的句子承认了“语言＝行为”范式的局限性，就像在摆手支开一个太琐碎而难以讨论的问题。但是，塞尔继续采取这种范式研究意义。实际上，该范式显得半真半假：有些事物可能用语言去做，但这并不表明所有语言都是在做事。我将在第八章和第九章对塞尔的言语行为理论进行批判性思考。

2.2　规则与原则

> 假设 2：语义学受规则管控（＝语法性）；普通语用学受原则制约（＝修辞性）。

我把语法规则和塞尔的概念“构成性规则”联系起来，并将语用学原则与他的“调节性规则”概念进行了联系。就语法和逻辑规则来说，几乎没有必要阐述这一区分的前半部分。这种规则的普通图式如下：

在 *X* 条件下，*Y* 从 *Z* 中派生（有时 *X*、*Y* 或 *Z* 为零值）。例如，在英语转换句法中，“*do* 支持规则”可以表述如下：

> 如果时态标记没有附着动词，则用 do + 时态标记去取代时态标记。
>
> [Akmajian and Heny 1975：124]

在命题逻辑中，肯定前件式是：

> 由 A 和 A⊃B，可以得出 B。

类似规则要么适用，要么不适用。根据语境变量因素，不可能存在某种应用程度的规则，也不可能存在相互矛盾与相互排斥的规则等。按照该方式，语法“受规则支配”，稍后仔细考察该观点，
22 因为该观点存在众所周知的问题。另一方面，像所有试图编写语法的人一样，我假定这种语法观点是基本正确的。

对规则与原则的分工，可以通过英语被动结构进行解释。主动结构变被动结构的规则具有构成性：它确定了一系列转变及物小句的规则。如果这些变化出现，结果就是另一种小句，并且语法形式完整，与初始结构的意义相同（但是，见 3.4）：

> Martha killed the fly. ~ The fly was killed by Martha.

如果我们不应用其中的规则（例如，将 *by* 置于施事者之前），结果就是不符合语法的句子，而不再是英语语言的组成部分，如 * “The fly was killed Martha.”。然而，支配语篇修辞的准则（见 3.3.3）具有调节性。其中包括末尾焦点准则，即如果语言规则允许，应将包含新信息的从句置于末尾：

> The fly was killed by MÀRTHA.

在此意义上，语法和语用学都可对被动结构进行解释：语法解释

被动结构是如何形成的，而语用学则可解释偏好使用被动结构而非主动结构的条件。

同样，这又不同于塞尔（1969：33–42）的观点。塞尔认为，包括以言行事行为在内的言语行为受规则限定：

> ……说一种语言就是根据构成性规则体系实施言语行为，这是本书提出的假说。
>
> ［同上，p.38］

对于他来说，根据所划分的命题内容规则、预备规则、真诚规则、基本规则等一系列的限定规则，一个以言行事行为可以“看作”一个承诺 / 命令 / 请求 / 等。因此，我们可以根据以下规则，去界定言语行为“警告”（Searle 1969：67）：

> 命题内容：将来的事件或事态 *E*。
>
> 预备条件：（1）听话人有理由相信 *E* 将会发生，且它不符合听话人的利益。
>
> （2）*E* 将会发生，这对说话人和听话人而言，都不明显。
>
> 真诚条件：说话人相信 *E* 不符合听话人的最大利益。
>
> 基本条件：*E* 不符合听话人的最大利益，这是该效果的保证。

这些规则提出了一种类型选择：话语可以是警告，也可以不是[③]。 23
例如，警告（说话人认为将来事件不符合听话人的利益）和建议（说话人认为将来事件符合听话人的利益）之间存在明显区别。事实上，很多情况下都会有这种泾渭分明的理解，例如以“I promise you...”“I warn you...”“I advise you...”开头的施为话语。但总体来说，对于什么是语言交际，这些例子所代表的观点不符合现实，也不细微。它们根据规则去界定语力，将会呈现出一种受限的和死板的语言交际观。根据这样的观点，所有人类交际都是为了实施某些行为类型。以至于为婴儿洗礼、宣判罪犯或给轮船命名等仪式，似乎都是人类互动的典型方式。

为了避免这种错觉，我想引用以下话语，因它在某些方面更能代表人类言语行为：

> Considering that I am a hostage, I should say that I have been treated fairly.

据说，这个模棱两可的话语是1980年在伊朗的一个美国人质即将被提前释放时，对询问他受到何种待遇的一名记者所说的。他可能是想提供一些让记者认为是新闻的信息；与此同时，他想说真话；想宽慰美国公众（很明显包括说话人的家人）自己没受虐待；避免说冒犯劫持者的话，以防被延期释放。动机之间相互联系，话语功能之间相互矛盾，根据“宣告”“报道”“承认”等这样的类别方式去阐释交际，显得简单幼稚。更好的模式也许是一种语言兼顾行为，其中施为者不得不同时做几件事情：实现多个互相竞争的目标。在这些目标中，遵守合作原则（提供所需的足量信息、说真话、说相关的话）只能作为一部分来考虑。这可能是一个极端的例子，但它展现了功能的模糊性与多样性，而这种以言行事远算不上异乎寻常。同样，交际话语的不确定性表明了它在
24 语用因素中的协商性（Negotiability），即说话人通过模糊性的语力，让听话人在几种语力中进行选择，因此让听话人对意义承担部分责任。例如：

> If I were you, I’d leave town straight away.

根据语境，该话语可理解为一种建议、警告或威胁。在这里，听话人知道说话人的潜在意图，也许会把它理解为一种威胁，并遵

照实施；但说话人从友善的动机出发，可能总会认为这是一个建议。这样，“会话修辞”可让说话人鱼与熊掌兼得。

2.3　规范与动机

假设 3：语法规则具有规约性；普通语用学原则具有非规约性，也即受会话目标的驱动。

塞尔对以言行事行为的解释，也与假设 3 形成冲突。塞尔认为，实施和阐释以言行事行为的规则是规约性的。例如，“这是一个规约问题……在特定条件下这样的表达式可以看成实施承诺”（1969：37）。因此，如果我们不知道借钱人使用“I'll pay you back tomorrow.”为什么算作是塞尔所界定的一种承诺，唯一答案必定是：“因为规则这么说。”但是我们可以用通过具有动因的话语，来解释为什么说话人用以描述将来某行为的命题会被理解为一种承诺——作为对听话人的保证方式，即该行为将被执行，事实上使自己承担一种义务，以确保其结果。我从与塞尔相反的观点来进行论证：承诺之所以被看成一种承诺，并不在于凭借规则（除了决定涵义的规则外），而是在于识别说话人的动机④；并且塞尔所论述的规则只能是被人们意识到时，才具有适用性。

规约性属于语义事实，说话人使用句法形式“I'll pay you back tomorrow.”，表示了一个描述将来特定行为的命题。换言之，这种意义具有规约性，因为它可以从语法规则（这里包括词汇定义）中推导出；但该语力推导基于动因原则，如合作原则。合作原则隐含：除非说话人违反质准则，说话人将确保行为的执行；除非

说话人违反关系准则，那么说话人保证还钱的陈述与当前言语语
25 境有某种关联，即说话人正在借钱。所以，如果我们：

（a）知道该话语的意义，

（b）知道该话语适用的交际原则，

（c）知道该语境，

（d）能运用非正式的常识性推理得出（a）、（b）、（c）。

我们很容易得出这样的结论，说话人用“I'll pay you back tomorrow.”表示一种承诺（见第七章）。我们用这样的方式来识别语言中规约与动机之间的“分工”。

然而，事实并非如此简单。此处，在我看来，“规约性”与索绪尔的“任意性”具有相同意义。索绪尔所提出的语言符号任意性概念（1959 [1916]：67 及以下诸页）是现代语言学的一大基石，语言学家大都认为语言范畴和语言规则是任意的。也就是，它们绝不会从语言学之外的事实中推测出来，或推断出来。虽然在语法意义上是真实的，但我认为存在语法解释的两种层面。语法规则（即某特定语言的语法）具有任意性；但还存在一种“元语法”：对总体的语法类型或普遍性特征进行解释。在该层面上，我们能够解释为什么语法有其相应的规则，这种解释可能会偏向语用理据。例如，众所周知，在英语等许多语言中，有可能（实际上很平常）省略祈使句的主语：“(You) come here!”。这种不规则现象存在语用理据，即在大部分情形下，我们可以预测（祈使句有劝告功能）*you* 是理解的主语，因此这种省略不会丢失任何信息。（见经济原则，第 76 页）

为澄清事实，我将区分规则的两种规约性。一种是绝对规

约性，例如，英语中表示男性人类的发音是 /mæn/。对英语学习者（本族学习者或外国学习者）来说，这是显而易见的事实，并不能发现任何理据。（当然，为什么这个词有现在的发音，可以从 26
历史的角度进行解释，但就从早期任意形式派生出单词的情况而言，终究也是任意性的。）然而，另一种是动因规约性（Motivated Conventionality），以证明某些理据的存在，但语言行为的选择取决于多种因素，可以根据理据进行预测。对此情况，需有两种观点：第一种观点认为规则是一种规约，第二种观点认为如果存在这种规则，它的合理性基于语言之外的因素。

这种动因规约性的例子如下：

[1] Good luck! = I wish you good luck.

[2] Bad luck! = I regret you bad luck.

例 [1] 不意指“I regret you good luck.”，例 [2] 不意指“I wish you bad luck.”，这遵循了礼貌原则。根据该原则（当它用于语言时），人们多倾向于表达认为是礼貌的信息，而不是不礼貌的信息（见第 93—94 页）。但 *Good luck* 还具有表达美好祝愿的功能，而不是祝贺听话人运气好，这属于英语的规约性；尽管 *bad luck* 和 *misfortune* 有相同的涵义，但“Bad luck!”可用来同情某人，却不能说“Misfortune!”

另一种情形就是，语法可能性受语用原则的制约：

[3] Can you post these letters?　Yes, I can.

Will she post these letters?　Yes, she will.

Shall I post these letters?　?*Yes, you shall.

问句与省略回答有关的常规范式，在出现 *shall* 的情形下被打破了。如果我们把 *Shall I* 的意义理解为“Is it your wish that I...?”，该问句是礼貌的，通常用来表示提供帮助。然而，回答则是不礼貌的，因为 *you shall* 的相关意义隐含了说话人对听话人的一种强加意图（见 5.4）。该例中，我们能够对 *you shall* 不发生的情况给出规约性的语法解释，认为 *shall* 在现代英语中已过时，（大体上）不与第二人称主语一起出现。但是，我们也能够进行这样的语用解释：如果不是给出一种傲慢的回答，*you shall* 的使用就是不礼貌的。事实上，这两种解释都可能部分正确：基于礼貌原则，我们可以断言，在现代英语句法中 *shall* 的使用范式存在缺陷。

因此，我们有必要从两个层面去看语法表述：其一是规约性，
27 其二是非规约性。语法规则的基本表述具有规约性，而元语法解释则不是规约的。相比之下，语用学中的制约主要是理据性的，即便存在规约性，也是次要的。例如，在本质上格赖斯的合作原则就是从社会目的看语言之外的动因。作为一种解释会话含意的方式，格赖斯认为说话人通常会"根据已确定的目的或言谈交流的方向"，进行会话。他指出，准则适用于语言与非语言行为。例如，说话人可以在所言中违反关系准则，也可以在行为中违反该准则：

> 我期待同伴为每个活动阶段的现时需求做出恰当贡献；如果我正在为做蛋糕搅拌调料，此时我就不期待对方递给我一本好书，或甚至是一块烤箱布……
>
> [Grice 1975：47]

同理，我们不仅可以用话语表达礼貌，还可以通过其他方式表达礼貌，如为他人开门而不是在别人面前狠狠把门关上。

就语法动因而言，至少部分是由语用因素所驱动。例如，语法在某种程度上顺应以言行事行为的实施要求，同时顺应礼貌与合作的要求。因此，许多观点认同语法之所以如此是因为有用，

这就不足为怪了。

从长远来看，语法的语用顺应可以从历史发展和演变的角度[5]，或从共时角度，关注语言现状中有关规则的例外情形。也许就是“语用限制”（Pragmatic Restrictions）或“语用豁免”（Pragmatic Exemptions），即一种存在于现有规则的限制，或发生在现有规则以外的某些例外。前者的一个例子是马拉雅拉姆语的后缀 -ootte，它来自情态领域，就像上文的 *shall*。该后缀意为“允许”，但仅限于祈愿句和第一人称代词的疑问句[6]。所以，这种语法形式限于请求类和允许类的以言行事行为。语用豁免的例子如下：

[4] Would you mind if I smoke?

（比较更规范的 Would you mind if I smoked?）

该句子混用了非真实过去时 *would mind* 与一般现在时 *smoke*，这
是一种常规规则（即条件句的主句和从句的时态应保持一致）的 28
例外。例外的语用原因很明显，例 [4] 是一种表示礼貌请求的语用策略。此类句子的假设过去时原来是一种礼貌规避的手段；但是该手段已变成为形式上的规约化用法，如“*Would you mind...?*”，以至于它的假设语力退化了。随后，非假设动词 *smoke* 不规则地取代了常规语法 *smoked*。它们与其他的语用影响都具有“例外规则”的特点。但这并不妨碍它们自身成为规则：起初进入语法中的新规则通常是其他规则的例外情况。一条规则成为另一条普遍规则的限定条件，或成为例外情形，这在语法中是很普遍的。

在具有特定语用特征的语法中，语用制约变成规约化[7]，这为语法如何经过很长的一段时间最后顺应语用制约，提供了一种解释。其中，这些特征与语言和其他符号系统的其他部分规约化特

征相似。其中的现象之一就是隐喻。隐喻随规约化程度不同而变化，从完全非规约化的“诗学”隐喻，到完全同化的“死”隐喻。再比如拟声词的象似性。英语单词 *pipe* 的使用没有过去那么具有拟声性了，在元音大转移（the Great Vowel Shift）之前，它发音为 /pip(ə)/（声调模式有可能以相似的方式被部分规约化）。

在当前语境中，提及这些相似性的主要原因在于引出语用学中的规约化等级，这种等级在请求等间接话语中特别明显（见 Sadock 1974：97 及以下诸页）。间接以言行事行为属于该等级序列中的非规约性一端，例如：

[5] Are you able to repair this watch?

在此语境中这个句子在语用上可理解为一种请求语力（I want to know if you can mend this watch, and if so, I want you to do so.），但语法上则不能表示该特定目的。也存在部分规约化的请求，例如：

[6] Can you repair this watch?

29 它们在一定程度上与语法结构有关，类似于祈使句，而非疑问句（见 Sadock 1974：73−95）；如例 [6a] 中的 *please*，例 [6b] 的附加疑问句 *can you*：

[6a] Can you *please* repair this watch?
（比较 *Please repair this watch.*）

[6b] Repair this watch, *can you*?
（比较 *Can you repair this watch*?）

在该序列的最规约化一端的语法程式语等结构，如咒骂语和问候句（How do you do?）以及失去了原有语法分析性的词语 *please* 本身，被视为一种礼貌小品词。

半机构性的言语形式，如例 [6]，具有与隐喻和语调模式一样的相似性特征，也即，它们有时候能够翻译成其他语言的语义对等形式，虽然并不总是如此。例如，例 [6] 可直接译为如下的葡萄牙语：

[7] (Você) pode consertar este relógio?

(You) can mend this watch?

然而，英语中有的结构类型则不能翻译为葡萄牙语，反之亦然：

[8] Será que você {consertaria / poderia consertar} este relógio?

It is that you would/could mend this watch?

这种带有动词 *to be* 的间接请求在英语中不存在对应形式。例如，在类似 *please* 的极端情形中就不能进行直译，在语义上 *please* 不同于其他语言中的礼貌用语，如葡萄牙语 *por favor*（表示“作为一种帮助”），阿拉伯语 *min fadlak*（表示“出于对方的情分”）。

这样的讨论强调语法与语用的重叠，表明我们不能简单地认为“语法是规约的，语用是非规约的”。尽管如此，在语言的所有方面都会遇到这样的划界问题。例如，*on to* 和 *cannot* 序列包含一个还是两个词语，这是一种判断难题。这种边缘现象是语言作为一个开放演变系统的征兆，规约性不会削弱语法与语用学之间的本质区别。为此，我们可以归纳如下：语法主要是规约性的，动 30
因是次要的；语用学主要受动因制约，规约性是次要的。

2.4　涵义与语力的关系

假设 4：普通语用学将话语的涵义（或语法意义）与语力（或施为用意）进行直接或间接的联系。

前面已说明了，语义学与语用学以不同方式描述话语意义。语用学的任务是解释两类意义的联系：涵义（经常描述为“字面”或表面意义）和（施为）语力。我认为，在众多方法中涵义可以通过某种形式化的语言或符号的语义表征（Semantic Representation）[8] 进行描述。语力表现为一系列含意。这里的“含意”比格赖斯所指的含意更广泛，但我同意格赖斯的观点，“会话含意的出现必须是经过推理得出的”（1975：50），就是 2.5.2 所涉及的非形式推理方式。根据这一断言，可以得出结论：语用学研究交际目的所驱动的行为。但是我要强调，在当前的解释中，所有含意都是一种可能性。我们不能最终确定说话人通过话语要表达什么意图。观察到的条件、话语和语境是说话人意指某一话语 U 的决定因素；听话人的任务就是判断最可能的理解。我已指出，话语的施为用意往往是不确定的，即便是个有理性的判断专家，听话人也并不总是能够获取说话人的意指。

从根本上说，话语理解是一种猜测或（用更正式的术语）假设。对此，我用格赖斯解释合作原则的例子，进行阐述：

[9] A：When is Aunt Rose’s birthday?

B：It’s sometime in April.

此例中，B 回答表示的涵义是一个命题内容，即罗斯姑妈的生日在 4 月（可用这样一个长分裂式表示：It’s either on the first day of April, or on the second of April, or....）。但 A 会据此推导出一个附加
31 意义：B 不知道生日的具体日期（即 B 不知道罗斯姑妈的生日是否是 1 号、2 号、3 号……还是 13 号）。附加意义或含意是如何形成的？以下是三大主要步骤：

（i）显而易见的是 B 的回答有些“反常”。B 没有给出 A 所需的足够信息。也即，B 很明显违反了合作原则（具体而言，违反了量准则）。

（ii）但是，没有任何理由认为 B 刻意不合作。进而，A 会假定 B 正遵守合作原则，对量准则的公然违反是因为 A 希望在另一层面上遵守合作原则。所以，我们必须找出合作原则导致 B 给出少于 A 所需信息的原因。

（iii）原因在于 B 在努力遵守质准则。假定 B 遵守合作原则，并且 B 不知道罗斯姑妈的生日，只知道大概在 4 月。于是，B 就不能随意说是 4 月 1 号、6 号或 19 号，因为如果这么说，尽管遵守了量准则，却违反了质准则（即有说谎的风险）。因此，为稳妥起见，B 只说生日在 4 月。在缺乏其他解释的情况下，该解释是可接受的，因为它符合合作原则。所以，我们可以得出结论：B 并不知道罗斯姑妈生日是 4 月的哪一天。

这个推断的三个步骤是：（i）排除与合作原则不一致的表面理解；（ii）寻找与合作原则一致的新理解；（iii）发现新理解，并检验它是否符合合作原则。新理解包含含意 *I*，为使说话人所说的话语与合作原则一致，*I* 是有必要的。

这不是形式化的演绎逻辑，而是一种非形式的、理性的问题解决策略。它包括：（a）形成最有可能的假设，然后（b）验证该假设，如果验证失败，（c）形成下一个最有可能的假设，依此类推。这是人类为解决理解困难而采取的普遍策略。一方面，它存在于高度抽象与复杂的科学理论中[9]，另一方面存在于现实中，如
下面的例子。如果打开开关，电灯没亮，第一种最有可能的假设 32

是灯泡坏了；如果换了灯泡，电灯仍然无法打开，接下来最有可能的猜测是保险丝烧断了，或可能是电线有问题。这个过程继续推进，直至发现问题的解决方案（即假设相符合所观察的事实）。

关于罗斯姑妈的例子，另一个值得注意的地方是，合作原则中某准则的遵循是以另一准则为代价的，这种情况与平常的情况一样，比如说话人偏好质准则，而非量准则。当然，也存在偏好相反的情况。据我所知，在有些地方（如意大利和巴西的部分地方），对于一个陌生人的提问（如问某个目的地），人们往往喜欢给出错误答案，胜于给出毫无信息的回答。

此外，以上（i）—（iii）阐述了一种理性过程。这并不意味着在理解者的大脑中会费力地有意这么做。这样评价的目的在于：其一，说明语力受理性与社会行为的普遍原则所驱动（见 2.3），其二，给出有关理解过程的大体轮廓，只不过它可能在一定程度上是自动的。塞尔（1979 [1975b]：56–57）巧妙地描述了间接以言行事行为的理解问题，如“Can you pass the salt?”，见下：

> 对于我来说，这个问题有点像认识论分析中的知觉问题：一个人试图解释感知者如何根据并不完美的感官信息，识别出一个对象。该问题——当他只是问了我一个关于我能力的问题，我如何知道他发出了一个请求——可能类似于这样的问题：在公路上当我所感知到的仅是与我擦肩而过的一道闪光时，我怎么知道那是辆车？

正如人们可能会自动将一组复杂的视觉与听觉印象和推断压缩为一种简单观察：“那是一辆车”。同理，人们也可能将一个很长的论据压缩为一个简单、毫不在意的回答：“A 想让我递盐”。

“Can you pass the salt?”是一个间接以言行事行为的例子（一个常用的例子）。根据塞尔的界定，它表示“一个以言行事行为通过实施另一个以言行事行为间接实施”。我认可塞尔（1979 [1975b]）借用格赖斯的含意来解释以言行事。格赖斯提出会话含意是为了解释说话人比其所言信息意指更多的句子。对“意指大于所言”的现象（格赖斯只讨论了陈述句），我们可以很自然地扩
展到对其他非陈述句的分析解释中。但塞尔的言语行为理论很自 33
然就让他认为，间接以言行事行为受制于同类规则，并将其应用于其他类型的以言行事行为。针对间接以言行事行为，我的观点不同于塞尔，主要体现为两个方面（将在第七章阐述）。

首先，我认为间接以言行事行为不需要特定的以言行事规则；间接施为用意只通过一系列含意表达。这种含意将心智状态（比如信念等命题态度）归因于说话人。以例 [9] 为例，B 的回答“It's sometime in April.”（假定 B 遵守了合作原则）包含以下的相关隐含：

[10a] B 相信罗斯姑妈的生日在 4 月（通过质准则判断）。

[10b] B 不清楚 4 月的哪一天是罗斯姑妈的生日（通过量准则与质准则判断）。

尽管间接以言行事行为的理解，如“Can you pass the salt?”，更复杂（如涉及礼貌原则和合作原则），但大致的描述方法一样，最后的含意（对应于塞尔的“间接言语行为”）是说话人意图让听话人递盐（见第 140 页）。

其次，我不区分直接和间接的以言行事行为。所有以言行事行为都是“间接的”，因为它们的语力是通过含意推导得出的，但间接性程度存在差异。在没有相反证据的情形下，我们最有可能将语用假设应用于最直接的以言行事行为，可称之为“缺省性解

释”。例如，如果 B 在例 [9] 中的回答是“It’s on 10 April.”，缺省性解释可能在起作用：

[11a] B 相信罗斯姑妈的生日是 4 月 10 号（通过质准则判断）。

格赖斯把“会话含意”应用到如例 [10b] 的情形，但我将它拓展到
34 如例 [10a] 和例 [11a] 的缺省性解释。也就是说，一个话语拥有涵义和语力，是很正常的，即使在话语的语境意义来源于涵义（如陈述信息）[10] 的情形下也是如此。我采取这一观点的优势在于，它充分利用了语用意义的两种不同视角——格赖斯的会话含意理论和塞尔的言语行为理论。事实上，后者可根据前者的一般性理论进行重新解释。例如，塞尔的真诚规则可简单视为说话人遵循量准则的情况（见 2.5.2）。

我已指出，语力是通过把某些心智状态归因到说话人而进行确定的。然而，关键问题是例 [10a] 和例 [10b] 等陈述不是说话人大脑中的直接陈述。相反，它们是关于说话人使用话语希望指向何物的陈述。这个结论源于这样的假设：说话人遵守合作原则，也许也遵守其他的修辞原则。不管表面上看起来如何，语用学只研究话语理解中可公开获取的意义。语用学领域与其他领域一样，语言学家感兴趣的是公开的、可以证实的语言观察，并构建理论进行解释。

语用学关注言语语境中的意义，显然我们不能对某人大脑中私下正在发生什么做出语用断言。比如，如果某人说“It’s six o’clock.”，我们不能理所当然地认为对方相信现在就是六点钟。就我们所知，说话人可能是一个有撒谎恶习的人。但我们可以说，说话人相信现在是六点钟，这个含意是该话语的部分意义或语力。

更准确地说，例 [10a] 和例 [10b] 应该加上以下的序语：

通过说 {It's sometime in April / It's on 10 April} B 隐含……

但是，意义具有两面性。正如塞尔（1969：43）把格赖斯（1957：385）的观点重述为：

> 通过言说，我尝试向听话人传递某事，让他意识到我希望传递该事的意图。通过让他识别我希望取得该效果的意图，我就在听话人那里取得了所希望产生的特定效果。

换言之，语用学中的“意义”（用公式表示就是：“*s* 通过 *U* 意味 *F*”，其中 *s* = 说话人，*F*= 语力，*U*= 话语）是自反性意图
（Reflexive Intention），即意图的实现在于听话人的识别[11]。然 35
而，正如巴赫和哈尼什（1979：15）指出，这种自反性意图仅通过他们称之为“交际预设”的方式运行，即说话人和听话人的共享信念，也就是，当某人对他人说某事时，他的心智中存在某个以言行事行为的目的。这些假设遵循后面 4.3 将要解释的关系准则：

> 如果某话语可以理解为表达说话人或听话人的会话目的，那么该话语与某言语语境有关。

在这一点上，可以再增加一条有关语力特征的假设：如果 *s* 通过 *U* 意指 *F*，*s* 意图 *h* 通过 *U* 的涵义（即语法意义），识别语力 *F*。

当然，这并不意味着不会出现错误交际。语用学仅关注公开传递的意义，不考虑错误交际或私密会话。所以，如果说话人说“My aunt has a villa in Vladivostok!”，想表达他的袖子里藏着三张 A、两张 K，这里就没有语用学关注的内容，因为此例传递的信息与话语涵义无关[12]。导致交际失败的因素是多样的，并非所有因素

都属于语用学的领域。例如，说话人和听话人可能缺少共享的语言知识，他们之间的物理渠道可能受损，说话人也可能违反修辞原则，说话人与听话人之间可能存在不同的社交语用价值。但是，至于说话人通过某话语意在表达的信息与听话人通过该话语所理解的信息，它们之间的差异不是语用学关注的问题。同时，我已指出，我们应该承认，在某种程度上说话人通过话语意在表达的信息具有不确定性，因而给予了听话人机会，在一定限制范围内去协商或决定话语的语力（进一步见 7.1）。所以，不确定性是语用学要关注的核心内容。

强调了以言行事行为中说话人与听话人的相互参与之后，下面我必须指出区分二者角色的重要方式。

2.5 语用学作为问题解决

36 假设 5：语法对应关系根据投射进行界定；语用对应关系根据问题与应答进行界定。

语用学包括从说话人和听话人的角度，讨论问题的解答（Problem-Solving）。从说话人的角度而言，问题是一种计划：“假如我想使说话人的心智状态发生变化或保持不变，如何以这样或那样的方式生成话语，进而产生最可能的效果呢？”从听话人的角度而言，问题是解释性的：“假如说话人说了某话语，那他最可能的原因是什么呢？”在这两种情形中，问题解决过程有很大的不同。后者的理解实际上可视为一种“元问题–解决”过程，因为听话人必须解决的问题是：“当说话人说出话语时，他希望解决什么交际问题？”

不同于语法中的涵义-语音映射和语音-涵义映射，这些问题解决过程不能通过运算法则进行确定。它们包含普遍的人类智能，也就是根据语境证据，判断各种可能性。

2.5.1 从手段-目的分析看说话人任务

简言之，说话人的问题解决策略可视为一种手段-目的分析[13]。它用指示性图表来表征问题及其解决方案，包括初始状态和最终状态（见图 2.1）。

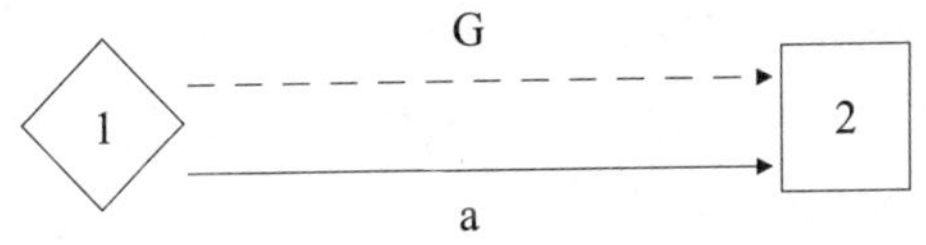

1 = 初始状态（个体感觉冷）

2 = 最终状态（个体感觉缓和）

G = 达到状态 2 目的（变暖和）

a = 行为（打开取暖器）

图 2.1

这可能是最简单的图表。菱形表示初始状态，方形表示最终状态。实线箭头表示个体为实现某个目的而采取的行为。虚线箭头代表达到最终状态的目的（属于状态 1 的个体目的）。

该模型可以自然扩展到中间状态（既包括次要目的的对象，
又包括实现终极目的的条件）。进一步扩展还可以引入多个目的、 37
同步状态、消极目的（即维持现状）等。手段-目的分析涉及语言的最简单情形，如图 2.1，其中 a 表示言语行为。我们用这样的方式也许能够解释前面 2.4 所描述的自反性意图，见下：

1 = 初始状态（说话人意图通过话语使听话人理解语力）
2 = 最终状态（听话人通过话语理解语力）
G = 达到状态 2 目的
a = 言语行为（说出某话语的行为）

图 2.2 中的例子包含更复杂的手段-目的分析，说话人理所当然认为听话人的信息理解会导致他去实施某个需求行为。

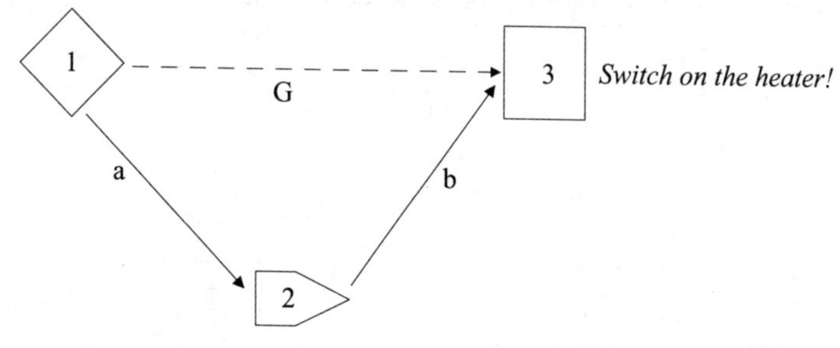

1 = 初始状态（说话人感觉冷）
2 = 中间状态（听话人知道说话人想要开取暖器）
3 = 最终状态（说话人感觉暖和）
G = 达到状态 3 目的（变暖和）
a = 说话人告诉听话人开取暖器的行为
b = 听话人开取暖器的行为

图 2.2

其中，盒状图形▷表示中间状态，表示（i）次要目的的实现和（ii）达到最终目的的条件。所以，这是当前目的的最终状态和隐秘目的的初始状态。

与图 2.1 表征的行为相比，图 2.2 的行为也许可以看成是实现某目标的一种“间接”方式。但是，根据这些标准，所有刻意的语言使用都会被视为间接的[14]，也就是说，只要我们把语言使用视为一种产生某个目的的方式，就暗含了图 2.2 所涉及的一系列连锁行为——但通常该链条更长且更复杂。实际上，图 2.2 的以言行事行为称为直接言语行为或直接以言行事，对应于间接言语行为（Indirect Speech Acts）或间接以言行事（Indirect Illocutions）（见
Searle 1979 [1975b]；Sadock 1974）。塞尔把间接言语行为定义为 38
“以言行事行为通过实施另一种以言行事行为间接地实施的情形”（1979 [1975b：60]）。也就是说，对塞尔而言，间接言语行为是一种实施直接言语行为的方式。但是，在当前的手段-目的框架中，甚至诸如祈使句“Switch on the heater!”这样的“直接”言语行为也是达到某种目的的间接方式，因为它指向的是一个次要目的。因此，“间接以言行事”仅仅是比其他行为更间接的以言行事，并且间接性只是程度问题。基于手段-目的链的时间长度，我们可以把言语行为与目的连接起来，并对手段-目的进行分析，进而概念性地表征间接程度。

我进一步提出图表 2.3，说明如何通过更间接的以言行事行
为，来实现图 2.1 和 2.2 例子中的目的。图 2.3 代表塞尔的观点， 39
一个间接言语行为（= 行为 a）是实施另一个言语行为（行为 b）的方式。然而，该图表示，塞尔把直接言语行为的概念建立在间接言语行为基础上是不必要的，原因在于塞尔从规约性规则去界定以言行事行为，而不是根据它们在手段-目的分析中的功能去界定[15]。

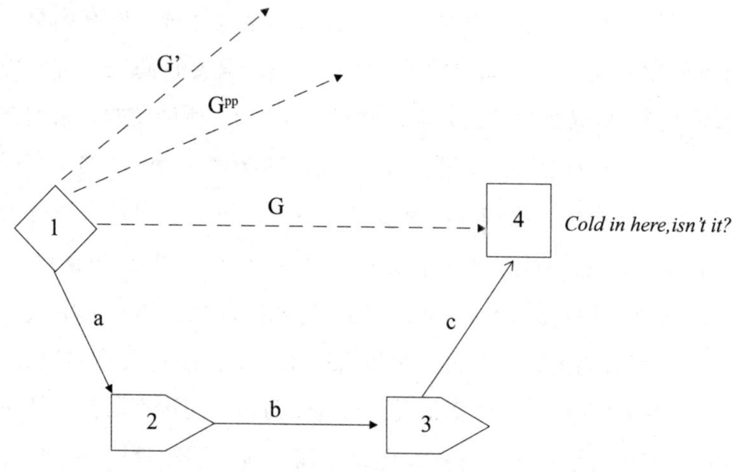

1 = 初始状态（说话人感觉冷）

2 = 中间状态（听话人知道说话人意识到天气冷）

3 = 中间状态（听话人知道说话人想要开取暖器）

4 = 最终状态（说话人感觉暖和）

G = 达到状态 4 目的（变暖和）

G^{pp} = 遵守礼貌原则的目的

G'= 进一步目的（未明确）

a = 说话人评论天气冷的行为

[b = 说话人告诉听话人开取暖器的行为——见下文]

c = 听话人开取暖器的行为

图 2.3

这里只需要考虑一种言语行为：说出“Cold in here, isn't it?”然而，塞尔的分析规定，该以言行事实际上例示了两类以言行事行为，一类是另一类的实现手段。塞尔似乎想指出（i）存在两类言语行为，（ii）一类行为是通过另一类行为的实施而表现的，

（iii）它们同步发生，是在同一话语中实施的。但是，这种分析会让人们觉得言语行为这一概念有些神秘而抽象。对图 2.3 更好的解释方式是听话人实施了行为 b，而不是说话人，该行为即将话语“Cold in here, isn’t it?”的含意理解为：说话人想要听话人打开暖气。也就是说，在图 2.3 下面我们应该替换括号中关于行为 b 的陈述：

b = 听话人 *h* 推断出说话人 *s* 想让听话人打开暖气的行为

这不是句子“Cold in here, isn’t it?”的唯一解释，但在一定语境下是一种可能的解释。类似关于温度的评说可能是一种闲聊，或是寒暄交谈，除了维护社交关系外，不存在隐秘的动机（见 6.2）。此外，我们也应该注意到这是一种潜在的不确定性：说话人说“Cold in here, isn’t it?”，可能是为了维持友好的社交关系，并在一定程度上希望听话人做某事，以减轻寒冷。在此情形下，该以言行事是否带有强加或胁迫的语力，则取决于听话人的理解，只有当他那样认为时，才会如此。正是出于这样的考虑，我才在图 2.3 中表现了说话人潜在的其他目的（用 G’ 表示）。

至于其他目的，图 2.3 中包含了维护礼貌原则（G^{PP}）的目的。这可视为一种目的驱动行为的普遍原则，即交际个体采取最直接的、与实现其目标相一致的行为方式。（这是方式准则的一种解释 40
方式。）因此如图 2.3 所示，如果说话人采取间接策略去实现某个目的，很可能除了该目的以外，说话人还希望实现其他目的。这就支持了维护礼貌原则（G^{PP}）以维系良好的社交关系这一额外目的的观点。在此分析中，合作原则、礼貌原则和其他修辞原则可以看作一种调节性目的，并且是实施其他目的都必须考虑的一种背景信息。或许把它们视为一种消极目的更好，即避免不合作和避免不礼貌行为的目的。它们可能与其他目的相冲突，或形成竞争关系，强迫性目的（某人将其意志强加于另一人）与礼貌原则背道而驰。所以，表达非强迫性的“清白”话语，如“Cold in here, isn’t it?”，可以成为调和冲突性目的的开场白。这是为了避免违反礼貌原则，同时仍希望实现强迫性目的。按照格赖斯的会话含意，假如语力可以“计算出来”，说话人就可能根据听话人对礼貌原则的遵守，得出听话人实施特定行为的原因。

从手段-目的分析的角度解释语言行为，可能存在这样的不足。也即，这种分析似乎认为，所有语言使用都具有工具性功能。当然，有人可能会反驳：我们不能把所有的话语都视为受目的驱动，也即，不是为了让听话人的心理或生理条件产生某种结果。当然，尽管我们不能排除存在语言的非交际用法（如纯表情性言语），但我认为从广义上讲，手段-目的分析总体上适用于分析语言交际使用。然而，术语“目的”有点限制性，术语“意图”更是如此，暗示了话语使用在一定程度上所体现的意识性或刻意性，但本模式不一定必然隐含这一特点。毫无疑问，人们可以在没有意识到原则存在的情况下遵守合作原则或礼貌原则，对于更为具体的目标也同样如此。在分析中，“目的”概念的适用于分析语言的寒暄性用法（见 6.2）、避免禁忌话题和禁忌语等，或者其他。尽管语言行为范式可能是清楚的，但很少有人会说语言使用者意识到了驱动该行为的目的的情形。简言之，“目的”这一术语表示人工智能的中性意义，即“一种调节个体行为的某种状态”，进而以这种方式促成某一特定结果。

2.5.2 从探索式理解分析的角度看听话人任务

在话语理解中，听话人解决问题的任务可以视为一种探索 41
（Heuristic）。探索策略在于通过形成假设，并根据现有证据验证，尽力识别话语的语力。如果检验失败，就会形成新的假设。整个过程可能反复循环，直到找到解决方法（一个成功的假设在于它与证据不矛盾）。该过程可以用极其简化的方式进行表征，见图 2.4。在这种情况下，问题就是理解问题。基于所言的涵义、背景信息（关于语境）和背景假设（即说话人 *s* 正在遵守的常用原则），听话人 *h* 形成有关该话语目的的某个假设。比如，如果 *s* 说“It's Aunt Mable's birthday next Monday.”，最有可能的假设是：

s 意指 [*h* 意识到 [梅布尔姑妈的生日是下周一]]

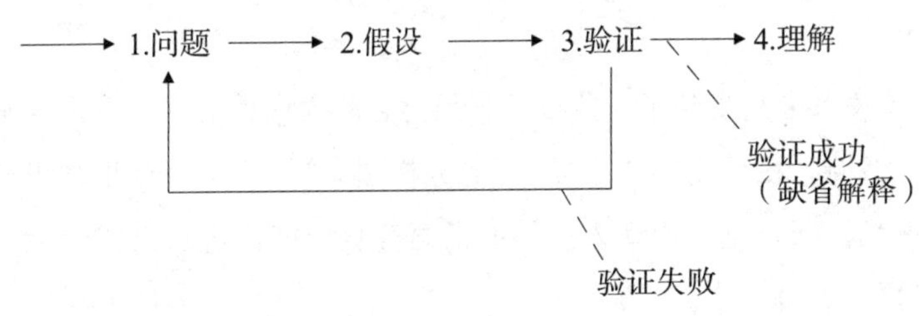

图 2.4

如果我们用符号 *P* 表示话语 *U* 的涵义（在此 *P* 表示命题），就可以简化整个过程。接着，该话语的涵义可看作问题解决过程的目的。表述如下：

A. *s* 对 *h* 说 [*P*]

关于 *P* 的语力的假设，同样可以概括如下：

B. *s* 意指 [*h* 意识到 [*P*]]

这等于说，*U* 是一个提供信息的话语；塞尔等人称之为断言。该断言可以通过观察它是否与语境证据一致（假设存在相关的语用原则），进行检验：

42 *C*. *s* 相信 [*P*]　（质准则）

D. *s* 相信 [*h* 没有意识到 [*P*]]　（量准则）

E. *s* 相信 [这是合意的 [*h* 意识到 [*P*]]]　（关系准则）

一旦形成假设，就可根据以下假设得出 *C*、*D* 和 *E* 的结果：(i) 该假设正确，(ii) *s* 遵守合作原则。如果 *C* 不是那样的话，*s* 可能在说谎，进而违反质准则，所以得出 *C*。如果 *D* 不是那样的话，*s* 意识到他在说一些对 *h* 没有信息价值的话，进而违反了量准则（提供太少的信息，或根本没有信息），所以得出 *D*。如果 *E* 不是那样的话，*s* 在说一些与语境无关的话，进而违反了关系准则，所以得出 *E*。

（关系准则受到了一些批评，因为它的模糊性使其几乎是空洞的。然而，在语用学的手段–目的分析中，"要相关"有相对清晰的意义，那就是"说话人提供的话语信息要能推进自己或听话人的目标"，进一步见 4.3。）

如果所有这些结果与语境证据相一致，假设就会得到认可。如果它们中的一个或多个假设与语境相冲突，假设就会被否定，然后必然考虑一系列新的可能性。接下来要尝试的假设就是最有可能出现的假设，可以根据所注意到的证据进行判断。初始与最可能的理解称为"缺省解释"（Default Interpretation）。也就是说，它是在缺少相反证据的情形下可以接受的理解。关于说话人 *s* 的目的（上文的 *B*）的陈述叫作"最小施为假设"（Minimum

Illocutionary Assumption)，从中推导出的含意（例如 *C*、*D*、*E*）称为“确定性条件”（Corroborative Conditions）。

在广义上（比格赖斯更广义），所有这些陈述（除 *A* 以外）或许都可以称为含意。它们是临时性的语用含意，但如果它们与其他证据不一致，则可以被取消。在格赖斯看来，含意主要指原因明显违反某一准则，而否定缺省解释的情况。但是，当前的模式是一般推理模式的一种特殊情形。

先前的例子“Cold in here, isn’t it?”说明了表面理解或缺省
理解可能否定的情况。一方面，假设这个话语（很可能）是在听 43
话人完全意识到天气寒冷的语境下说的，以上含意 *D* 失败了，结果 *E* 也不成立，除非是想表达别的施为用意（如关于天气的寒暄语）。另一方面，假设“Cold in here, isn’t it?”是在温度很高的语境下说的，在此情况下含意 *C* 不成立，就需要寻求新的假设（比如说话人表示反讽）。通过该过程，参照听话人寻求问题解决满意方案所需的步骤（进一步见 4.4 的例子），我们多多少少可以间接地获取一定的语用理解。探索式理解分析中，存在不同程度的间接性问题，对应于手段-目的分析中说话人的话语计划。说话人以言行事越间接，听话人重建该以言行事用意所需的推理路径就越间接。

这种语用理解的解释可能产生误解，除非它以足够抽象的方式被人们所理解。首先，“问题-解决”暗示了对意义的刻意推测；但就语用理解来说，这个过程很可能是高度自动的；没有线索表明该决定是有意识的，或由于明显的大脑活动而达成的。第二，不要期待不同语境中的缺省解释是一样的。听话人的期待因语境

而变化，一个语境中的缺省解释不同于另一个语境中的缺省解释。例如，在许多语境下，疑问句的缺省解释就是“寻找信息的以言行事”，包含确证条件，也即，说话人不知道相关问题的答案。但这不是考试试卷或法庭交叉询问中最可能的理解。第三，在我提出的解释中存在含意的推理顺序，首先形成假设，然后推导结论。在实践中，一些确证条件可能在假设形成前就已表露出来了；换言之，可能出现部分演绎序列。我给出的解释也许是一种理想，在很多方面偏离了听话人实际的智力过程。然而，在这一点上我只强调探索式过程的基本理性，表现为揭示会话含意（借用格赖斯的术语）如何“能够被计算出来”和“可能被别的观点所取代”。为此，这就展现了一种普遍的方法，那就是如何根据涵义，
44 而不借助任意性规约，推导出语力。

回顾前面 *A*—*E* 的陈述，可以看出它们紧密对应于塞尔所提出的言语行为规则。事实上，塞尔关于断言的规则（1969：65）如下：

命题内容：任何命题 *P*。

预备条件：（1）说话人 *s* 有证据理由等相信 *P* 的真实性。

（2）听话人 *h* 知道（不需要提醒）*P*，这对 *s* 和 *h* 来说，都不明显。

真诚条件：*s* 相信 *P*。

基本条件：看作对 *P* 表达一个现实事态这一结果的认可。

在这些规则中，命题内容规则对应 *A*（“*s* 对 *h* 说 *P*”）。第二条预备规则对应 *B*（“*s* 意指 [*h* 意识到 [*P*]]”）。真诚规则和第一条预备规则对应 *C*（“*s* 相信 [*P*] ”）。*E* 没有对应物（在塞尔的规则中不存在对应物），在塞尔的基本规则中，表述了理解断言的“规约”，

但这无疑是多余的。我不想详细论述这样或那样规则的优点，仅希望表明塞尔的言语行为规则都能被含意取代，只有一个范畴例外。这个例外的范畴是命题内容规则，在我的解释中它对应于话语涵义的表述。独立的涵义是规约性的；所有其他“规则”则是非规约性含意，是（通过探索式策略）基于涵义与合作原则等一般会话原则推导出的。

2.6　结论

本章阐释了第 5 页列出的八个假设中的五个假设，剩下的三个假设将在下一章论述。下一章主要涉及语法与语用关系的功能性解释。

注释

① 罗斯（1970）在题为《关于陈述句》的著名文章中提出了施为假设，实际上指出了这种困难。

② 同样，罗斯（1970：254）指出另一种“语用假说”的优点，该假说利用了言语语境，但是涉及语法之外的实体，因此他认为难以表述。

③ 公正看待塞尔，对什么算作为以言行事行为，他的确意识到存在很多不清 45
楚之处（见 Searle 1979 [1975a]：29：“…… 对于什么是构成语言游戏的界定标准，存在巨大的模糊性，这引起了语言无使用限制的错觉”）。

④ 塞尔本人（1969：44–49）批评了该路径，认为错误源自格赖斯，即通过“希望实施某一以言成事行为”界定意义。但我发现塞尔的观点不具说服力，他认为一些以言行事行为，如问候和承诺，在意义上与以言成事效果没有联系。

⑤ 据我所知，历史上没有人研究过人际修辞对语法演变的影响；但关于语篇

修辞，比弗（Bever 1976）、比弗和朗根登（Bever and Langendoen 1976）提出的观点是相关的。

⑥ 这个例子来自维洛（Veloo 1980：54–55）。

⑦ 见巴赫和哈尼什（Bach and Harnish 1979：195–202）关于“标准的间接性”。巴赫和哈尼什从规约性的角度区分了标准化，作为计算施为意图的缩短过程。

⑧ 关于语义表征，见克拉克（1976：12–14）、利奇（1981 [1974]：96–97）。

⑨ 见波普尔（Popper）表征科学方法的假设–演绎公式。关于人工智能问题解决的演算法则，见纽厄尔（Newell 1973：12 及以下诸页）。

⑩ 例外的是，话语的语力由规约所决定，见 8.2.1 关于“陈述句”。

⑪ 关于“自反性意图”意义界定的各种版本，见格赖斯（1957）、塞尔（1969：44–49）及巴赫和哈尼什（1979：13–15）。

⑫ 忽略规约在意义确定中的作用，见塞尔对格赖斯的批评（塞尔 1969：43–44）。

⑬ 关于人工智能中的手段–目的分析，见温斯顿（Winston 1977：130–142）；手段–目的分析被帕利西和卡斯泰尔弗兰基（Parisi and Castelfranchi 1981）应用于语用学。

⑭ 见布龙菲尔德（Bloomfield）关于“正常言语”（1933/35：22–27）的著名寓言，杰克、吉尔和苹果的故事。但布龙菲尔德不关注以言行事，而关注行为主义范式内的刺激与反应，即言后效果。

⑮ 我使用的“间接性”涵义与塞尔所指不同，本身并不暗示与塞尔间接言语行为之间的观点相矛盾。比如，对“Can you pass the *Times*？”的类似话语，塞尔的观点就体现出了进一步的问题，认为该话语意在询问听话人托举东西的能力，这是很荒谬的。该话语可行的唯一施为用意则是请求。

第三章　形式主义与功能主义 46

习惯简直有一种改变气质的神奇力量。

［《哈姆雷特》，第三幕，第 4 页］（*Hamlet*, Ⅲ, iv）

形式一如既往，功能永远不会丧失。

［华兹华斯，《达登河》］（Wordsworth, *The River Duddon*）

作为语言学的两种途径，形式主义与功能主义对语言本质的认识大相径庭[1]。

（a）形式主义者（如乔姆斯基）倾向于认为语言主要是一种心智现象。功能主义者（如韩礼德）倾向于认为语言主要是一种社会现象。

（b）形式主义者倾向于认为语言普遍性源自于人类语言遗传的共同基因。功能主义者倾向于认为它源自于语言在人类社会中的普遍性使用。

（c）形式主义者倾向于从人类天生的语言学习能力去解释儿童语言习得。功能主义者倾向于根据儿童在社会中交际需求与能力的发展去解释语言习得。

（d）最重要的是，形式主义者把语言看成为一种自动系统，而功能主义者把语言与社会功能相联系。

两大派别看似对立，实际上都有一定的道理。否定语言是心理现象或否定语言是社会现象的观点都是荒谬可笑的。有关语言的任何稳妥阐释都应当考虑这样两方面：语言的“内部”与“外部”。总之，我的结论是，语言研究的正确路径应该既包括形式主义，又涉及功能主义。

47

3.1 形式与功能阐释

我采取的路径在假设 6 中概括为：

假设 6：语法解释具有形式特征；语用解释具有功能特征。

这个假设与假设 3（见 2.3）相互重叠。语法规则具有规约性，解释它们的语法理论或理论模式具有形式特征。普通语用学的原则存在动因或目的导向，因此解释它们的理论具有功能特征。

大致说来，形式化的语法理论，如生成语法（Chomsky 1965：15–18），将语言界定为一组句子。这些句子有意义（涵义）和发音，所以语法必须界定一系列投射，以使特定意义与特定发音相互匹配（Chomsky 1965：15–18）。这种复杂投射的基本成分是句法学的核心层面，其中句子通过一连串的词语或构词进行表征。因此，人们提出了三大层面的表征——语义学、句法学和音系学，区分这些层面的理由是它们之间存在多对多的投射现象。除了投射规则外，还有规范性规则，对每一层面的规范性或语法表征进行具体规定。

这种模式旨在表征本族语说话人有关本族语的隐性知识。例如，英语本族语者知道“That girl washed himself.”是语义不当（即没有意义）；“The purse was stole a burglar.”则是句法不当；/dva/ 和 /xlep/ 不是英语中的发音序列（尽管在波兰语中是），“It is possible that not all the plates were broken.” 和 “Some of the plates may not have been broken.” 两个句子可以表达相同语义；“We need more public schools.” 存在语义含糊，既可指“我们需要数量更多的公立学校”，又可指“我们需要更加开放的学校”。一种形式理论必须解释无数的类似事实，也就是在不同层面上通过相应的语言表征规则和范畴，解释我们的语言知识。这种理论与其他的任何理论一样，需要一致性、预测力、简洁性和普遍性。从这种形式意义上说，就是要解释说话人对语言的认知。

语用学的解释比这更进一步，但在某种意义上是一种较弱的 48
解释形式，因为与语法规则相比，语用原则对语言行为所施加的制约显得更弱，这些制约只在可能性上具有预测性。另一方面，语用学解释回答的问题是“为什么”，这超越了形式语法理论的目标。它解释 *X* 发生，而 *Y* 没有发生，因为 *X* 更符合语言作为交际系统的作用。形式解释总会留下一些未解释的东西，所以，如果存在一种功能性解释，我们应该毫不犹豫地使用它。再补充一点，目前语言研究的形式主义路径盛行，试图把语用现象也纳入语法理论，这是不恰当的（见 3.5）。为此，我们引入功能主义，目的在于纠正形式主义偏向。

3.2 功能主义的生物、心理与社会多样性

功能性解释意味着什么？它解释某个现象发生的动因，作为子系统，这是对更高一级系统的贡献。就语言而言，功能理论将语言定义为一种交际形式，因此关注语言在更广泛的人类社会系

统中是如何运作的。会话的意图、目的、计划和结束都预设了功能主义。当我们通过意图（哲学家的普遍议题，见 Grice 1957, Searle 1969：42–50）或目的（如 2.5.1 的论述），讨论以言行事或意义时，我们所做的就是功能性解释。在针对语言属性的讨论中，最好使用“功能”这一术语，因为它对于目的在多大程度上是基于个体的意识状态，还是属于个体、社区或物种的属性，仍未有定论。

即便如此，功能主义也存在问题，因为它需要非实证与目的性的解释。于是就出现了一个主要的例外情况：在生物学上，我们应该在科学语境中使用功能性解释，原因就是达尔文利用自然选择理论，“表明了原则上有可能将目的论还原为因果关系”（Popper 1972：267）。基于波普尔的进化认识论（1972：106 及以下诸页）和语言功能理论（1972 [1963]：134–135, 1972：119–122），我将进一步论述该还原如何应用到语言功能主义。

49 进化认识论解释了为什么新物种只有通过淘汰原有物种才能成功地适应环境。同样，如果动物的交际系统提高了物种生存能力，那么在生物学意义上它是成功的。但是，采用生物学的功能主义来解释人类语言，是走不远的。虽然在很大程度上，语言使用能力具有基因遗传性，但语言行为本身需要依靠个体学习和文化传播。社会、心理等其他方面的功能性解释需要解释丰富且复杂的语言行为模式在个体和社会中的成功演变。

此处，波普尔关于三个世界的认识论很有价值。他认为（1972：106），以下三个世界就是人类知识的不同领域：

> 第 1 世界，物理对象或物理状态；第 2 世界，意识状态，或心

> 智状态，或可能是行动的行为意向；第3世界，思想的客体内容，尤其是科学与诗性思维以及艺术品。

波普尔主要关注的是，要证明存在“客观知识”的“第3世界”，或存在“没有认识者”的知识。也就是说，揭示语言本身如何成为促进生物进化发展到更快、更强的方式，也即如何成为知识进化的方式：“理论的语言表述使我们能够批评和淘汰它们，而不淘汰它们所承载的种族”（1972：70）。这种解释在一定程度上假定了人类语言演化从低级到高级功能的发展。然而，在更原始的交际系统中语言的表情与信号功能（对应于人类语言的人际功
能）是最重要的，波普尔将知识的加速演化归因于“巨大的生物 50
学发展创造了描述性和论证性的语言”。从非语言交际到语言演变的功能阶段，可用图3.1表示（波普尔本人没有对功能进行严格排序）。

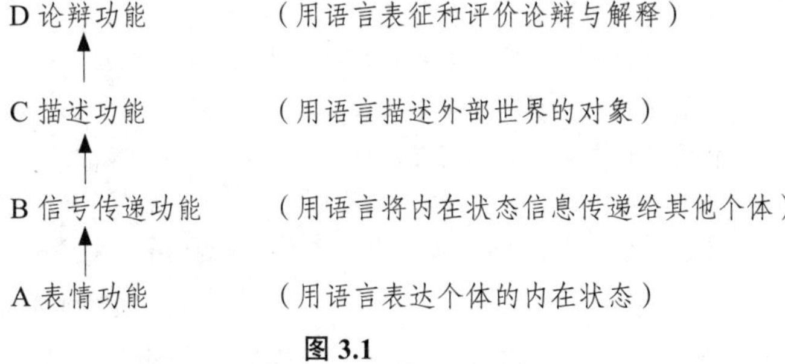

图 3.1

这些功能构成了一个层级关系，其中更高层的功能与所有低层的功能必须共存，而低层的功能无须隐含更高层的功能。然而，从高层功能到低层功能之间还存在反馈，因为一旦交际系统发展到高层功能，这些功能便会在低层阶段引发更为复杂的行为。例

如，描述语言可以描述一个人的内在状态，从而比其他方法更为清晰地表达这种状态。我要补充的是，从系统发生学的角度，这种层级关系可能形成于人类种族或人类生物的语言发展过程，从个人发生的角度而言，可能形成于单个儿童的个体发展过程。在波普尔的科学哲学中，理论进化（通过语言的论辩功能）属于更高层的第 3 世界，类似于解释物质世界中生物进化的达尔文自然选择原则。

波普尔需要回答的问题是：如何从一个层级进化“跳跃”到更高层级？也许意外原因导致了语言和其他习得的社会性行为的形成，波普尔作了如下阐述：

> 丛林中的动物小路是怎么形成的呢？有些动物可能为了达到饮水之处，就会突破低矮丛林的围困：其他动物发现最容易使用相同的小路；因此，该小路可能会因使用而变宽，且路况变好。该小路不是有计划地形成的——它是一种无意图的结果，出于方便移动或快速移动的需要。这说明小路起初是如何形成的——甚至也许是人们制造的——语言和其他任何有用的机构是怎样出现的，如何将它们的存在和发展归于其有用性。它们是无计划的或无意图的，也许在它们存在以前并不需要，但它们可能创造一种新的需要或一系列新的目的：动物或人的目的-结构不是“给定的”，而是借助于某种反馈机制，从早期的目的和从有意或无意的结果中发展出来的。
>
> [Popper 1972：117]

51 下面提供一个语言的相似情况。新生婴儿的表情行为（如哭声）会让母亲产生很强的反应。但是，尚不清楚婴儿在哪个阶段从无意识的行为范式变成为基本意图，再到完整意图，进而促使婴儿的交际角色从无意识的表情阶段转变为刻意的信号传递阶段②。

波普尔并没有宣称他的三个世界或四种语言功能是详尽无遗

的。因此，我不认为自己将他的三个世界扩展到四个世界，就是对他的反驳。在波普尔的进化认识论中，所缺少的环节是社会事实世界（或塞尔所称的“机构性事实”）如何介入第 2（主观）世界和第 3（客观）世界。因此，我把波普尔的客观“第 3 世界”重新定义为“第 4 世界”（表 3.1）。于是，四个世界按照自然秩序上升，直到事实的客观世界，波普尔的四种语言功能为一个世界向另一个世界的转换提供了方式。行为的表情功能可能在纯物理世界里进化为某种生物状态的迹象。例如，鸟振动翅膀表示一种警报。但是，我们一旦将这种迹象重新解释为个体内部状态的表情符号，就接近了一个主观的经验世界。这个事件可能是相同的，但将其看成为表征动物的内部状态或性情打开了一个新的可能世界。接下来的交际途径使我们从心理世界进入社会现象世界。当我们的宠物显示出饥饿、兴奋、痛苦等迹象时，我们将它们视为表情性交际；但是在一些不确定的阶段，这些宠物能够通过重新解释行为，把它们的内部信息“发信号”给我们，所以是目的取向的交际行为。如果它们完成这一步，就打开了一个通往社会对象、状态和事件的世界。这就不再是主观世界，而是一个主体间的世界，正如多个观察者进行三角测量时，就能确定某个被观察对象的位置，所以来自同一社群的许多个体能够相互确认某个外部现象的意义。基于所确认的交际价值，该社群可能会出现诸如所有权、婚姻、权利、义务等的社会机构，这些“机构性事实”
已超越个体，不能脱离交际的“信号”功能。反过来，社会事实 53
的主体间世界是语言描述功能的前提条件。指称、真实和虚假等概念不能脱离社会世界，其中个体之间可以分享和比较他们所描述的现实。

最后一个世界，即第 4 世界中的客观世界，可以解释为是从语言的描述功能演化而来。语言描述功能所体现的世界实体化描述很容易引起重新解释，进而“真”与“假”的合适性应通过间接方式去判定（即根据推理和论辩，去判定真值），而不是使用直接方式判定（即对比描述与其意在描述的现实）。一旦采取这样的步骤，我们就会认为存在独立于个体或群体观察这样的事实。

有关语言功能的发展，在儿童语言发展中我们可以很容易观察到，但不能从进化意义的角度去观察。针对语言起源和进化，我们的了解在很大程度上受限于短暂的、新近的人类发展历史记录。即便如此，我们可以合理地假设：在文字发明以前，语言的论辩功能是不可能充分发挥潜能的。进而，在缺少语言信息记录手段的情况下，说话人和听话人在时空上被广泛地分离开了，因此很难想象波普尔定义中所存在的“客观知识”，也即，独立于任何认识者的知识。波普尔针对类似知识（如数学知识、图书馆储存的知识、科学知识）所列举的例子都以书面媒介为先决条件。

52 **表 3.1**

	第 1 世界	第 2 世界	第 3 世界	第 4 世界
A. 这些世界的“内核”是：	物理（含生理的）对象、状态等	心智（主观的）对象、状态等	社会对象、状态等	独立于特定对象、心智或社会的客观事实
B. 交际功能：	表情性	“信号传递”或意动性	描述性	论辩性（或元语言功能）
C. 历时传播与信息积累：	遗传	学习	文化传播	语言传播（通过文本）

续表

	第 1 世界	第 2 世界	第 3 世界	第 4 世界
D. 传播单位：	物种等	个体	社会、部落、文化等	语言社区
E. 适应环境方式：	自然选择	调节	社会与技术发展	通过论辩排除错误（科学方法）

表 3.1 中的 C、D 和 E 表明，四个世界中的不同层面存在功能顺应的情况。通过不同世界中的信息传递，我们能够观察到“生物体”顺应所在环境的顺应原则。在生物界，信息通过基因代代相传，传播单位是物种。在心理范围，个体物种能够把信息传播到自身，从学习的意义上说是通过对以前行为范式的正面与负面强化。这样的适应机制不是一种自然选择，而是个体生命历程中的一种心理适应机制，也即放弃不成功的行为范式、采用成功的行为范式的过程。在文化和社会领域，社会群体（可能是部落之类的小群体，也可能是文明社会这样的大群体）通过对新成员的 54
文化渗透，向新一代传播信息。这样，可以说整个社会就吸收了前一代人的经验。在技术领域，比如当代人就不需要重新发明轮子，或避免重复 19 世纪时期飞行员不成功的飞行尝试。最后，在思维领域中，也可以观察到这种排除错误的方法，正如科学中假设-演绎方法所释。波普尔说，“在此世界中我们能够做出理论发现，采用类似于第 1 世界中做出地理学发现的方法”。例如，“我们发现了素数，结果又出现了素数序列是否为无限的欧几里得问题”（1972：74）。在很大程度上，所有这些成就都源于这样一个事实：人，这种会说话的动物，能够借助语言传播丰富的经验。

波普尔的世界层级对理解我们正在从事的语言研究非常重要。

因为第4世界包含了其他三个世界，科学可能包含物理、心理和社会现实。所以问题出现了：当我们研究语言时，我们是在研究什么类型的世界？语言理论类别的不同层级对应于四个世界。最基本的类别把语言看成纯物理现象，即属于第1世界，这显然是不够的。然而，我们早就注意到（第3页）该观点不具普遍性：后布龙菲尔德结构主义学派至少努力把语言学视为一门自然科学。第二类理论把语言看成一种心智现象，由乔姆斯基和其他生成语法流派所提出。这种理论的缺陷在于它不能处理语言的社会事实；进一步的缺陷是，它不能超越个体语言能力，去概括语言描述。该争议被乔姆斯基的如下主张所掩盖，即“理想化本族语说话人-听话人”的语言知识，这是有关个体的抽象与虚构说法。

第三类理论把语言看成为一种社会现象。这类理论包括索绪尔、弗斯和韩礼德的语言理论。但是，索绪尔将语言视为一种社
55 会机构，排除语言社区中的特殊构成要素，这已接近第四类理论，把语言当成第4世界中的一员——客观知识世界。正因为如此，才突显了索绪尔的观察，语言“独立于不能创造或修改语言的个体自身”（Saussure 1959 [1916]：14）。波普尔的例子显示，书籍和对数表中包括的知识可以独立存在于生命个体的主观认知，所以语言可能脱离于它所属的言语社区。例如，拉丁语的存在并不取决于拉丁语使用社区的存在。此外，即使没有能说、能读或能理解一种语言的幸存者，该语言也可能存在。尽管在表面上看，这很荒唐，尽管现在世界上没人能懂伊特鲁里亚语，说它存在，也毫不奇怪。事实上，相反的观点认为，当伊特鲁里亚说话人的社区灭绝时，语言也就停止存在了，但这有悖常理；因为如果学者

用十年时间破译了伊特鲁里亚文字，他们的成就不在于发明了该语言，而在于重新发现了它。正是在这个意义上说，语言存在于自动世界，不能还原为社会现象的第 3 世界、心智现象的第 2 世界或物理现象的第 1 世界。因此我提出，语言理论是针对第 4 世界现象的第 4 世界理论。尽管这个观点没有被乔姆斯基明确采用，但他已悄悄接受了，认为根据本族语说话人的直觉，可以直接检验语法的充分性（比如体现语法句子与非语法句子之间的边界）。我们确实有理由反驳有事实根据的正统观点，指出语言知识是公共知识，因为共享一门语言的本族语者也是在共享一个社区的隐性语言知识。尽管我们的反省是私人的，反省所获取的语料是公共和客观的，可以被他人的反省进一步证实。（这不是说，直觉描述总是清楚的、无误的。）如果乔姆斯基真的这样断言，他所持的心智主义立场可能站不住脚，他似乎相信本族语者的个人评价与主观评价是决定语法描述充分性的基础[3]。在实践中，乔姆斯基的立场更具现实性。实际上，包括索绪尔和乔姆斯基在内的所有这些语言学家都把语言当作一种抽象于特定说话人和听话人的系统，他们的研究焦点已不知不觉采取了第 4 世界的立场。

如果我们现在回到第一章和第二章有关语法与语用之间的区 56
分，可以看出语法是一种第 4 世界现象。在科学学科中，语言学具有独特性，它的目的是要提供关于第 4 世界现象的第 4 世界解释。（使用语言学的自反性特征去解释该学科的特有难题，可能有很长的路要走。）另一方面，语用学研究语言作为第 4 世界现象与语言作为第 3 世界（社会）现象之间的关系。语法研究作为事物本身的语言，并提供形式解释。语用学研究语言与第 3 世界中整个社会之间的联系，目的在于提供一种功能性视角。

但是，不同世界之间的层级关系不是单向的依赖关系。高层级现象如何在低层级中实现以及在其影响下的历时演化，需要我们进行解释。在低层级中语言与更普遍的社会及心智领域是如何相互作用的，也需要我们进行解释。因此，尽管以上假设 6 基本正确，我们不仅认识到了功能性解释对语法的作用，而且认识到了形式化解释在语用学中的作用。

3.3 语言的概念功能、人际功能与语篇功能

我从波普尔的四种语言功能过渡到韩礼德的功能，二者很相似。但是，考虑到韩礼德把所有功能都归为语法的固有属性，对此我有不同解释：

假设 7：语法具有概念性；语用具有人际性和语篇性。

韩礼德指出了语言的三大功能（Halliday 1970, 1973），它们是：

（a）概念功能：传递和解释有关世界的经验。（该功能进一步分为两个二级功能：经验功能和逻辑功能。）

（b）人际功能：表达说话人的态度和对听话人的态度与行为所产生的影响。

（c）语篇功能：构建语篇，即口语语篇或书面语篇。

功能（a）和（b）通过以下方式包含了波普尔的四种功能。概念功
57 能就是韩礼德称之为“经验功能”和“逻辑功能”两个二级功能的
混合体，这与波普尔的描述和论辩功能相对应。人际功能对应于
波普尔的表情与信号功能，以卡尔·比勒（Karl Bühler 1934）所区

分的类似功能（情感性和感染性）为基础。韩礼德则认为，没有必要坚持沿用布勒、波普尔、雅各布森（Jakobson 1960）针对交际过程所区分的说话人功能和听话人功能，他将表情功能和信号功能融入到了单个的人际功能。从语用学的目的出发，我同意该观点：在2.4，我已表明没有必要区分说话人意义和听话人意义。韩礼德的第三种功能，即语篇功能，与其他功能的地位不同。韩礼德赋予其“使动功能”的特殊地位，并指出它是另两种功能的工具（1970：143, 165）。尽管语篇组织是整个语言功能的重要组成部分，但我认为将语篇功能称为“功能”具有误导性：语言具有自身实例化的功能，这样的说法有些本末倒置。不是语言具有通过语篇传递自身的功能，而是语篇具有传递语言的功能。

然而，我与韩礼德的主要分歧在于：他希望把三个功能都整合进语法之中。相反，我认为，概念功能属于语法现象（即通过涵义-发音之间的投射关系，把思想传递给听话人），而人际功能与语篇“功能”属于语用现象。从说话人的角度，人际修辞和语篇修辞分别表示对语法的“输入制约”和“输出制约”（图 3.2）。从听话人的角度，这些制约的作用刚好相反，语篇修辞制约输入，人际修辞制约解码过程的输出。尽管韩礼德坚持认为三种功能的地位等同，但他暗示了概念功能的特殊重要性。例如，他反对语言是思维工具的流行观点，他承认“概念功能……是语言系统中意义的主要成分，它几乎是所有语言使用的基础”（1973：38-
39）。与此相反，我认为有关语言的这种流行观点本质上是正确 58
的。正是概念功能（包含波普尔的描述功能和论辩功能）使人类语言如其所是，也即语言是交际与思维的强大工具。没有语法的概念成分，我们很可能处于同长臂猿和黑猩猩一样的交际社区。

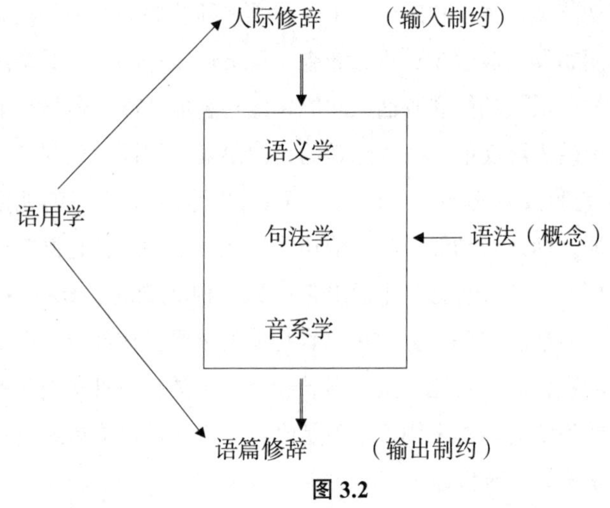

图 3.2

我在其他地方（Leech 1980：22–25）批评过韩礼德，指出他存在“过度语法化”的倾向，即（根据规则和范畴）对语言的人际维度和语篇维度进行语法解释。然而，值得注意的是，最近韩礼德（1980：66–70）提出了一个整体上更为灵活的语法概念，其中人际功能和语篇功能与他称之为“韵律”与“格律”的非离散类结构相联系。同时，值得注意的是，他已关注到人际功能与语篇功能的一个共同因素，即它们都存在说话人取向和听话人取向。从这些方面看，韩礼德似乎更赞同传统意义上的语言概念，即概念成分具有语法性（处理构成结构、规则与系统），不同于概念上更具语用性的人际成分和语篇成分。

3.3.1 语言的过程模式

为了说明人际语用学与语篇语用学如何在整体上融入语言的

功能思想，我将在图 3.2 的基础上表征交际过程中说话人与听话人的作用[4]。下图呈现了手段–目的分析中的语言交际（见 2.5.1），59
韩礼德的三种功能构成了一种工具性等级。在图 3.3 中，一个语言交际行为（话语）从三个层面上构成了信息交际：（a）人际交际或话语；（b）概念交际或信息传递；（c）语篇交际或语篇[5]。但它们存在这样的顺序：话语包含信息，信息包含语篇。所以整个话语可以描述为：

话语借助于信息借助于语篇

话语就是整个交际，即尝试向听话人传递特定的施为用意，实现说话人在状态 1 的目的就是听话人所理解的话语语力。状态 6 表示该成功结果（宁可使用术语“话语”，而非“以言行事”或“以言行事行为”，这对于整个交际而言也是合适的）。但是，“话语”暗示交际活动包含一系列的以言行事，为此，在我看来图 3.3 不限于分析单个话语。另一方面，我不关注连续性话语分析这一特殊难题——该任务最好留给话语分析者（进一步见第 271—273 页）。

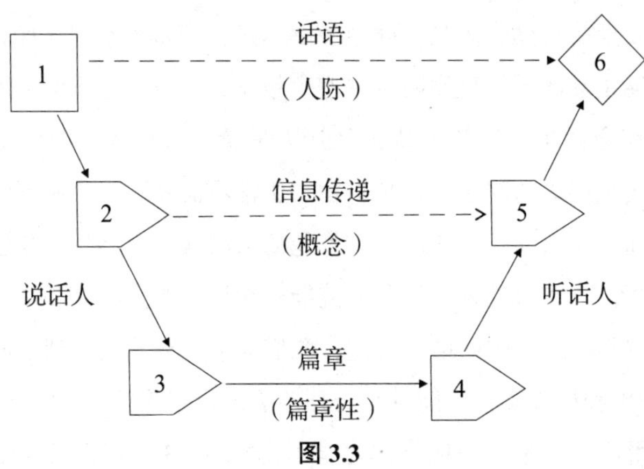

图 3.3

为了实现图 3.3 中状态 6 的目的，说话人必须选择能够传递意向语力的涵义（或概念内容）。在该阶段（图 3.3 的 1—2）人际修辞，包括合作原则和礼貌原则，对信息施加“输入制约”。假定说话人将信息正确地传递给听话人，听话人必须经历相应阶段（5—6），推导出语力。信息本身必须通过句法和音系（或语符）编码
60 阶段（2—3）为一种语篇，是具有真实物理形式（听觉或视觉）的语言交际。这个阶段（3—4）从相反过程进行，把语篇解码为信息阶段（4—5）。

从图 3.2 的描述可以看出，编码阶段（2—3）本质上是一个语法过程，就是对涵义和恰当的语音输出进行匹配，如图 3.2 所示。然而，它是在语篇修辞原则控制下实施的，有助于从切分、排序等方面选择语篇的文体形式。与人际修辞一样，语篇修辞依赖于说话人与听话人之间的相互合作，是可以预测和促进听话人解码或理解语篇任务的“良性”话语。语篇修辞的制约也适用于阶段 4—5，表示听话人对语篇所涉音系、句法和语义的解码。从听话人的角度看，只要期待得到了满足，就会使解码过程变得容易。比如，说话人会遵循正常的词汇秩序限制并避免歧义，这可能是听话人的一种期待。在会话中，这些期待经常让人失望：说话人同时面临构想话语与实施话语的问题，这是引发“正常不流畅”现象所不希望的原因，如错误启动、句法混用和其他的语法或语篇不当。要生成规范性语篇，就要协调许多复杂的技能，如果协调失败，经常会引发修辞上“不满意”的话语。为此，我们能够更直接观察到书面语中（其中构想和最终实施要能及时分开）的语篇修辞运作。

值得注意的是，表现语言功能模式的图 3.3 也提供了一个处理

模型，从手段-目的链的角度阐明了语言的生成阶段和理解阶段。只要我们记住从“手段→目的”到“先前→以后”之间不存在必然的推论关系，这种模型的构建没有任何坏处。作为反映实时语言处理的一种尝试，图 3.2 和图 3.3 可能明显不成功。因此，图 3.2 表明，
我们在句法编码之前完成了全部的话语语义处理，进行音系处理之 61
前就完成了全部的句法编码。但心理语言学的证据表明，话语的编码与解码中，语言处理的不同层面经常（也许通常）同时进行[⑥]。同样，图 3.3 可能表明，我们在对语篇编码之前就构想了成为语篇的话语。但同样，我们的共同感受是，经常无须确认我们想说的全部内容是什么时，就已经开始说了，而且经常在说话过程中改变和修正我们的以言行事目的。尽管如此，我认为，图 3.3 的模型具备我们建构语言处理实时模型所需的大部分区别性特征。为了使类似模型更为合适，我们应该意识到语篇本身是一种实时展开的现象，图 3.3 中的所有构成成分都能经历时间的发展。所以，图 3.4（其中变量 a、b、c 表示实时序列）更接近于实时的语言处理模型：

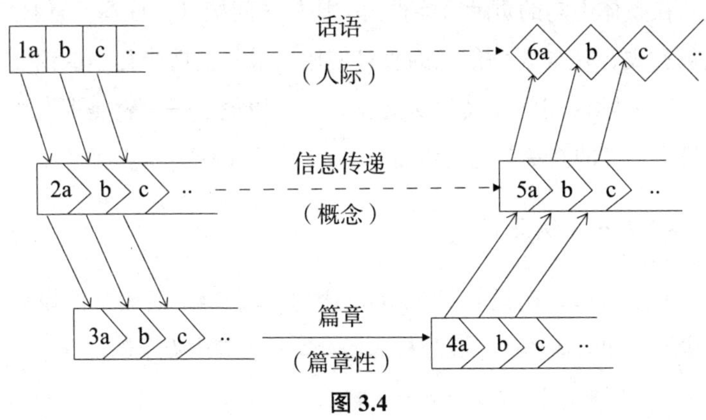

图 3.4

我采取的模型具有日常意义上的“功能性”。它表明，语法与修辞的各种成分对语言功能都会有贡献，服务于目的取向的行为。因此，尽管我保留了韩礼德三大功能的提法，但是我把功能看成为一种具有目的取向的意义，这在韩礼德的术语使用中没有明显提及。韩礼德将语言的“语篇功能”视为“使动功能”，这在本框架中讲得通，因为语篇功能是传递信息的一种方式，正如信息功能是向听话人传递施为用意一样。然而，与韩礼德认为语言有语篇功能不同，我认为语篇有语言功能——一种语言信息的交际功能——这样说更为合理。

62 在该模型中，人际功能似乎从属于其他两个功能。然而，我们应该区分出一种功能从属于另一种功能的两种方式。在手段-目的框架的事件序列中，人际功能可能次于其他功能（从这个意义上讲，概念功能次于人际功能）。但是，它也可以因其发展显得不够有序或在整体上对意义的作用不那么重要而处于从属位置。在后一种意义上说，人际功能经常——也许通常——从属于概念功能。在整体上它的贡献可能很大（比如对间接以言行事），但也可能被忽视，比如语言信息的直接使用。最“去情景化”的语言用法——人际语用学在其中所能发挥的作用最小——就是那些（如百科全书类的文章）主要传递“客观知识”的第 4 世界。

3.3.2 一个例证

下面简单举例说明图 3.3（也适用于图 3.4）所表征的模型在实践中是如何运作的。我分析的场景就是餐馆中点菜的情况。

1. 顾客（们）想点戴安娜牛排。

2. 为了达到 1 中的目标，说话人选择某一信息，以言行事行为的概念信息，即说话人形成命题 “I'd like Steak Diane.”（想点戴安娜牛排）。需要注意的是，说话人本可以用其他方式形成该话语，如使用更简洁但粗鲁的话语（Steak Diane.），更礼貌的话语（I would like the Steak Diane, please.），使用更显盛气凌人的话语（Waiter, bring me some Steak Diane.）。这些选择在某些程度上取决于语境所要求的礼貌程度。例如，餐馆中点菜不同于私人晚宴时的点菜。

3. 为了传达信息，说话人把该信息编码为语篇，生成句子 “I'd like Steak DIÀNE.”（降调核为戴安娜）的发音。（注意，说话人本可以选择其他语篇来表达同一命题。比如 “Steak DiANE I'd like.”，但该话语可能不太符合语篇修辞原则，因其违反了末尾-焦点准则。）

4. 听话人听到语篇。

5. 然后听话人将其解码成一定的信息，（如果传递成功）与 2 中的初始信息一样。

6. 最后，听话人理解该信息的语力，（如果话语传递成功）识别
出说话人发出了点一份戴安娜牛排的指令。该指令相对间接，因为 63
说话人仅陈述了他的喜好，留给听话人去推断说话人的意图是什么。但该语力最终取决于双方所能接受的隐含。

人际修辞在阶段 1—2 和阶段 5—6 进入此例，因为说话人很明显依赖于听话人所推导的含意“说话人想点一份戴安娜牛排”。该推导取决于听话人的假设，即说话人遵守了合作原则和（也可能）礼貌原则。语篇修辞的作用没有这么明显。但为了阐述语篇选择，让我们这样设想：服务员给说话人和他的进餐伙伴端菜来了。此刻，说话人可能说（a）“Mine is the Steak Diane.”（我的是戴安娜牛排），或者（b）“The Steak Diane is mine.”（戴安娜牛排是我的）。尽管它们的意义相同，两个话语可能适用于不同的语境：当服务员回忆说话人点了什么菜时（以对照其他人点的菜），话语（a）

更恰当；当服务员一边端着戴安娜牛排，一边回忆菜应给谁时，话语（b）更恰当。一般而言，当*Mine*（识别出说话人是顾客）是已知信息，*the Steak Diane* 是新信息时，话语（a）就更恰当；而当已知-新信息关系相反时，话语（b）则更为恰当。此处，人们可能假设，我们应该遵守末尾焦点准则，而且每个话语的发音都带有调核：

（a）Mine is the Steak DIÀNE.　　（b）The Steak Diane is MÌNE.

然而，假设我们把调核放在主语上（次要升调在补足语上）：

（a'）MÌNE is the Steak Diane.　　（b'）The Steak DIÀNE is mine.[7]

在类似情形中，语调表示了相反的新-旧信息关系，如（a）和（b）所示。虽然可能违反末尾焦点准则，但在某种程度上它们不会给听话人带来任何困难。与（a）、（b）相比，在某种程度上，可以说（a'）和（b'）的解码任务更复杂。这个例子体现了语篇修辞如何融入整个交际过程。

3.3.3 语篇语用学

迄今为止，我只是通过一条准则说明了语篇语用学，即末尾
64 焦点准则。现在，我提出一个与人际修辞相似的语篇修辞体系，包括四条原则，每条原则可进一步划分准则。斯洛宾（Slobin）（1975）已概述过这四条原则：

1. 在持续时间里要能被常人处理；
2. 要清晰；
3. 要迅速和容易；
4. 要富于表情。

斯洛宾提出这些原则的原因在某些方面不同于现有原因。他认为，

遵守这些规定的是语言本身，而不是语言使用者。所以，在变化条件下，语言总是倾向于沿着维持原则的方向变化。不管我们是研究历时的语言发展（如关注印欧语言的分析性特征），还是研究儿童语言习得或语言接触中的借用，或是克里奥尔语从洋泾浜语的演变，都是如此。

斯洛宾用证据表明这些原则实际上在语言本身中运作，我没有理由反对他。这些观点与语法（如我所指出的）受语用学的功能影响的情形相一致。然而，我现有的兴趣是观察文体偏好和语言使用中的这些原则：

1. 可处理性原则

该原则主张，语篇应该按照易于听话人及时解码的方式进行表征。语篇（与信息相对）在本质上是线性的和有时限的，所以在编码中我们经常面临的选择是：（a）如何将信息切分为不同单位；（b）如何对各部分信息进行不同程度的凸显或表示从属关系；（c）如何对各部分信息进行排序。这三类决定相互交织在一起。比如，句末-焦点准则适用于语调-单位，因此其运作取决于将话语切分为语调单位时在逻辑上的优先选择；切分决定隐含焦点决定（用降调核的方式把某部分的语调-单位进行凸显）；反过来，句末-焦点准则暗示着该决定中蕴含了排序决定。我认为，句末-焦点准则的作用在于促进信息的音系解码。尽管发挥作用的方式还不完全清晰[8]，但该原则具有语言本身的普遍性或接近普遍性 65
（Clark and Clark 1977：548），这一事实提供了有关语言功能的可信理由。

可处理性原则不仅适用于音系问题，而且适用于语篇的句法和语义表现。例如，关于句法排序，我们可以假设一种英语的句末-重心准则，（大体上）引导出“轻”成分先于“重”成分的句法结构。因此，英语句子中右分支结构多于左分支结构，许多移动转化（如外移规则）服务于句末-重心准则，帮助确保复杂成分置于从句或句子的末尾。

That Simon will resign is on the cards.

It is on the cards *that Simon will resign.*

此外，这个准则的具体形成与动因并不清楚，但它以某种形式存在于英语和其他 SVO（主语-动词-宾语）语言中，这是不容置疑的[9]。值得注意的是，尽管句末-焦点和句末-重心两个准则在不同编码层面上运作，但它们相互支持：一个复杂成分往往包含新信息的主要焦点；所以可能存在将其置于句末的两种原因。在语义层面上，句末辖域准则与句末-重心准则似乎是并行的。这就说明，否定算子或量词之类的逻辑运算符先于所在辖域中的其他成分（包括其他逻辑运算符）。这个准则可以阐释例 [1] 和例 [2] 中的优先解读：

[1] Everyone in the room knows at least two languages.

[2] At least two languages are known by everyone in the room.[10]

[1] 的优先解读：

$$(\forall x(\text{PERSON } x \,\&\, \text{INROOM } x) \rightarrow (\exists y^{\geqslant 2}(\text{LANGUAGE } y \,\&\, \text{KNOW } x, y)))$$

[2] 的优先解读：

$$(\exists y^{\geqslant 2}(\text{LANGUAGE } y \,\&\, (\forall x(\text{PERSON } x \,\&\, \text{INROOM } x) \rightarrow (\text{KNOW } x, y))))$$

66 尽管这些句子的理解存在诸多争议，但例 [1] 和例 [2] 两种理解都是可能的，是基本符合事实的解释。针对例 [1] 的解读，存在量词更趋向于被看成为全称量词的辖域范围；但针对例 [2] 的解读，辖域-关系往往被认为是相反的。这种优选可以视为一种语用优选，它遵循与句末-重心准则相对应的准则。正如句末-重心准则喜欢在句法层面的右边加括号，句末辖域准则喜欢在语义表征层面的右边加括号。可以推断的是，由于人类记忆能力的局限性，因此引发了自左向右树结构分析中的句末-重心准则和句末辖域准则。

2. 清晰原则

清晰原则也能适用于语言编码的不同层面，但总的来说它可以进一步划分为两个准则：（a）透明准则，（b）歧义准则：

（a）在语义解构和语音结构之间（即信息和文本之间），保留直接与透明的关系[11]；

（b）避免歧义。

（关于它们和格赖斯的方式准则之间的重叠，见 4.5）

在句法层面阐释（a）：为了表达清晰，语义上相邻的成分在句法上也是相邻的[12]，这是一个好主意。正是这个原因，句法上的非连续结构往往会带来理解问题：

[3] The *morning* came at last *when we were due to leave.*

如果把修饰从句 *when we were due to leave* 与核心语 *morning* 分隔开，论元与谓词之间的关系就会模糊不清。避免歧义是与透明性密切联系的，但它本身就很重要。例如，代词回指的歧义就是大家熟知的现象：

[4] If the baby won't drink cold milk, *it* should be boiled.

避免歧义也可以包括避免“花园幽径”歧义，比如暂时性的句法 67
歧义，通过所在句子的后半部分进行消除[13]：

[5] *Before we started eating the table* was absolutely loaded with delicacies.

有争议的是，这种情况不会最终引发所在句子的不清晰（如例 [5] 中，通过后面的语境，可以排除某人在吃桌子的理解）。但是，针对所有分歧，存在这样一个相同点：歧义的危险不是它最后会误导听话人，而是它会迷惑并延缓听话人对句子的理解。从这一方面来说，清晰原则可能从属于可处理性原则。

3. 经济原则

对说话人和听话人而言，经济原则（“要快速、容易”）可视为一个有价值的准则。如果我们能够缩短语篇，同时又能保持信息不受损，就会减少编码和解码的时间与精力。正如此描述内容所隐含的那样，经济原则和清晰原则是相互对立的。例如，在音系层面，经济往往表现为省音、同化以及其他省略与简化过程。但很显然，按照这种方式将“省力原则”进行最大化，可能导致语篇的不可理解。在实践中，我们必须在节约时间与精力和保持可理解性之间找到一种平衡。在一定程度上这种平衡取决于语境因素，比如说话人与听话人之间的物理距离，以及信息的社交预测性。

同样，在句法层面上，简化准则有助于实现经济原则，该准则可以简单地表达为“在可能的方面进行简化”。但在容易产生歧义的方面，不应提倡简化。“简化”处理现象包括（a）代词化；（b）替代词替换，如 *do*、*so*；以及（c）省略（或删除）。例如，上面的句子例 [4] 是一个不当的代词化现象：为了避免这种歧义，说话人不得不通过重复名词 *milk*，来牺牲经济性。

[6] If the baby won’t drink cold milk, the *milk* should be boiled.

68 同样的考虑也适用于其他简化形式，如替代词替换和省略：

[7a] James enjoys golf more than James enjoys tennis.

[7b] James enjoys golf more that he does tennis.

[7c] James enjoys golf more than tennis.

在例 [7a]—例 [7c] 中，最长的句子例 [7a] 是“最不恰当”的一种形式，最短的句子例 [7c] 则是“最恰当的”。因此，经济原则支配着语言使用的偏好。但是如果最简化的形式会引发歧义，如以下的例 [8c]，人们则会喜欢使用不够简化却没有歧义的句子，如例 [8b]。

[8a] James likes Mary more than Doris likes Mary.

[8b] James likes Mary more than Doris does.

[8c] James likes Mary more than Doris.

在语用上，简化的意义在于它缩短了语篇，并经常简化其结构，同时保持信息的可复原性。当信息的可复原性由于某种原因受损时，简化就与清晰原则相互抵触。

4. 表达性原则

第四个原则更松散，难于定义。与它包含什么相比，我们更容易说为什么需要它。如果可处理性、清晰、经济这三个原则是仅有的制约语篇形式的语用因素，语言则会限于有效的但是缺乏想象力的各种交往。关于表达性原则，我们主要从广义上关注它的有效性，包括交际的表达与审美，而不只有效率问题。例如，象似性准则（所有其他事物相等的情况下，邀请使用者让语篇模仿部分信息）应该包括在其中⑭。目前，我们可能注意到表达性原则对简化的影响和制约：

[9] John Brown was guilty of the crime, and John Brown would have to pay for it.

[10] They put in the best they had and we put in the best we had and we beat them and beat them bad.

[Jody Powell, reported in the *Gainesville Sun*, 15 Oct. 1979] [15]

[11] She saw there an object. That object was the gallows. She was afraid of the gallows.

[Joseph Conrad, *The Secret Agent*, Ch. 12]

在每个例子中，我们可能在不引起歧义的情况下对语篇进行简
69 化。尽管不是为了避免歧义，经济原则不运作，这就表明别的原则在起作用。我们由此可以认为它们是一些“表情类的重复”（Expressive Repetition），表情类重复具有使听话人感到惊讶、加深印象或引发兴趣之类的修辞效果。所以，例 [9] 中 *John Brown* 的重复似乎表达了这样的含意：“John Brown and no one other than John Brown would have to pay for it.”（正是 *John Brown* 而不是别的什么人将不得不为它付出代价）。

以上所讨论的语篇修辞与人际修辞很相似。因此，语篇准则类似于合作原则和礼貌原则中的准则：

（i）各自适应不同的语境；

（ii）适用不同的可变程度；

（iii）可以互相竞争；

（iv）为了含意可以被利用；

（v）具有调节性，而非构成性；

（vi）可理解为一种目的导向，服务于说话人和听话人的共同目的。

在这些相似特征中，格赖斯把（iii）和（iv）看作为合作原则的核心，它们可能需要进一步阐释说明。关于（iii），我们已注意到一些准则可能主要是为了某一共同结果（如句末–焦点准则和句末–重心准则），然而其他原则（一般而言，如清晰原则与经济原则）

容易出现相互竞争或冲突。更多这种竞争的例子出现在句末-重心准则与透明准则之间，如修饰从句例 [3] 中的非连续性成分：

[3] The morning came at last *when we were due to leave.*

非连续性是为了句末-重心准则，而违反了透明准则。注意例 [3] 没有例 [3a] 那样恰当：

[3a] The morning came *when we were due to leave.*

这似乎是因为例 [3a] 中句末-重心准则的强烈需要。也即，如果例 [3a] 中的关系从句不后移到该从句的末尾，结果会是对句末-重心准则（简单谓语出现在更复杂的主语之后）的严重违反：

[3b] The morning *when we were due to leave* came.

因此，关系从句在例 [3a] 中的后移比在例 [3] 中具有更强动因。与别处一样，话语的恰当性就是平衡各种冲突性准则的问题。 70

关于含意而违反准则的问题，前面讨论表情类重复时已阐述了。进一步的例子是违反句末-重心准则而出现含意的情形，如下：

[12] Is she BÀDly hurt?

[13] Is SHE badly hurt?

[14] ÍS she badly hurt?

在例 [12] 中，说话人隐含他已意识到 *she* 受伤。在例 [13] 中，说话人隐含他已意识到“有人”严重受伤。在例 [14] 中，说话人隐含他意识到某人已宣告或相信她严重受伤了。

3.4　概念功能：离散性与确定性

我已努力揭示，类似于语言“人际功能”的“语篇功能”（韩礼德语）能够在语用学中得到最恰当的处理，而不是在语法描述中。然而，这取决于人们对我在第二章提出的语法与语用之差异到底有多满意。现在是时候重新考虑这个问题了，见我在第4页列举的第8条假设：

> 假设8：总体而言，语法描述基于离散性与确定性的范畴；语用描述基于连续的、不确定性意义。

尽管该假设受到多种条件的限制，但也说明语法比语用学更有秩序。总的来说，我相信这是真的，但也不能理所当然地这样认为。困难在于，语法描述（特别是生成语法学家的描写）具有离散性与确定性的假设在近年来受到了挑战，尤其是来自语义学领域的挑战。在众多颇具影响力的文章中，如拉波夫（Labov 1973）有关"杯子"（cup）意义的研究和罗斯（1973）对句法范畴中"果酱性"（squishes）的研究，已关注到语法中的级差现象。类似的级差研究强调语法范畴的模糊性，如鲍林格（Bolinger 1961）和夸克（Quirk 1965）等的相关研究[16]。关于语法描述关注的离散性问题，
71 最近同样出现在社会语言学中，人们根据定量与级差关系，通过规则变量和含意等级去解释社会方言变异。

然而，根据这些证据去否认语法的离散性假设，可能过于草率。首先，我不相信这些研究是反对语法**范畴**观的真实证据[17]；其次，我相信，即使存在大量语法范畴模糊性的证据，仍可合理地假设语法中的主要过程是离散的（范畴性的），次要过程是连续的（非范畴性的）。

级差信息可能通过下面三种方式中的任意一种侵蚀语法。第一，两个切分单位之间可能存在横组合的连续性（如连续话语中元音与辅音之间的过渡）。第二，两个从句之间可能存在聚合模糊

性（这同样可用切分语音系学进行阐释：例如 [p] 与 [b] 的发声区别是渐进的，而非绝对的）[18]。第三，参照一个或多个范畴的规则可能存在运作上的不确定性，进而产生只是某种程度上合乎语法的句子。如果这三种连续性种类都同时存在，毫无疑问，语法运作会变得模糊不清。但是，语法系统可以在很大程度上容忍模糊性，而不影响其作为一个离散系统的运作。我们可以用数字计算机容忍电压波动，来进行部分类比。只要波动在一定的限制之内，系统就不会出现严重的不确定性，不可能把它误认为一种模拟计算机[19]。

正如罗施（Rosch）和她同伴所研究，范畴（Category）的心理概念对于理解语法的范畴本质至关重要[20]。在罗施的研究中，范畴是根据难以确定的原型，或是否是该范畴中的“好例子”来进行界定的（例如，原型鱼有雪茄那样的形状，有鳍、鳞、尾巴等；鳟鱼和黑线鳕接近于原型鱼，但鳗鱼、章鱼和藤壶则不是）。另一种方式就是把范畴看成具有区别性特征的一个模糊集，比如根据区别性特征，“交通工具”（vehicle）可以界定为：（i）机动性；（ii）有轮子；（iii）有动力；（iv）在地面上运动；（v）装载乘客；（vi）由引擎驱动，等等。但是，某些特征（如（i））要比其他特征（如（vi））更重要。最典型的交通工具（在现代可能指小汽 72
车）具有重要的区别性特征中的大部分特征或所有特征。另一方面，至于远离典型的个案是否属于该范畴，可能会出现分歧。例如，儿童滑板车或直升机是否属于交通工具呢？

总体而言，典型范畴的观点适用于感知与认知过程；也同样适用于语言学概念或逻辑概念，比如主体性、原因和能力。毫无疑问，相同的概念可适用于句法与音系学范畴：有的动词比其他的更显“动词化”，一些辅音比其他的更具“辅音化”，等等。但是，范畴隐含了经验处理的两个阶段，这是一个很重要的观察：一方面，我们必须意识到确定某一实体属于该范畴的个体特征；另一方面，我们必须把范畴看作为一个整体，一个**格式塔**。从前一方面看，可能存在很多不确定问题，如某一指定的个案是否属于某一范畴，可能是不清楚的（在拉波夫的实验中，对于什么物体叫杯子，也存在很多不确定性）。但从后一方面看，两个范畴无疑是不同的。例如，尽管辅音与元音之间的实际边界在特定情形下可能不清晰，但两个范畴或类别之间是有区别的。

在此，我想指出在语音层面上已被人们普遍想当然的东西。那就是，语音参数的连续性与重叠性没有影响音系学家就其离散切分所进行的假设和对比。主位-客位的差异或形式-实体的差异被认为以此为基础。在语义层面，存在的不同看法更多。但是，相同的原则都是可行的，语言根据范畴处理经验信息，而识别这些范畴成员特征的实际标准属于涉及指称的心理学理论，而不属于涉及意义的语言学理论[21]。同样，在句法层面，我们所处理的也是范畴问题，比如动词、形容词等词类，以及主语、宾语等从句成分。也许句法学比编码的“外部”层面即语义学和音系学具有更少的范畴不确定性。这与语言概念功能的合理性理论是一致的，在其中语法被视为一种范畴系统，协调两大非离散性语料的领域：所经历的现实方面的指称语料和言语方面的语音语料。

总的来说，我认为只要“范畴的”这个界定与罗施的原型范

畴相一致，我们就可以把第 8 条假设更简单地重述为：语法本质 73
上是范畴的；语用学本质上是非范畴的。不过，我并不否认语法规则运作中的某些不确定性；我们仍然认为，语法规则以“非有既无”的方式运作，而且界定规则条件的范畴在一定程度上具有模糊性。这种界于中间的观点与如下两个观察相一致：(a) 语法范畴之间的梯度确实存在；(b) 语言学家曾经设法并可能继续设法探究语言的本质，而不用摒弃横组合与纵聚合离散的假设。

3.5 “过度语法化”的案例

我已阐述过，语言的概念成分（语法）与人际成分和语篇成分（属于语用学）之间存在差异，为此我将总结和强调这种区分给语法研究带来的好处。以往研究（特别是转换语法）倾向于“过度语法化”，也即，从语法角度看待更适于语用解释的语言行为。在讨论人际功能时，我已提及这种倾向（比如，通过施为假设去看待施为用意的语法问题）。需要进一步指出语篇功能“过度语法化”的一些案例。

非连续性名词短语的标准化转换处理包括这样一个条件：后置从句可以被外置，但后置短语不一定如此[22]。这引发了合乎语法的例 [15] 与不合乎语法的例 [16] 之间的差异：

[15] A jug got broken *which was from India*.

[16] *A jug got broken *from India*.

这种差异是基于不确定的可接受性判定，如果我们认为例 [15] 和例 [16] 之间的差异是一种语用可接受性程度问题，而不是语法性

问题，那么规则限制就没必要了。所以，例 [16] 的可预测性就没
74 有例 [15] 那么“满意”，因为句末–重心准则为例 [15] 提供了比例 [16] 更强的外置动因。一个典型例子就是，从一个准则对另一个准则的相对优势来看，对从语用学角度解决更为恰当的语料，语法则强加了一定的离散性差异。

以下也是涉及句末–重心准则的例子：

[17a] Don't leave out William.
[17b] Don't leave William out.

[18a] Don't leave out the boy who scored two goals in the match last Saturday.
[18b] Don't leave the boy who scored two goals in the match last Saturday out.

[19a] Don't leave out yourself.
[19b] Don't leave yourself out.

[20a] Don't leave out him.
[20b] Don't leave him out.

例 [17a] 和例 [17b] 经常用来说明小品词–后置规则的必要性，该规则将类似 *out* 的小品词移到句末。根据该规则的标准转换语法（见 Chomsky 1957：112，Akmajian and Heny 1975：178），当宾语名词短语是代词时就必须遵守该规则。所以，根据此要求，例 [20a] 不合乎语法规则。然而，类似例 [18a] 和例 [18b] 这样的例子存在很明显的顺序偏好，具有强烈的修辞动因。在例 [18b] 中，后置规则的使用公然违反了句末–重心准则，结果使该句子变成了一个极“不满意”的句子。相反，句末–重心和句末–焦点准则都能预测，如类似例 [20a] 和例 [20b] 中宾语是人称代词的情况，没有任何后置的动因，而且不进行后置存在明显的原因。换言之，从语用角

度看，例 [20a] 和例 [18b] 的实际不可接受性是可以预测的，没必要把它们归于不符合语法规则。然而，为了更好地说明问题，大家可能注意到了例 [19a] 这样的情况，其中宾语是反身代词，它的可接受性程度介于例 [17a] 和例 [20a] 之间。此外，如果由于某种语境原因，*HIM* 出现了一个对比调核，那么例 [20a] 并非不可接受，这表明语法限制太强：

[21] He's the best player we've got : you can leave out any of the others, but for Heaven's sake *don't leave out HǏM*.

在这种特殊情形中，句末-焦点准则为后置现象提供了理据，而无视句末-重心准则。

最后是一个"语法化"语篇语用现象的例子，涉及简化名词 75
短语的一种强制转换：

[22a] John Smith$_i$ admires *John Smith*$_i$ more than any other politician.

[22b] John Smith admires *himself* more than any other politician.

在标准的转换分析看来，例 [22b] 中的反身代词化又是必需的，只要主语和宾语名词短语之间存在互指关系。这样，例 [22a] 要么不合乎语法，要么只有当前后两个 *John Smith* 表示不同的人时才合乎语法。但那样显然是不正确的：例 [22a] 不仅明显合乎语法，而且更有可能的是两个 *John Smith* 指同一人。在这种情况下，如第 78 页所指出，语用解释就更为可取：我们注意到，说话人没能进行简化（即使替换为反身代词不会产生歧义），在这里是为了表示一种反讽，因此我们可解释为"表情类重复"。根据转换语法，"对等名词短语删除"（Equi Noun Phrase Deletion）规则必须遵循（见 Akmajian and Heny 1975：298），因而断定例 [23a] 不合乎语法，对这样的情况也可以给出同样解释：

[23a] John Smith$_i$ would like *John Smith*$_i$ to become the next Prime Minister.

[23b] John Smith would like to become the next Prime Minister.

语法和语用学适当分工的必要性再次显现出来。语法离散性与语用连续性之间的差异得到了强化，如刚才所讨论的例子所示，这种不同程度的可接受性能够令人信服地显示出所存在的语用根源。

韩礼德的功能语法中，存在不同的过度语法化现象。为了说明人际功能，他根据语义关系网络中的离散选择，去处理施为用意；为了说明语篇功能，他根据离散选择的语法系统，去处理语音因素，如语调-单位和重音位置的语篇切分[23]。对于韩礼德来说，需要经常根据“标记”与“非标记”，描述这种语篇选择。比如，韩礼德将我所描写的“句末-焦点”视为“非标记信息焦点”，例如：

76 [24] Is she badly HÚRT?

出现在此例和缺少句末-焦点（如第 79 页中例 [12]—例 [14]）的其他变体中的选择，可以看成为非标记与标记选择之间的一种语法选择。同样，对 *I love peaches* 和 *Peaches I love* 之间的选择，韩礼德把它描述为“非标记主位”与“标记主位”，主位是位于从句首位的成分（就是非标记性陈述句中的主语）。重要的是，韩礼德有关“非标记性”的界定指向了该概念的一种语用解释：他将其描述为位于中性条件之下的选择，“除非存在相反方面的原因”。从语用的角度来说，非标记性术语是一种默认选择，没有优先于它的因素（比如与之竞争的准则）。这样，很容易从语篇修辞的角度，对韩礼德在语法范围内的语篇选择进行重新解释。

3.6　结语

在第二章和第三章中，我的目的是列举语法与语用学之间的一些本质差异，通过讨论与举例，来拓展这些差异。我认为，语法是一种形式主义解释，语用则是一种功能主义解释。同时我认为，在解释语言的这两种方式之间，有必要进行相互联系。我提出的形式主义-功能主义语言观可以总结如下：

> “语言由语法和语用组合而成。语法是产生与理解信息的抽象形式系统。普通语用学是通过使用语法、为了实现成功交际的一系列策略与原则。语法在功能上对应于所体现的不同特征，促进各种语用原则的运作。”

注释

① 见迪克（Dik）对“语言研究的两种范式”的讨论（1978：4–5）。有关语言学基础的形式主义观点和功能主义观点，范例见乔姆斯基（1976）和韩礼德（1973, 1978）。

② 特雷瓦森（Trevarthan 1977）报告了有关幼儿交际行为中目的涌现问题的研究。

③ 有关乔姆斯基对客观性的反思与抛弃，见乔姆斯基（1964：61, 79–81）。关于描述的恰当性，见乔姆斯基（1964：62–63）。

④ 根据交际过程处理语言，语用学与心理语言学（见 Clark and Clark 1977： 77
35–292）和某些语篇语言学（见 de Beaugrande and Dressler 1981：31–47）的处理方法之间存在一定共性。

⑤ 在针对语言的联通用法分析中，“语篇”和“话语”作为不同的使用层面，常见于威多森（Widdowson 1975：6）和其他人的研究成果。

⑥ 关于语言理解的多层面处理，见克拉克和克拉克（1977：49）；关于语言

产生的类似过程，见克拉克和克拉克（1977：292）。

⑦ 这些例子反映了最后一个词语的附属升调。对这种信息分布模式，见菲尔巴斯（Firbas 1980）。

⑧ 末尾-焦点与“功能句子观原则”相一致，交际动态性或重心朝着特定语篇的末尾方向逐渐增加。“功能句子观原则”这一概念在捷克语言学研究中得到了发展，尤其是菲尔巴斯的研究（如见 Firbas 1980）。

⑨ 英韦（Yngve 1961）、贝弗（Bever 1970, 1976）和弗雷泽（Frazier 1979：20）用不同术语，讨论了促进句法处理的句末-重心原则。基于神经语言学框架的解释，见卢里亚（Luria 1976：158–159）。

⑩ 这些例子源自乔姆斯基（1957：100–101）。乔姆斯基认为例 [1] 和例 [2] 存在不同意义，而卡茨和波斯特（Katz and Postal 1964：72–73）和利奇（1969：52）认为两个句子存在同样方面的歧义。卡登（Carden 1973）通过对受试者的测试，发现了支撑两种观点的基础。我认为，这里提出的“修辞性”阐释最适合于说明令人困惑的现象。

⑪ 见莱特富特（Lightfoot 1979：121–140）提出的“透明原则”，是解释对句法中的历时变化的制约的一种方式。

⑫ 见芬内曼（Vennemann 1973：40–41）研究中的自然序列化原则和自然结构原则［后者源于巴奇（R. Bartsch）］。与莱特富特的“透明原则”一样，引入它们是为了解释语法属性，但它们存在明显的修辞动机。

⑬ 关于“花园幽径”，见克拉克和克拉克（1977：80–82）。

⑭ 关于句法中象似性的重要性，见鲍林格（Bolinger 1980：第三章）以及（有关文体风格）利奇和肖特（1981：233–242）。

⑮ 德·布格兰德和德雷斯勒（de Beaugrande and Dressler 1981：168）引用过。

⑯ 针对级差现象，夸克（Quirk）所使用的术语是“序列关系”。与罗斯一样，他通过两个维度的阵列，列出违反标准的情况，去研究该现象。

⑰ 关于变异规则，存在许多争议。根据有的观点，变异性不是语法“能力”
78 的一部分，规则本身具有范畴性［见罗曼（Romaine 1981）的综述］。同样，范畴规则不排除级差问题。对比拉波夫（Labov 1973）的“范畴性”术语与罗施等人使用的原型范畴（见下文注释⑳）。

⑱ 见米勒和奈斯利（Miller and Nicely 1955）的实验以及克拉克和克拉克（1977：191–220）对它们及其他言语感知实验的讨论。本质上，言语感知是听话人根据连续的变异听觉线索，进行范畴化决定的能力。

⑲ 利奇和科茨（Coates 1980）认为，基于情态助词的语义分析，级差与不确定性是范畴识别中相对次要的问题，因为所形成的“数量刻板”。

⑳ 在罗施和梅尔维斯（Ross and Mervis 1975）和罗施（1977）的研究中，描述了罗施和她的同伴对概念范畴与感知范畴的“原型”基础，所进行的广泛研究。该研究在语言学中的应用，见莱可夫（1977）和利奇（1981 [1974]：84–86）。

㉑ 利奇（1981 [1974]：84–86）对此进行了讨论。

㉒ 例如，有关“名词短语外置”转换的描述，见伯特（Burt 1971：72）。

㉓ 对韩礼德的这一批评，利奇（1980：22–26）的阐释。

79

第四章　合作原则的人际角色

若没有任何理由支持某一命题为真，则难以令人相信此命题。

［罗素，《怀疑论集》，第 1 页］（Russell, *Sceptical Essays*, p.1）

杰克：格雯德伦，若某人突然发现他的一生一直在说真话，那将是可怕的事情。你能原谅我吗?

［王尔德，《诚挚无比重要》，第三幕］

（Wilde, *The Importance of Being Earnest*, Act Ⅲ）

在接下来的章节中，我将进一步深入探讨人际修辞。为探求“语义学的语用倾向”中某些主要问题的解决方案，我将把第二章和第三章所概述的模式应用于描述英语的使用情况。我将特别关注如何处理礼貌现象、施为用意、施为句、间接性以言行事行为以及言语行为动词的意义。我会探讨大家熟知的现象，但是我所采用的方法在某种程度上不太常见。例如，我会尽力揭示合作原则与礼貌原则是如何在间接性表达的解释中相互作用的。如果我能够表明这两个原则是语用阐释所必需的，就能凸显“修辞”研究的重要性，就是信息计划及其解释所遵循的一系列原则。

4.1　合作原则和礼貌原则 80

许多研究表明了格赖斯合作原则这一概念的合理性，我对该原则也基本上持赞同态度。然而，有必要解释：(a) 为什么需要合作原则？(b) 对于涵义与语力之间的关系，为什么合作原则的解释力不充分？也有必要考察现有模式中各准则的功能（见 4.2—4.5）。这就是本章的任务。

简言之，对前面段落中的问题（a）和（b），现回答如下：我们需要合作原则来解释（前面已指出）涵义与语力之间的关系；这种解释很受欢迎，因它解决了真值语义学导致的困惑。但是合作原则本身不能解释：(i) 为什么人们经常间接表达所指意义？(ii) 就非陈述类句子来说，涵义与语力之间存在什么关系？我们知道，格赖斯本人和其他援引合作原则的学者都体现出逻辑学家对真值及其命题意义的传统关注。然而，我更感兴趣的是语用原则在社会和心理层面上更为广泛的应用。这就凸显了礼貌的重要性。

同时，有学者反对格赖斯的合作原则，他们认为该原则与真实语言使用的表现不相符。例如，有学者认为，因为大部分的陈述句不具有信息承载功能，所以合作原则对会话的限制并不适用（Larkin and O'Malley 1973）。也有学者认为，合作原则的准则对语言而言，不具普适性，这是因为不是所有的准则都适合于某些语言社团（Keenan 1974）。起初，我以为这些批评不一定像看上去那样可怕。仅通过定量方面的理由来反对合作原则，往往会把准则误认为统计标准——事实并非如此。合作原则不可能以同样的方式适用于所有的社会。实质上，正如我设想的那样，社会语用学的主要目的之一就是找出不同社会如何以不同方式运作准则。例如，在特定情景中人们认为礼貌比合作更为重要，或优先考虑礼貌原则中的某一准则（见 6.1.3）。然而，必须承认的是，如果不能合理地解释特殊情形，合作原则将处于弱势地位。因此，礼貌原则不能仅视为对合作原则所增加的另一个原则，而是其必要补充，拯救合作原则的不足。

以下两个例子体现了礼貌原则对合作原则的拯救：

[1] *A*：We'll all miss Bill and Agatha, won't we?

B：Well, we'll all miss BĬLL.

[2] *P*：Someone's eaten the icing off the cake.

C：It wasn't MĔ.

81 在例 [1] 中，*B* 显然没有遵守合作原则中的量准则：当 *A* 要求 *B* 确认 *A* 的意见时，*B* 只是确认部分意见，很明显忽略了其余意见。据此，我们可以推导这样的含意："说话人的意见是，我们不会都想念 Agatha"。但是，该含意推导的依据是什么呢？这不只是基于合作原则，因为 *B* 可以加上："...but not Agatha."，以避免话语的不真实、不关联或不清晰。我们的结论是：*B* 本可以提供更多的信息，但会以对第三方更为不礼貌为代价：*B* 因此抑制了意欲表达的信息，进而遵守了礼貌原则。

例 [2] 是父母 *P* 与孩子 *C* 之间的一个典型交流，*C* 的回应明显不关联：*C* 的回应似乎是他需要从所指的不当行为中为自己解脱。在该情景中，*C* 好像被直接指控实施了所指行为，因而他进行否认实际上是可预测的。我对这种明显违背关系准则的解释如下：如果 *P* 不确定谁是不正当行为的实施者，但又怀疑 *C*，那么 *P* 为了遵循礼貌，就会抑制直接指控，表达较少的信息。这种表达无疑是一种真实的断言，用不定人称代词 *someone* 取代第二人称代词 *you*。因此，在例 [2] 中，*P* 的评论可解释为一种间接指控：当 *C* 听到该断言时，*C* 的回应隐含他可能感到内疚，进而否认没有公开表达的一种冒犯。此例表明，*C* 回应的不关联源于 *P* 话语的含意。*C* 对该含意做出回应，出现这种间接性的理据就是礼貌，而不是实际上的所言信息。

显然，例 [1] 和例 [2] 中的回应很可能使用了与间接含意密切相关的降–升语调。然而，更重要的是：上述两个例子说明了涉及礼貌原则的更深层次解释，这表明对合作原则的明显违反并不存在。依据这一解释，我们认为礼貌原则就是对合作原则的补救。

礼貌原则可以通过否定形式，大致表述为：“（在其他条件相同的情况下）尽量减少表达相信是不礼貌的信息”，同时也存在所对应的、没那么重要的肯定形式：“（在其他条件相同的情况下）尽量多表达相信是礼貌的信息”[①]。在例 [1] 和例 [2] 中，被抑制的、相信是不礼貌的信息分别是“We won’t miss Agatha.”和“You have eaten the icing off the cake.”。礼貌信念与不礼貌信念分别是针对听话人或第三方有利信息和不利的信息。其中，“有利”与“不利”是基于相关的价值等级进行衡量的（见 6.1）。需要再次强调的是，问题不在于说话人真正相信的内容，而在于他声称相信 82
什么。

此处，我们应该考虑这两条原则的普遍性社交功能以及二者之间的“权衡”关系。因为合作原则，会话中的某一参与者会认为另一参与者是合作的，从而进行交际。该原则具有调节所言的功能，有助于实现某个假设的施为目标或话语目标。然而，我们认为，礼貌原则具有更高层次的调节功能：维护社交平衡和友好关系，进而会让我们认为交际参与者首先是合作的。从根本上说，如果你对邻居没有礼貌，你们之间的交际渠道就会出现障碍，你就再也不可能借用他的割草机了。

在有的情景中，礼貌处于次要地位。例如，交际双方在一种协作性活动中，信息交流对于双方都同等重要。但也存在其他情形，礼貌原则可以支配合作原则，甚至可以牺牲其中的质准则（该准则往往比合作原则的其他准则更重要）。也就是说，在特定情形下人们认为“善意的谎言”是合理的。例如，说话人可能觉得礼貌地拒绝邀请的唯一方式就是假装已有其他安排。但是，我们要区分故意欺骗听话人的“善意谎言”与明显违背合作原则的情况。“间接”礼貌（见 Brown and Levinson 1978 : 134 及以下诸页）和“直接”礼貌（例如，当说话人说“You couldn’t help me move these tables could you?”时，显然是听话人能够搬动那些桌子）是有区别的。

值得注意的是，例 [1] 和例 [2] 属于第二种案例，很容易让我们陷入一种反讽的理解。事实上，反讽是一种基于礼貌原则或利用礼貌原则的二阶原则②。反讽原则可以通过一般形式，表述如下：

> “如果你必须引起冒犯，至少采用不与礼貌原则明显冲突的方式进行，但让听话人间接地理解你的冒犯意图，就是通过隐含方式。”

在有的情况下，反讽采取明显过于礼貌的形式。如果说话人过于注重礼貌原则，公然违背合作原则的准则来维护礼貌原则，就可能会出现反讽。例如，例 [1] 明显违反了量准则，例 [3] 则显然违反质准则。

[3] *A*：Geoff has just borrowed your car. 83

B：Well, I like THÀT!

在该例中，基于反讽原则推导的含意大致如下：

“*B* 所说的内容对 Geoff 是礼貌的，这明显为假。因此，*B* 表达的真实意义对 Geoff 来说是不礼貌的，这显然为真。”

我们可以借助格赖斯的术语将其表述如下。在体现礼貌时，人们经常处于合作原则与礼貌原则的矛盾之中，因此人们必须在两者之间做出一定程度的“平衡”；但在反讽中，某人可以利用礼貌原则，在更远的层面上遵循合作原则。说话人的反讽语气表面上是在欺骗或误导听话人，但实际上是以礼貌为代价，处于一种明显的欺骗听话人的“诚实”状态。

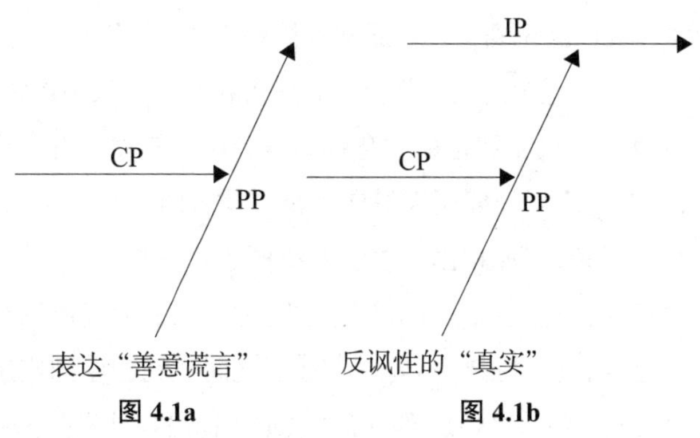

图 4.1a　　**图 4.1b**

该讨论也许表明，使用术语“礼貌”存在一些风险。不幸的是，这一术语与表面上“友好”实质上却不真诚的人类行为之间存在一定联系，所以有人把礼貌看成（至少在一些文化环境中）为次要的、可有可无的因素，只是对语言严肃性用法的一种“修饰”。我曾致力于从其他方面来阐释礼貌原则（PP），指出礼貌原则对解释其他原则［合作原则（CP）和反讽原则（IP）］的重要性。我认为，使问题变得混淆的原因是不能区分绝对礼貌（Absolute Politeness）和相对礼貌（Relative Politeness）[3]。总体而言，在这些章节中我将绝对礼貌看作一种等级，或者是一系列具有正极和负极的等级集合（见 5.7，6.1）。一些以言行事行为（如命令）在本质上就是不礼貌的，而另一些以言行事行为（如提供）
84 在本质上就是礼貌的。因此，负面礼貌就是要让不礼貌的以言行事行为的不礼貌性最小化，而正面礼貌则是让礼貌的以言行事行为的礼貌性最大化（包括在不需要其他话语的情景中利用机会实施礼貌的以言行事行为）。我将讨论生成与理解礼貌的以言行事行为的策略，并将这些策略置于绝对礼貌的等级之中。

同时，我已意识到，人们通常从相对意义上使用“礼貌”：也即，相对于特定行为的某种规范，并认为在特定场景中经常出现。这种规范也许隶属于特定的文化或语言社区。例如，有人严肃地告诉我，“波兰人、俄罗斯人等向来是不礼貌的”。再比如，人们通常认为，“与欧洲人相比，中国人和日本人是非常礼貌的”。这些老套的评论往往是根据部分证据进行的，我之前指出社交语用学的任务之一，就是探讨不同语言社区之间在礼貌原则应用方面的差异（见 6.1.3）。这种研究很快将我们带向另一种规范：特定以言行事行为类型的礼貌规范。例如，英语尤其是英式英语中的间接指令类行为十分丰富，我将在下一章考察这一现象。这肯定能给其他语种的本族语者留下这样的印象：在请求他人帮忙时，英国人会表现出过度的礼貌（也许是不真诚的）。还有一种规范是基于不同性别、年龄组等的个体范畴。例如，在日本，男女之间利用礼貌等级的方式是不同的，（很明显）日本西部地区的人们比东部地区的人们更经常利用礼貌等级④。根据这样的群体规范，我们就可以判定特殊言语情景中人们所表现的“礼貌”或“不礼貌”现象（如“约翰对他的母亲很粗鲁”等）。因此，相对礼貌会根据考察的标准或一系列标准出现不同维度的变化。普通语用学可能会集中关注绝对礼貌。

我们回到合作原则，探讨各条准则提出的合理性基础，并考虑如何将它们应用到当前的模式分析之中。

4.2　量准则与质准则

合作原则中的前两条准则可以放在一起讨论，因为（如前所述）它们经常相互竞争：说话人提供的信息量要受避免提供虚假信息的愿望的限制。为此，哈尼什提出了如下的组合准则：

> 量–质准则：提供有证据支撑的最关联的信息。 85
>
> [Harnish 1976 : 362]

他还引述了（同上）奥黑尔（O’Hair 1969 : 45）对该准则更为细致的分析：“除非存在极其重要的对立原因，如果听话人感兴趣的是强式陈述所传达的额外信息，说话人就不应该做出弱式陈述。”

这里的“强度”是指所传递的信息量。以命题 P 和 Q 来解释强度，最严谨方式是：“若 P 蕴含 Q，且 Q 不蕴含 P，那么 P 比 Q

强。”在此基础上，我们就能够解释为什么某些含意产生于量词、*not*、*and* 和 *or* 等之类的逻辑运算符。首先考虑一下量词“*all*” ∀ 和“*some*” ∃：

[4] Jill ate *some* of the biscuits.

让人得出下面的错误结论：

[4a] Jill ate *all* the biscuits.

但这不是一种逻辑推理（假设 *some* 和 *all* 是表征存在和全称量词的标准理解），而是因为听话人获取的一种含意：说话人通过断言例 [4] 表达了不是例 [4a] 的含意。很明显，通过添加相反信息，这一推理可以被取消 ⑤：

[4b] Jill ate *some* of the biscuits— in fact she ate *all* of them.

这种理解的方式如下。首先，使 *all* 和 *some* 成为“算子强度”等级中的有序对，将其识解为“一个包含‘*all*’的命题 *P* 比包含‘*some*’的对等命题 *Q* 的强度要大”（严格来说，这只适用于 *all* 和 *some* 超出其他算子辖域的情况）。然后，值得注意的是一般规则：弱式命题隐含了说话人对强式命题的否定。在当前的例子中，例 [4] 隐含了“说话人相信 Jill 没有吃完所有的饼干”。对这一含意的解释如下：

（a）说话人表达了弱式命题 *Q*，他本可以很容易、相关地表达强式命题 *P*。

（b）依据量–质准则，在缺少相反信息的情况下，这意味着说话
86 人拥有的证据不能确证该断言 *P*，但能够确证断言 *Q*。

（c）这引发这样的含意：说话人相信 *P* 为假，即说话人相信“非 *P*”。

（然而，我们需要区分（c）含意的正面表现和中立表现。中立表

现是："说话人不相信 *P* 为真，也不相信 *P* 为假。" 于是就会得出这样的结论：说话人没有足够的证据做出判定，比如：

[4c] Jill ate SÒME of the biscuits (but I don't know whether she ate all of them).

判断是正面含意还是中立性含意，需要依赖特定情景。在一种语境下，说话人会因缺少某种知识而抑制特定信息，而在另一种语境下说话人也可能因为坚信相反的情况，而抑制特定信息。）

现在请注意，例 [4] 和例 [4a] 之间的否定存在一种"强-弱"的相反关系：

[5] Jill did not eat any of the biscuits.（对例 [4] 的否定）

[5a] Jill did not eat all of the biscuits.（对例 [4a] 的否定）

在这样的情况中，前一命题的强度大于后一命题，即例 [5] 比例 [5a] 要强，而不是例 [5a] 强于例 [5] 。事实上，这是一般规则：若 *P* 强于 *Q*，则非 *Q* 比非 *P* 更强。因此，当说话人表达非 *P* 时，其（正面的）含意是说话人相信非 *Q* 的否定意义；或简单而言，说话人相信 *Q*。因此，例 [5a] "Jill did *not* eat *all* of the biscuits." 的含意是"说话人相信例 [4]，即 Jill ate *some* of the biscuits."。

这个特殊例子的真实性可以概括如下：

[6]（正面含意）若 *P* 强于 *Q*，那么

（i）说话人通过 *Q* 隐含说话人相信非 *P*，同时

（ii）说话人通过非 *P* 隐含说话人相信 *Q*。

[7]（中立含意）若 *P* 强于 *Q*，那么

（i）说话人通过 *Q* 隐含说话人不知道是 *P* 还是非 *P*

（ii）说话人通过非 *P* 隐含说话人不知道是 *Q* 还是非 *Q*。

因此，含意存在于"弱式"命题之间，并具有相互性，如图 4.2 中表示 *all* 和 *some* 的箭头所示：

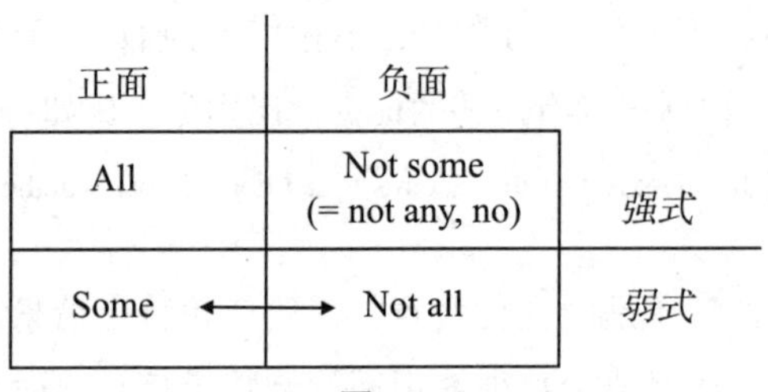

图 4.2

87（为了简洁，我再把“强式”和“弱式”的用法，从命题本身拓展到区分命题的算子。）例 [6] 和例 [7] 可以通过表 4.1 中的一组逻辑对进行概括和描述（见 Gazdar 1979：49–50）。该列表还可以拓展[⑥]。在 *become* 和 *remain* 的例子中，*become* 描述事件所发生的时刻（t^0）应该先于 *remain* 所描述状态的时刻（t^+）。

表 4.1

正面		*负面*	
P 强于 Q		*非 Q 强于非 P*	
P	*Q*	*非 Q*	*非 P*
A. All	Some	Not any	Not all
B. More than *n*	（As much/many as）*n*	Not（as much/many as）*n*	Not more than *n*
C. Have to, must	Be able to,can	Not be able to, cannot	Not have to
D. Be certain that	Think that	Not think that	Not be certain that
E. Remain [at t^+]	Become [at t^0]	Not become [at t^0]	Not remain [at t^+]
F. *X* and *Y*	*X* or *Y*	Not-（*X* or *Y*）	Not-（*X* & *Y*）
G. Succeed in	Try to	Not try to	Not succeed in

P 表示强式术语，*Q* 表示弱式术语（例如 have to= *P*，can= *Q*），我们可以得出以下几类含意：

非 $P \xrightarrow{I} Q$（如 not have to $\xrightarrow{I}$ can）≌

$Q \xrightarrow{I}$ 非 not-P（如 can $\xrightarrow{I}$ not have to）

（这里选择了正面含意，$X \xrightarrow{I} Y$ 用作表示缩写：说话人断言 X，88
隐含说话人相信 Y。）以下列举一些表 4.1 中不同类型的含意；正如双向箭头所表示的那样，含意是双向的：

B_I Nora has (as many as) three children. $\xleftrightarrow{I}$ Nora has no more than three children.

C_I Employees do not have to retire at 65. $\xleftrightarrow{I}$ Employees CAN retire at 65.

D_I I think Grandpa is asleep. $\xleftrightarrow{I}$ I am not certain that Grandpa is asleep.⑦

E_I Betty did not remain ill. $\xleftrightarrow{I}$ Betty got well.

F_I Sue works at the office on Thursday or on Friday. $\xleftrightarrow{I}$ Sue does not work at the office on both Thursday and Friday.

G_I Frank tried to open the door. $\xleftrightarrow{I}$ Frank did not succeed in opening the door.

借助“量-质准则”，许多非形式化的推理可以得到解释。尽管表面看来并非如此，这种解释方法有助于展示标准的逻辑分析，非常适用于自然语言，因此这种解释方法不仅显示了合作原则的解释价值，而且还强化了语法。因为不确定性和非逻辑性，使得我们从形式逻辑的角度去解释自然语言变得相当困难。但我们强烈希望通过合作原则，可以将自然语言的解释归入到语用学，而非逻辑学。

同时，正如以上 B_I—G_I 所示，会话推理的语用解释导致了标准逻辑的简化。因此，从自然语言语义学的视角看，相容选言命题和不相容选言命题之间的区分令人尴尬，因为它涉及给一个连结词（*or*）指派两种不同的逻辑解释。两种解释如此接近，以至于一个包含另一个（也即，所有适用于排斥 *-or* 解释的句子也适用于相容 *-or* 解释）。但在逻辑学与语用学相互关联的“互补论”解释中，*or* 只需要被给定一种意义，即相容选言命题；那么，相容性理解产生排它性理解的隐含信息，如上文 F_I 所示⑧。

因此，“量–质准则”能够为我们所熟知的阐释类型提供进一步说明：用语法术语来进行语用学解释是有问题的或不恰当的。这表明，
89 语义学与语用学之分能够为这两门学科提供更为可行的解决方案。

根据下面的例子，考察所存在的非对称性：

[8] *I ran fast and could catch the bus.

[9] I ran fast but couldn’t catch the bus.

［引自 Palmer 1980：92］

[8a] I ran fast and was able to catch the bus.

[9a] I ran fast but wasn’t able to catch the bus.

在例 [8] 中，*could* 的不可接受性（不合语法？）是问题所在。依据帕尔默（1977，1980），我们也许认为，基于实际表现，*could* 和 *was able to* 形成了对照。也即，*can/could* 表示能够做某事的状态，但没有行为的实际表现，而 *be able to* 却能额外表达此意。因此 *was able to* 和 *could* 形成了表 4.1 中的强 / 弱对类型。*could* 表示潜在状态，而 *was able to* 既表示潜在性又表示行为的实施。依据表 4.1 的论述，说话人会选择使用证据所支撑的强式选项（*was able to*），因此 *could* 用于暗示说话人对行为的执行缺乏自信，如例 [9] 所示。所以与例 [8a] 相比，例 [8] 是异常的。这是一种语用问题，因为在特定语境中，这种带 *could* 的句子是可以接受的⑨：

[10] I could just/almost reach the branch.

［引自 Palmer 1980：95］

在这种句子中，所凸显的是潜在状态，而非实施的实际行为，这只是部分解释（它不能解释“弱式”否定形式 *wasn't able to* 的可接受性），但该观点的主要内容是清晰的：*could* 涉及行为的非实施问题，因为合作原则要求，如果说话人可以做出真实的强式陈述，他就会这样去做。相同的论断不能用来说明现在时形式 *can*，由于现在时的潜在性，该行为的实际实施存在于未来并且不太可能被人们知道。

下面进一步从句法范围内给出一个例子，体现非对称的可接受性问题：

[11a] My sister is married, and her husband works for NASA.

[11b] ?*My sister's husband works for NASA, and she is married.

与例 [11a] 相比，对完全在句子-语法框架下从事研究的学者来说， 90
例 [11b] 的异常性会令人迷惑不解。因为两个句子存在相同的涵义，而且在句法上似乎都是合法的，所以语法规则难以对其不对称性进行合理解释。但是，只要我们对例 [11b] 进行语用考察，就会发现第二个小句违反了量准则：实际上，该小句是完全多余的，因为它提供的信息已在例 [11a] 中预设了。这表明，量准则的解释有时必须适用于句子的某个部分，而不是另一部分：句子开头部分的信息内容置于句中就不一定有信息了。

4.2.1 与确定性相关的含意

表 4.1 中本可以增加一组“强-弱”对 *the* 和 *a*(*n*)：与其他词对一样，在一些命题中定冠词能够取代不定冠词，结果会出现蕴含旧命题的新命题。例如（假定我们知道 *the secretary* 的意义）：

Sally is the secretary 蕴含 Sally is a secretary。

同样：

Sally is not a secretary 蕴含 Sally is not the secretary。

但是，冠词不同于我们之前探讨过的其他词对，因为冠词之间的差异本质上是一种语用差异。*the* 表达的确定内容（有时也通过很多其他的词语进行表达，如人称代词和指示词）传递了说话人的理解：在说话人与听话人的共享语境知识中，存在某个能够被识别的、独特的指称对象。因此，当某人使用 *the X* 短语时，我们可以从中推断：

[12] 存在某个 *X*，它能够被说话人和听话人独特地识别为同一个 *X*。

因为这是 *the* 本身的重要意义，而不是根据会话准则推导出的意义，所以例 [12] 应该称为一种规约（Conventional）含意（见第 12—13 页），而不是一种会话（Conversational）含意。“独特地”指我们应该能够从其他多个 *X* 中选取一个 *X*（如果 *X* 是复数，我们应该能够
91 从 *X* 的系列集合中，选择一个 *X* 集合）。选择 *the* 而非 *a*(*n*) 的决定是情景恰当性问题，因此 *the X* 的指称可能因情景不同而变化。

另一方面，不定冠词正如其名，因为它缺少 *the* 意义中的确定性特征，而容易被消极地界定。例如，*a table* 也许是在这样的条件下使用的：例 [12] 中的共享语境知识不存在，因此不具备使用 *the* 的语境基础。因此，*a*(*n*) 的使用（关于这一点，还包括其他不定限定词，如 *some*、*few* 和 *several*）与先前未提及的所指对象相关。“I won a prize today.” 隐含了听话人不可能预知奖项内容。实际上，这是与前面例 [12] 相对应的负面含意，可以通过量准则获取该含意，推理过程如下：因为说话人避免使用更具体和有信息量的表达式 *the prize*，说话人不相信听话人拥有足够知识，能够独特地识别所提及的奖项。但是，合作原则的作用不仅限于对冠词

的解释。以下是克拉克和克拉克（1977：122）参照格赖斯（1975：56）的模式所给出的例子：

Steven：Wilfrid is meeting a woman for dinner tonight.

Susan：Does his wife know about it?

Steven：Of CÒURSE she does. The woman he is meeting is his wife.

根据合作原则，Susan 通常会认为 Steven 所提及的那位女士不是 Wilfrid 的妻子。这是因为 *a woman* 往往隐含说话人没有足够知识，去推断所指的哪位女士。因为任何认识 Wilfrid 的人都应该知道他有位妻子，Steven 使用信息相对不充分的表达式（*a woman*）而非信息更充分的表达式（*his wife*），这就违背了量准则。事实上，他公然（和戏谑地？）违背了量准则，但没有违反质准则：从逻辑视角看，这是一个具有真命题的好例子，但在语用上它却很有误导性。

使用 *the* 也能间接产生会话含意。尽管 *the X* 通常用于听话人知道语境中所指的是哪个 *X*，但是也存在这样的一些情况，说话人借助一种既成事实，让听话人去接受独特指称的假设，此前听话人可能没有该假设。比如下面的句子：

[13] Would you like to see *the postcard I got from Helen last week*? 92

如果听话人之前不知道这张明信片，他可能会推导出这样的信息：有一张说话人上星期从 Helen 那获得的独特明信片。我们可以说例 [13] 蕴含了

[14] *s* got a postcard from Helen last week.

但同时，[13] 也隐含（因为与 *the* 有关的独特含意）：

[15] There exists only one such postcard.

通过"命令"（*fiat*），公共告示语也会形成一种相同的独特含意，如"Mind the step." 和"Beware of the dog."（见 Hawkins 1978：

112, 121）。

更进一步，合作原则也可以解释克拉克和哈维兰（Clark and Haviland 1974, 1977）所称的“搭桥假设”含意。例如，句子“We went into the garden and sat by the fish-pond.”的常规理解就需要搭桥假设“the garden contained a fish-pond”。然而，我们首先看一下缺少类似假设的照应指称，比如：

[16] *A*：In the end, we got through *the back door.*

[17] *B*：Was *the door* locked?

在例 [17] 中，我们得出的预期结论与量准则一致，例 [17] 中的 *the door* 与例 [16] 中的 *the back door* 都指称相同物体。该含意源自于这样的简单事实，*the door* 肯定指称语境中某扇独特的门，而且在该例中，谈论的只有一扇门，即后门。但要理解例 [18] 和例 [19] 的意义，听话人不得不使用稍长的推理链：

[18] A：In the end, we got through *the back door.*

[19] B：Did you have to break *the lock*?

我们得出这样的结论，例 [19] 涉及的锁是后门的锁，但推导该含意所依赖的不仅是共享知识，即后门是唯一提及的门，还会依赖一定的常识，即门通常有锁，进而做出可能的推导：该特指的后门有锁。这就是搭桥假设，从中我们可以得出例 [19] 的结论：*B* 指的是
93 后门的锁。借助搭桥假设得出的含意，能够避免 *B* 违反合作原则。

还有一个由冠词使用而得出含意的例子，看看下例中两次出现的 *a diamond ring*：

Mary：I've lost a diamond ring.

Bill：Well, Julie was wearing $\left\{\begin{matrix}\text{a diamond ring}\\ \text{one}\end{matrix}\right\}$ this morning.

通过使用不定冠词（或同等的替代形式 *one*），Bill 拒绝承诺他看

到的戒指就是 Mary 丢失的那枚一样。通过直接避免共指的隐含，他避免了对 Julie 的指控。因此，

（a）通过拒绝共指，表面上违反了量准则；

（b）这种违反可以理解为一种沉默，以避免不礼貌的指控；

（c）但事实上，这种沉默被这样的事实取消了：如果 Bill 不怀疑 Julie，他的话语就没有关联。

因此，根据量准则、礼貌原则和关系准则，我们可以把 Bill 的话语理解为一种间接指控。

在仔细探究关系准则之前，我想指出，这些例子揭示了指称语用学（第 13 页）和人际语用学之间的相互关系。正如我们所见，根据合作原则，甚至根据礼貌原则，我们能够通过确定的表达式和不确定的表达式，在某种程度上明确指称事物。

4.3　关系准则

关系准则“要关联”具有不同解释，有人将其看作为“一种特殊类型的信息度”。史密斯和威尔逊（Smith and Wilson 1979：177）对关联性进行了如下的非正式界定：

如果话语 *P*、话语 *Q* 和背景知识相互作用，产生了新信息，*P* 与 *Q* 就相关，但该新信息不能单独从 *P* 或 *Q* 和背景知识中衍生出。

这样的定义意味着，话语 *A* 与话语 *B* 之间的联系不仅是简单回应情形中的关联，如例 [20]：

[20] *A*: Where’s my box of chocolates? 94

B: It’s in your room.

而且还是更为间接回应中的关联，如 [21]

[21] *A*: Where's my box of chocolates?

B: The children were in your room this morning.

[Smith and Wilson 1979：175]

例 [21] 中，*B* 回应与 *A* 提问之间形成关联的基础是：假定 *B* 不知道问题的答案，但 *B* 的回应有助于 *A* 发现答案，该回应隐含孩子们也许吃了巧克力，或至少他们知道巧克力在哪里。此外，假设说话人和听话人遵守合作原则（和背景知识一起），有助于推导出含意。表面上不够丰富的信息会导致这样的结论：*B* 的回应在更为间接的层面上维护了量准则，因而它是关联的。

然而，与其将关系准则看作从属于量准则，倒不如将话语之间的关联（如例 [20] 和例 [21]）视为广义关联的一部分，即话语与其言语情景之间的关联。从广义上，关联可以界定为：

如果一个话语 *U* 能够被理解为有助于实现说话人或听话人的会话目的，那么 *U* 与言语情景就是相关的。

会话目的也许包括社交目的（如有礼貌）和个人目的（如找到自己的巧克力）。例 [20] 中 *A* 的个人施为目的是要弄清巧克力在哪里。在 *B* 的回应中，*B* 接受了 *A* 的目的，并为他提供了所需信息。但是，这一目的是通过另一目的来实现的，即 *B* 采纳的社交目的：遵循合作原则。事实上，在合作性和社交性驱动的会话中，交际一方在某种程度上通常会采纳另一方的假定目的。

然而，也存在不是这样的例外情况。看下面由史密斯和威尔逊（1979：174）所提供的附加例子：

[22] *A*：Where's my box of chocolates?

B：I've got a train to catch.

我们不应该把以上回应看作是十分合作的，因为它并不有助于 *A* 95
对巧克力的寻找。但是，如果我们把 *B* 的回应理解为他不能回答对方提问的原因，那么 *B* 的回应就是相关的。在这一功能中，话语对会话目的的贡献是很负面的：它能使 *B* 在不（太）礼貌的情况下结束会话。在此例子中，*B* 的话语没有服务 *A* 的目的，而是对 *B* 的目的有作用。

回到例 [20] 中标准的提问–回应语列，*B* 对 *A* 施为目的的贡献可以通过手段–目的分析方法进行表征，如图 4.3。

注释：x、y、z 区域表示 *B* 对 *A* 目的的贡献。双线箭头（⟹）代表目的与行动之间的驱动关系。

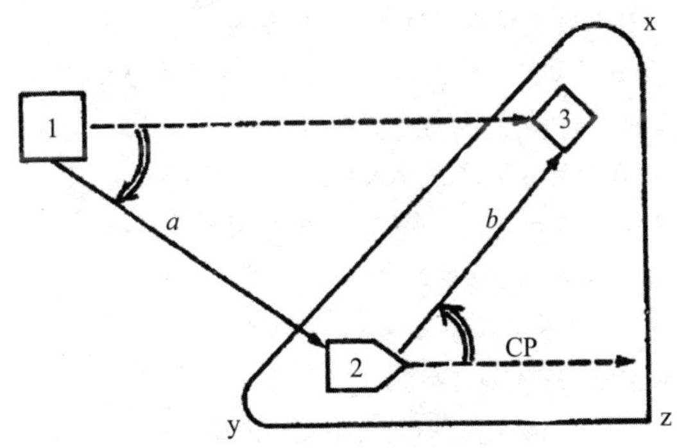

1 初始状态：*A* 想知道巧克力在哪里。

[*a*] *A* 问 *B* 巧克力在哪里。

2 *B* 意识到 *A* 想知道巧克力在哪里。

[*b*] *B* 告诉 *A* 巧克力在哪里。

3 最终状态：*A* 知道巧克力在哪里。

图 4.3　提问与回应例 [20]

这是有关会话的最简单和最直接的手段–目的分析。然而，进一步探究以目的为导向的关联概念，对更为间接的回应进行手段–目的分析，这样的考察是有趣的，如例 [21]（图 4.4）。

96 注释：阴影区域表示 *B* 对该会话的贡献。

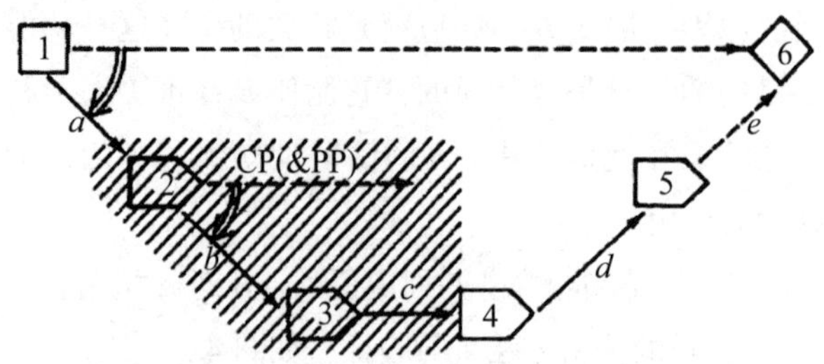

1 初始状态：*A* 想知道巧克力在哪里。

[*a*] *A* 询问 *B* 巧克力在哪里。

2 *B* 意识到 *A* 想知道巧克力在哪里。

[*b*] *B* 计划与合作原则和礼貌原则相一致的回应。

3 *B* 准备将 [*b*] 的信息传递给 *A*。

[*c*] *B* 告诉 *A* 孩子们今天早上在 *A* 的房间。

4 *A* 知道孩子们今天早上在 *A* 的房间。

[*d*] *A* 推断出 [*b*] 的语力。

5 *A* 知道了将有助于 *A* 实现状态 6 的信息。

6 最终状态：*A* 知道巧克力在哪里。

图 4.4　提问与间接回应例 [21]

（图 4.3 和图 4.4 被简化了，任何手段–目的分析都必然涉及语言使用这样的复杂过程。）在这个例子中，[*e*] 代表目的没有实现：*A* 仍然必须弄清巧克力怎么了，这由图 4.4 中连接 5 和 6 的虚线箭头表示。此外，图 4.4 显示该例更为复杂的情形，在语用计划和话语理解的 b 阶段和 d 阶段介入了人际修辞。无可否认，这些阶段甚至会出现在最简单的话语中（见 3.3.1），但在间接情况（如例 [21]）下特别重要。阶段 b 中，*B* 的回应（如图 4.3 中的 *b*）是由合作原则驱动的，

即 *B* 的蓄意回应与 *A* 的会话目的相互关联。然而在此例中，有人认为礼貌原则也发挥了作用。原因如下，*B* 选择了间接回应，而非更直接的回应，如“The children may have taken them.”。选择间接性，最可能的动机是为了礼貌含蓄地表达孩子们所做的可能为错的行为。*B* 没有指责孩子，而是告诉对方孩子们的行踪，让 *A* 得出那个不礼貌的结论。然而，事实并非完全如此。关于孩子们，*B* 表现出的礼貌可能只是一种顽皮，可能意在表达一种反讽理解。也许 *B* 故意这样含糊回答，却不想影响 *A* 得出一个贬损孩子们的结论。

4.4　暗示策略与预期的以言行事 97

该例显示“间接以言行事行为”的理解如何依赖关系准则。这种依赖性表现为我在其他地方所称的暗示策略（Leech 1980 [1977a]：112–114）。例如，在礼貌请求中，我们一般会问听话人是否愿意或有能力实施 *X* 行为，这就是一种想让听话人实施 *X* 的“暗示”[10]，如“Will you answer the phone?”“Could you answer the phone?”等。此策略就是发出一个以言行事行为，其目的是实施另一个以言行事行为的附属目的。因此，这样的交流：

[23] *A*：Can you answer the phone?
B：OK.

可以看成是对以下复杂对话的简化：

[24] *A*：Can you answer the phone?
B：Yes.
A：In that case, please answer it.
B：OK.

也就是说，如果 *A* 想知道让听话人做的事情是否适宜于当前条件，那么严格来说，完成信息寻求的以言行事行为“Can you...?”是 *A* 必须掌握的信息。然而，暗示策略确保例 [24] 中第一个以言行事行为服务于第二个未说出来的以言行事行为。该策略利用了关系准则，在针对例 [23] 的语境中，对听话人实施 *X* 行为的能力进行提问，只有被看作为针对听话人能否最终实施 *X* 的一种手段时，才是关联的。

这样一来，最好将会话交流看作是一种压缩性的对话。暗示策略只能阐明“关联等级”中更具规约性的一端，据此，话语可以被理解为一个预期性的以言行事行为（Anticipatory Illocution），并为后续的以言行事行为做准备。当然，在实践中说话人经常假定提问的答案是“Yes.”。但即便是 *can* 这种疑问句，如“Can you sing more loudly?”，也既可以作为寻求信息的一种提问，又可以（更为间接地）作为一种有条件的请求。它的语力大体是：“说话人想知道听话人唱歌的声音能否再大一点，原因是说话人想听话人用更大的声音唱歌”。并不会因为它有隐含目的，而提问只是第一步[11]，它就不再是真实的提问了。

98 有人也可能主张用“预期的”这一术语来解释有条件的以言行事行为，比如以下 A 所实施的言语行为：

[25] *A*：Have you got any matches?

B：Yes. *Here you are.*（递给对方火柴）

[26] *A*：Do you sell paper clips?

B：Yes. *Would you like large or small?*

[27] *A*：Have you seen my address book?

B：Yes, *I think it's in the drawer.*

[28] *A*：What have you done with the newspaper?

B：I haven't done anything with it. *It's there in the porch.*

[29] *A*：Do you happen to know when the next bus leaves?

B：Yes：*5.20.*

[30] *A*：Would you like some more coffee?

B：*Thanks.*

[31] *A*：Did you eat all those muffins?

B：Yes, *I was so hungry.*

在这些例子中，*A* 的提问是一种更为直接的引出信息的手段，却是实现其他目的的更为间接的手段。识别这种隐秘的以言行事目的，取决于这样的条件：*B*（斜体部分）进行合作性回应，为的是帮助 *A* 实现该目的。例如，在例 [26] 中 *B* 回应了提问，但通过提问"Would you like large or small?"，理所当然地认为 *A* 想买一些纸夹。在例 [30] 中，*A* 提出了一个问题（其语力是提供咖啡），*B* 的回应似乎表示咖啡已提供了。在例 [31] 中，*A* 带着责备的含意，提了一个问题，*B* 的回应似乎要让自己免受责备。这两种以言行事目的（预备目的和隐秘目的）的相对重要性因情况变化而不同。

预期目的和隐秘目的之间会出现莫名其妙的错用，这可能是它们之间缺陷的最好说明：

[32] *A*：Do you drink?

B：Of course. All humans drink.

另外，存在一种隐秘目的被曲解的含意失败。这是产生笑话的丰富来源：

[33] *A*：Would you like to dance?

B：Sure. Do you know anyone else who'd like to?

[34] *Lecturer*：You should have been here at nine.

Student：Why? What happened?

[35] *Customer*：There's a fly in my soup!

Waiter：Don't make a fuss, sir—they'll all want one.

99 [36] *Lecturer*：Who wasn't in class today?

Student：George Washington and Moby Dick.

在所有这些交流中，*B* 的失败在于不能理解 *A* 话语的关联性，即误解了 *A* 话语对特定会话目的的作用。

至此，我们清楚地知道，像信息量和真实性一样，关联性不是一种是与非的选择，而是程度问题。在有的情况中，如例 [20] 中的回应"It's in your room."，它的关联性很强，也很清楚。另一种是关联性不清楚和不直接的极端情况，如例 [22] 中的回应"I've got a train to catch."。关联性与直接性之间呈否定关系（见 5.7），并与表现话语施为用意的手段-目的链的长短相互联系。对例 [30] 中的暗示策略，我们很容易理解：

[30] *A*：Would you like some more coffee?

B：Thanks.

但是，我们可以想象一种更为间接的交流，其中回应的关联性不再清晰：

[37] *A*：Do you like coffee?

B：Thanks.

[38] *A*：Are you thirsty?

B：Thanks.

这两个提问可以看成是向对方提供饮料的预备阶段。但它们过于间接，很难作为一种间接提供。尽管如此，我们能够想象出一些语境，类似提问的语力可以通过非言语手段而变得清晰（例如，如果 *A* 同时挥动一下咖啡壶），自然就会出现例 [37] 和例 [38] 这样的交谈。因此，与其他地方一样，我们必须注意到语用描述所涉及的等级和不确定性。为了对此进行解释，我之前提出的关联性定义就应重新表述为：

> 如果我们认为话语 *U* 作用于说话人或听话人的会话目的，那么该话语 *U* 就是与言语情景关联的。

4.5　方式准则

方式准则（“要清楚明白”）似乎是格赖斯四个准则中未受到重视的准则：其他人也与格赖斯一样，把此准则放到最后来描述，同时它很少出现在会话含意的解释中。在某种程度上，格赖斯本 100
人也认为该准则不如质准则那样重要，并指出它与其他准则的不同之处在于“它不与所言内容相关，而是与所言的表达方式相关”（1975：46）。这也许被认为是方式准则不属于合作原则的一条线索——因此它也不属于人际修辞——但它属于语篇修辞。实际上，在 3.3.3 关于语篇修辞的主要内容中，我介绍了清晰原则，将其看作一种语篇修辞的构成性原则。退一步说，“要清楚明白”与“要清晰”之间的差异并不清楚。

尽管如此，我赞同格赖斯把方式准则看成合作原则的一个要素，要求语言使用者“要清晰”是人际修辞和语篇修辞的一部分。清晰分为两种情况，一种是语言使用时句法与音系方面不要有歧义，从而建构清晰的语篇。另一种清晰性是构建清晰的信息，即一种清晰明了或易于理解的信息，要能将所期待的以言行事目的传递给听话人。这意味着，类似例 [32]—例 [36] 的交流会十分少见，它们可能真的在笑话书里找不到。从这个意义上说，明晰与关联是密切联系的；方式准则和关系准则都有助于说话人最直接地传递施为目的。因此，两者都会影响暗示策略的使用。为此，听话人一般会将最直接的解释看作为“缺省解释”，只有在直接解释被阻断时，才会寻求间接解释。

如果方式准则的唯一功能是以这种方式支持关系准则，那么就会对其作为合作原则的构成要素这一观点产生质疑。然而，就该准则的独立作用而言，我认为否定句能够为此提供佐证。

4.5.1 否定的间接性与信息不充分性

在语用上，否定句不像肯定句那样具有优势，有两个原因。首先，在同等条件下，否定句的信息量没有肯定句那么丰富：

[39] Abraham Lincoln was not shot by Ivan Mazeppa.

[40] Abraham Lincoln was shot by John Wilkes Booth.

101 世界上否定事实的数量会比肯定事实的数量大很多。例如，没有暗杀林肯的人的数量是暗杀林肯的人的几百万倍。因此，尽管所陈述的信息都是真的，但例 [39] 的信息量就没例 [40] 的信息量那么丰富。我们称之为“否定的信息不充分性”（Negative Uninformativeness）次准则，当它与量准则结合时，就意味着如果能用肯定句的地方，就会避免使用否定句。此外，当人们使用否定句时，意味着使用者存在特殊目的。事实上，通过合作原则可以预测，受制于某一特定目的，当使用否定句的信息量多于肯定句时，说话人往往会使用否定句。比如，说话人想否定特定语境中某人（很可能是听话人）所提出或持有的某个命题。因此，否定的信息不充分性从语用学角度解释了为什么否定命题是对“语境中出现的”肯定命题的否定。

然而，这种概括性不能很好地适用于所有的情况。如果我们考虑否定句“Our cat is not male.”，其信息量与所对应的肯定表述“Our cat is male.”一样丰富。此外，在此例中，存在一个与该否定句表示实际目的一样的肯定句：“Our cat is female.”。但否定句仍给人一种“标记性”的感觉，而且需要特别解释为是对某人断言信息的一种否定。因为量准则不能解释这种情况，方式准则就可视为一种替代的解释途径。其解释如下：否定句（正如心理语言学研究所示——见 Clark and Clark 1977：107–110）需要更长的加工时间，所以被认为比肯定句更难加工。因此，选用否定句而非肯定句，会使话语出现不必要的间接性与晦涩。因此，说话人违反了方式准则。他这样做，一定是出于某种原因——使用否定句的最明显原因是要否定其对应的肯定句。

通常情况下，否定句比肯定句更具“标记性”，并带有否定隐含，但也存在例外。这些例外往往是情感或态度的否定表达，如“I don’t like Kenneth.”“He doesn’t believe in marriage.”“We don’t agree.”等。人们经常更喜欢使用作为弱陈形式的否定句，而不是肯定的句法对等结构（如“I dislike Kenneth.”）。在这里，否定显然是一种模糊或缓和手段，其动机也许是为了礼貌或体现观点与
态度表达中的委婉含蓄（见 6.1.2）。这些情况可单独解释，并不会 102
削弱“否定在语用上被解释为否认”的一般观点。

因此，对否定的讨论有助于将方式准则看作合作原则的一个独立部分，尽管它的功能与关系准则和语篇的清晰原则有所重复。

注释：

① 在语言学框架下对礼貌的早期研究包括莱可夫（1973）、布朗和莱文森（Brown and Levinson 1978）和利奇（1980 [1977a]）。礼貌的“正面”和“反面”两面性来源于布朗和莱文森所区分的正面面子（face）和负面面子（1978：64）以及后续的正面礼貌和负面礼貌的区分（1978：各处）。

② 格赖斯（1975）将反讽看成一种特殊的含意或隐含策略，而不是一种原则。我把反讽视为二阶原则，与格赖斯的看法不存在冲突。事实上，这样的原则可以被当成一种高度制度化的策略，据此说话人能让自己的语言行为符合基本的原则，如合作原则和礼貌原则。

③ 在我看来，相对礼貌就是相对于语境或情景而言的礼貌。在绝对意义上，例[1]“Just be quiet.”没有例 [2]“Would you please be quiet for a moment?”那么有礼貌。但在有的情景中，例 [1] 过于礼貌，而在另一些情景中，例 [2] 会不够礼貌。甚至还存在一些情景，例 [2] 让人感觉不如例 [1] 礼貌，比如当例 [1] 被解释为一种逗乐，例 [2] 被看作反讽用法。只有在相对意义上，我们才能谈论过度礼貌（Overpoliteness）和不够礼貌（Underpoliteness）。

④ 见米勒（Miller 1967：283–290）关于日语中的礼貌现象。

⑤ 关于含意的可取消性，见盖兹达（Gazdar 1979：131–132）。他的概念“可满足的增量”（Satisfiable Incrementation）（“所有适合信息”）可以解释量准则和质准则之间相互冲突情况下出现的含意取消。

⑥ 这里“强式”和“弱式”被看作“反向”（Inverseness）语义对立的术语（Leech 1969：56, 200）。关于这里所阐释的逻辑算子的研究，见霍恩（1976）和盖兹达（1979）。

⑦ 严格说来，D_1 中的两个陈述是以下陈述的缩略：“*s* believes that *s* thinks that Grandpa is asleep.”和“*s* believes that *s* is not certain that Grandpa is asleep.”。存在一种自反信念的传递性原则（进一步见第 224 页），它能将这些陈述
103 简化为：“*s* thinks that Grandpa is asleep.”和“*s* is not certain that Grandpa is asleep.”，这种简化的基础是：除非 *s* 确实处于信念状态 *B*，否则他不能前后一致声称相信自己处于信念状态 *B*。在最通常情况下，此原则表示，任何命题“*s* believes that *s* PROP（*P*）”（PROP 是一个表信念的谓语）允许人

们推断出更简单的命题“*s* PROP（*P*）”。这不仅适用于肯定的信念状态，而且还适用于否定的信念状态，如不确定。

⑧ 如同相容性否定与排它性否定之间的区分一样，相容与排它 *or* 之间的传统逻辑区分在过去 20 多年一直受到抨击。见巴雷特和施滕纳（Barret and Stenner 1971）与坎普森（Kempson 1977：126–128）。

⑨ 正如帕尔默（Palmer）指出（1980：92–93），在肯定的习惯性涵义中 *could* 也是可接受的：“...my father could usually lay hands on what he wanted.”。

⑩ 戈登和莱可夫（Gordon and Lakoff 1971）、萨多克（1974）和塞尔（1979 [1975b]）较早对间接以言行事行为进行过解释。关于这些讨论以及它们与暗示策略的关系，见利奇（1980 [1977a]：87–89, 112–114）。

⑪ 塞尔（1979 [1975b]）表达了此观点，进而完善了戈登和莱可夫（1971）的解释。戈登和莱可夫把间接以言行事行为看作为“直接”理解与“间接”理解之间的语境含糊，而不是借助“直接”理解传递“间接”理解。在当前的解释中，施为用意是通过表达说话人的表意态度进行表征的。“Can you sing more loudly?”包括了涉及表意态度的两个陈述，即一个陈述隐含另一个陈述，这体现了该话语的双重施为用意。

第五章　得体准则

这是一个极好但平凡的准则。

[刘易斯·卡洛尔,《斯纳克之猎》]

(Lewis Carroll, *The Hunting of Snark*)

礼貌远不仅是“要文明”的表面化问题，还是合作原则和涵义与语力相互联系问题之间的重要缺失环节。在前面的章节中，我已强调了礼貌在语用学中的作用。在第五章和第六章中，我会更仔细地考察礼貌的运作方式。第四章集中讨论了手段–目的分析的产出性策略，本章关注阐释中的探索性策略，从听话人视角而非说话人视角来看待礼貌。

5.1　以言行事功能的类别

在不同情景中，人们会使用不同种类和不同程度的礼貌。从建立与维护礼仪的社交目的出发，以言行事功能或施为功能大体可分为以下四种类型：

(a) 竞争类：施为目的与社交目的竞争，如命令、询问、要求、乞求等。

(b) 和谐类：施为目的与社交目的一致，如提供、邀请、问候、感谢、祝贺等。

（c）协作类：施为目的与社交目的无关，如断言、转述、宣布、指令等。

（d）冲突类：施为目的与社交目的冲突，如威胁、指控、诅咒、责备等。

在这些施为行为功能或以言行事功能的类别中，前面两类涉及礼貌。（a）竞争类以言行事功能中，礼貌具有负面性，其目标在 105
于减少说话人希望实现的社交目的和“有礼貌”之间的隐性不和谐。竞争类目的本质上是“不礼貌的”，比如让某人借钱给说话人自己[1]。[为了清楚起见，我使用“有礼貌”（courtesy）和“不礼貌”（discourtesy）的术语，表示社交目的，而术语“礼貌”（politeness）则用来表示某人实现该目的的语言或非语言手段。]因此，我们需要礼貌原则来弱化该类目的的内在不礼貌。相反，（b）和谐类以言行事功能在本质上是礼貌的：礼貌在这里充当一种更为正面的角色，寻求机会礼让。正面礼貌意味着遵守礼貌原则，例如，如果你有机会向听话人的百岁生日表示祝贺，你就应该这样做。（c）协作类以言行事功能与礼貌关系不大，大部分的书面语都属于这种类别。（d）冲突类以言行事功能中，礼貌不予以考虑，因为冲突类以言行事的本质在于引发冒犯。以礼貌的方式威胁或诅咒某人，在术语使用上是矛盾的：理解此行为的唯一方式就是，假设说话人是通过反讽的方式实现的（见 6.3）。可以假定，在儿童社会化中，他们学会了用其他类别（尤其是竞争类）的行为，来取代冲突类交际行为，这就解释了为什么在一般状况下，冲突类以言行事行为往往处于人类语言行为的边缘，这是值得庆幸的事情。

因此，在考虑礼貌和不礼貌言语行为时，我们需要将研究重点放在竞争类与和谐类言语行为，以及和它们相应的负面礼貌与正面礼貌范畴。

5.2 塞尔的以言行事行为范畴

以上分类以功能为基础，而塞尔对以言行事行为的分类（1979 [1975a]）则基于不同的标准[②]。在进一步展开论述之前，我们发现将这两类分类进行联系，并揭示礼貌如何影响塞尔的范畴很有用。大体上，塞尔的范畴界定如下（进一步讨论，见 9.2—9.3）：

1. 断言类以言行事行为（Assertives）：说话人要对所表达的命题内容的真值负责，如陈述、建议、吹嘘、抱怨、声称、转述等。
106 这类以言行事在礼貌方面往往是中立性的，即它们属于以上所提及的（c）协作类以言行事行为。但是，存在一些例外，如吹嘘一般被看作是不礼貌的。在语义上，断言类言语行为是命题性的。

2. 指令类以言行事行为（Directives）：目的是通过听话人所实施的行为，产生特定效果，如命令、指令、请求、建议、推荐等。它们通常属于（a）竞争类以言行事行为，因此包含负面礼貌这类重要的以言行事行为。另一方面，一些指令类行为（如邀请）本质上是礼貌的。为了避免术语“指令类”（directives）与“直接和间接以言行事行为”（direct and indirect illocutions）之间的混淆，我选择使用术语“强加类”（impositive），表示指令类以言行事行为中属于（a）竞争类的言语行为。

3. 承诺类以言行事行为（Commissives）：说话人（在或多或少的程度上）要对特定的未来行为负责，如承诺、发誓、提供等。这些行为往往属于（b）和谐类以言行事行为，而非（a）竞争类，这些行为的实施要符合他人利益而非说话人利益。

4. 表达类以言行事行为（Expressives）：具有表达或公开说话人

对以言行事行为所预设事件状态的心理态度的功能，如感谢、祝贺、原谅、责备、表扬、慰问等。与承诺类以言行事行为一样，它们往往属于（b）和谐类，因此具有内在的礼貌性。然而，“责备”和“控告”等表达类以言行事行为与此相反。

5. 宣告类以言行事行为（Declarations）：指那些“成功实施会带来命题内容与现实相一致”的言语行为，如辞职、解雇、洗礼、命名、绝罚、任命、判刑等。正如塞尔所言（18—19），这些行为是“一种非常特殊的言语行为范畴”：它们一般由在特定机构中的被授权人所实施（经典的例子有法官对罪犯的判刑，牧师对婴儿的宗教洗礼，高官对船舶的命名，等等）。因为它们是机构性行为而非个人行为，所以它们很少涉及礼貌问题。例如，尽管给某人判刑是一件不愉快的事情，但法官完全有权力这样做，且很少被看作“不礼貌”审判。此外，礼貌并不适用于宣告类言语行为，因为宣告行为不像个人话语，它没有受话对象：宣告人将语言当作是实施某些机构（社交、宗教、法律等）行为的外部标志。如果牧师在施洗礼时，出于礼貌使 107
用模糊表达，如将“I baptize you...”改为“Could I baptize you...”，这会很不恰当，且有损宣告的语力。在较小程度上，相同的解释适用于更为私人性的宣告，如在棋类比赛中认输，或在桥牌中叫牌。

尽管还存在上述概括未能涵盖的例子，但值得强调，就塞尔的范畴而言，负面礼貌明显属于指令类范畴，而正面礼貌则明显属于承诺类和表达类范畴。

5.3　得体：一种礼貌类型

现在让我们把以言行事行为与礼貌类型更具体地联系起来。

如前所述，礼貌本质上是不对称的：对听话人或第三方是礼貌的行为，对说话人却是不礼貌的，反之亦然。礼貌准则的合理之处恰恰在于它们根据间接性解释了这种不对称性及其结果。我将首先运用得体准则（Tact Maxim）进行解释，该准则可能是英语社会中最为重要的礼貌类型。

得体准则适用于塞尔的指令类和承诺类言语行为，它们的命题内容 *X* 分别指称听话人或说话人所实施的特定行为。该行为可以称作 *A*，且说话人可评价该行为对自己或听话人的损益[3]。在此基础上，*X*（如 “you will peel those potatoes” 等）可置于一种受损–受益等级（Cost-Benefit Scale）中，如下面的例子：

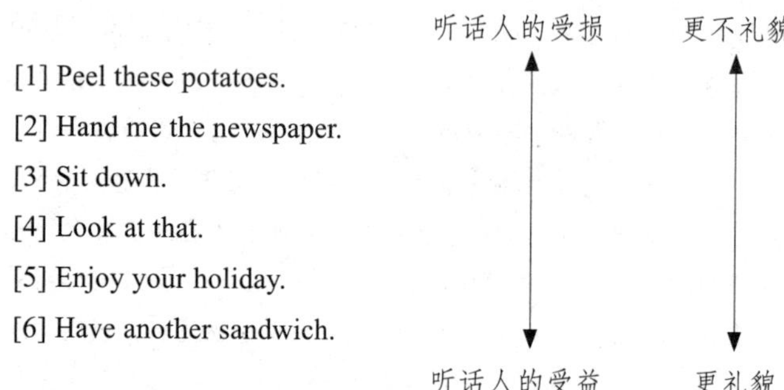

在以上等级的某个中间点（取决于语境），关联值变为“听话人的受益”而非“听话人的受损”；但很明显，如果我们保持祈使语气
108 不变，（在其他因素相同的情况下）例 [1] 和例 [6] 之间的礼貌程度总体上呈上升趋势。

另一种礼貌等级是保持相同的命题内容 *X*（如：*X*= “You will peel these potatoes.”），并且使用越来越间接的以言行事行为，增加礼貌程度。间接的以言行事行为往往更礼貌，因为（a）那样可以增加可选性等级，（b）以言行事行为越间接，其语力越小，就越具有试探性。

间接性 更不礼貌

[7] Answer the phone.

[8] I want you to answer the phone.

[9] Will you answer the phone?

[10] Can you answer the phone?

[11] Would you mind answering the phone?

[12] Could you possibly answer the phone?

等等 更礼貌

语用学需要解释的一个问题是：为什么一些间接以言行事行为具有强加类言语行为的功能，而其他间接言外行为却没有？例如，例 [13] 是一种提供，而不是强加——暗含坐下能使听话人获益：

[13] Won’t you sit down?

[14] Can’t you sit down?

[15] Wouldn’t you mind sitting down?

另一方面，例 [14] 很明显具有一种强加语力，而例 [15] 似乎不具有承诺类或强加类功能。其他需要回答的问题有：（i）为什么间接策略的使用，如例 [13] 和例 [14] 中否定的添加，在例 [13] 中能够产生更高的礼貌程度，而在例 [14] 中却暗示了不耐烦，导致更低的礼貌程度？（ii）为什么不同的间接以言行事行为具有不同的情感或态度方面的隐含？这些隐含不能简化为简单的礼貌等级问题。例如：

[16] You will be silent.

[17] Can’t you shut up?

[18] I’d keep my mouth shut (if I were you).

在合适的语境下，它们都是强加类言语行为，其目的是让听话人保持沉默；但是它们的表述方式暗示每个例子中说话人使用了不 109

同的策略。例 [16] 和例 [17] 都是不礼貌的，前者表明军事指令的严肃性，后者暗示对听话人行为的极度愤怒；例 [18] 则更像是让听话人受益的友好建议。因此，仅注意到例 [7]—例 [12] 和例 [16]—例 [18] 中礼貌程度与间接性之间的联系是不够的：我们不仅要能指出某个特定以言行事行为的礼貌程度，而且要说明为什么特定的间接性手段有助于实现特定的施为目的。例如在例 [7]—例 [12] 中，间接性程度与允许听话人不执行目标行为（即接电话）之间的可选择程度有关。事实上，这里间接性策略的意义在于使强加类行为更加偏向负面选择，以至于听话人越来越容易拒绝。这样，就增强了负面礼貌（即避免让听话人受损）。

如同前面所指出的一样，把礼貌描述为"使认为不礼貌的信息最小化"，似乎显得奇怪。但仔细一想，觉得这也是合理的。所有这些句子的命题内容对听话人来说，是不礼貌的，因为它们会让听话人付出努力，或给他带来麻烦，或使其付出代价。在例 [1] 和例 [7] 中，说话人通过使用祈使句，表达了听话人会实施该行为的信念。（使用祈使句意味着不允许听话人有任何的选择余地，而疑问形式（如例 [9]）却表达了对听话人是否会执行 *A* 的疑惑。）但随着例 [9]—例 [12] 中疑虑或负面偏向因素的引入和增加，所表达的信念——听话人将会实施该行为——就被弱化了。

得体准则包括两方面：负面"使听话人的受损最小化"，正面"使听话人的受益最大化"。后者不如前者重要，但却是前者的自然结果。这就意味着，比如，在提出对听话人有益的某个行为时，说话人应该限制听话人说"不"的机会，让以言行事偏向正面结果。祈使句本身是不允许听话人说"不"的，因此（在非正式语境中）表达提供行为时，祈使句就是一种正面的礼貌方式，如“Help yourself.”（随便吃），“Have another sandwich.”（再吃块三明治）等。这种正面偏向甚至可以通过强调劝说得到增强，如“Do have another sandwich!”（一定再吃块三明治！）;“You MUST have another sandwich!”（你必须再吃块三明治！）。在这种情况下，例 [9]—例 [12] 中更为间接的表达方式反而不如直接的表达方式有礼貌，如“Would you mind having another sandwich?”（你介意再吃块三明治吗？），会暗示听话人如果接受了说话人的提供，则是在帮说话人的忙——所以，三明治可能不新鲜、不能食用或有毒！强加类和承诺类言语行为的礼貌策略刚好相反，因为涉及礼貌的非对称性：一方参与者所强烈表达的“礼貌信念”，对于其
他参与者而言，必须被弱化为同等程度的“不礼貌信念”。因此，110
提高提供行为的正面礼貌，意味着预测并阻碍听话人的负面礼貌。

这有助于解释为什么在提供这样的言语行为中，使用否定疑问句是礼貌的，如“Won’t you help yourself.”等。否定疑问（我将在 7.3.2 提出）是对否定命题的疑问，它本身（见 4.5）隐含了对肯定命题的否定。上例的涵义可以在字面上解析为：“我希望和期待你能够随便用餐，但似乎你不愿随便用餐；是这样的吗？”④实际上，这赞扬了听话人所持有的礼貌信念，同时，（从说话人的角度）礼貌地表达了对该信念的疑惑，因而，尽管听话人表面上不情愿，但还是邀请听话人接受随意用餐的提议。这样，该疑问句就偏向于一种正面结果。作为一种强加类言语行为，“Would you mind helping yourself.”是礼貌的，原因刚好相反。在这一结构中，*mind* 的涵义表示对行为 *A* 的一种负面期待，因为“Would you mind”与“Would you dislike...”或“Would you object to...”在语义上是对等的。就这一点而言，*mind* 具有内在的负面倾向，与“Would you like...”相比，后者更自然地被理解为是一种提供行为的引入。从逻辑上讲，对该疑问句的否定回答（No, I wouldn’t mind...），表明了听话人的遵从，但即便这样，这也只是一种不表态的回应，仅表示“I would not object.”（我不会反对）的涵义，表明听话人并非不愿做 *A*，而不是表明他愿意做 *A*。在这样的策略中进一步引入否定，是毫无意义的；因而，“Wouldn’t you mind...?”这种说法不可接受。

5.4 礼貌的语用悖论

也许有人会说，在“理想化的礼貌”循环中，如果两位会话参与者坚决地想要表现出彼此之间的礼貌，这会导致会话行为“逻辑”中的无限循环。假定 *a* 与 *b* 是两个会话参与者，*A* 是 *a* 希望对 *b* 实施的礼貌行为；比如，*a* 也许会做出如下的提供（offer）行为：

[19] Let me carry those cases for you.

此外，假定 *a* 和 *b* 都最大限度地遵守了得体准则。那么，以下内容可能概述了无限循环的前面两个阶段：

111 （i）*a* 做出一种提供：

（1）*a* 遵守礼貌原则　　（已知）

（2）*A* 让 *b* 受益　　（已知）

因此：

（3）*a*（礼貌地）隐含“*a* 希望 *A* 发生”

（基于 1 和 2 以及礼貌原则）

（ii）*b* 拒绝 *a* 的提供

（4）*b* 遵守礼貌原则　　（已知）

（5）*A* 使 *a* 受损　　（已知）

因此：

（6）*b*（礼貌地）隐含“*b* 不希望 *A* 发生”

（基于 4 和 5 以及礼貌原则）

以上（3）和（6）两个含意等同于我们所称的语用悖论（Pragmatic Paradox）：会话参与者持有不相兼容的态度。然而，假设 *a* 能理解 *b* 回应的语力（见 2.4），那么 *a* 可能从（6）推断出：因为 *b* 想遵守礼貌原则，所以 *b* 隐含“*b* 不希望 *A* 发生”。换言之，*a* 可能推断出（6）的隐含只是出于礼貌，*b* 的确希望 *A* 发生。因此，出于礼貌，*a* 更为强烈地重新进行提供。但同样，*b* 也不能从 *a* 的提供行为中假定含意（3）为真，因为该隐含也许只是出于礼貌。因此 *b* 会礼貌地再次拒绝该行为。这好像相互尊重的“拔河游戏”，一直持续到一方屈服于另一方更为强势的礼貌之时。

在以上（i）和（ii）中，（1）—（6）也许可视为手段-目的分析的一部分。但从理解角度看，它们也许构成了探索式分析的一部分，从相反方向进行推导。例如，听话人可以从含意（3）推导出（1），即说话人在遵守礼貌。然而，更准确地讲，礼貌含意可能是一种“元含意”，其本身包含了对另一含意的指涉。因此，从提供行为，如例 [19] “Let me carry those cases for you.”，我们能够推出相对直接的含意：

[20] 说话人想要拿听话人的行李箱。

但根据背景知识，已经假定，拿行李箱使说话人受损，进而引发另一种含意：

[21] 说话人在遵守礼貌。

也许还会引发更间接的元含意：

112 [22] 说话人只是出于遵守礼貌，才隐含“说话人希望给听话人拿行李箱”。

从例 [22] 可以进一步推断，说话人可能因此违背质准则，也即，最直接的含意“说话人希望给听话人拿行李箱”可能是假的。我们这里面临的问题是礼貌行为的真诚性或严肃性。我们有可能会推导出例 [21]，但不会进一步推导出例 [22]，即说话人可能不真诚的含意。换言之，礼貌话语可能被理解为真诚礼貌，或仅被理解为“字面上的礼貌”[5]。如果所有的证据都表明例 [20] 为假，那么后一种理解明显更有说服力。因此，如果例 [20] 为假，听话人可以忽视例 [20]，进而接受说话人出于礼貌所作出的提供；同时，如（ii）所示，听话人也可以礼貌地拒绝。反过来，说话人可能将这种拒绝看成非严肃的，进而拒绝对方。这种交际互动中你来我往的“乒乓球游戏”也许会持续进行下去。

在礼貌的语用悖论中，我们可能会看到一种没有行动的有趣之事：如同想通过门口的两个人，都因为太礼貌，不愿抢在对方之前通过，而永远停在门外。在特定文化中，类似的行为悖论已经仪式化了，提供行为要重复和被拒绝多次以后，才被接受。在实践中，没有人能够表现出理想化的礼貌。

问题在于：为什么礼貌能体现在这种行为或语用悖论中？答案本身也有些自相矛盾：礼貌悖论的作用在于缓和更危险的悖论。这种更危险的悖论违反了目的导向行为的逻辑，也即，*a* 和 *b* 两人持有不相容的目的的情况。这可以概述为另一种情况，与刚才的情形相反，两人都想先于对方通过门口，结果他们撞在了一起！很明显，这样的悖论会引发直接冲突，具有社会危险性，而不是物理危险性。我们可以把它们置于以下递减式的严重等级进行衡量[6]：

1. 真实冲突（最强）

$$a\left\{\begin{array}{l}\text{让}\\ \text{试图让}\end{array}\right\} b\,\text{执行}\,A\text{，但}\,b\left\{\begin{array}{l}\text{试图}\\ \text{直接}\end{array}\right\}\text{不执行}\,A\text{。}$$

2. 违抗

a 告诉 / 命令 *b* 执行 *A*，但 *b* 不执行 *A*。

3. 违反意愿

a 向 *b* 表达 *a* 希望 *b* 执行 *A*，但 *b* 不执行 *A*。

4. 意愿不相容（最弱） 113

a 向 *b* 表达 *a* 希望 *b* 执行 *A*，但 *b* 向 *a* 传递 *b* 不希望执行 *A*。

与这些危险的情景相对应，存在另外四类情况，其中正面行为与负面行为正好相反：

1a. 真实冲突（最强）

$$a\left\{\begin{array}{l}\text{阻止}\\ \text{试图阻止}\end{array}\right\} b\,\text{执行}\,A\text{，但}\,b\left\{\begin{array}{l}\text{试图执行}\\ \text{执行}\end{array}\right\} A\text{。}$$

2a. 违抗

a 禁止 *b* 执行 *A*，但 *b* 执行 *A*。

3a. 违反意愿

a 向 *b* 传递 *a* 想 *b* 不执行 *A*，但 *b* 执行 *A*。

4a. 意愿不相容（最弱）

a 向 *b* 表达 *a* 不希望 *b* 执行 *A*，但 *b* 向 *a* 表达 *b* 希望执行 *A*。

我们可以通过想象一个简单的戏剧性场面，来比较这些冲突性情景，Ann（=*a*）的目的是让 Bill（=*b*）给她 50 英镑。在冲突程度最强的情形（1）中，Ann 要用暴力把钱拿走，Bill 试图阻止她；或 Ann 试图把钱拿走，Bill 阻止她。（如果我们去掉“试图”，这些陈述变成了实际的逻辑悖论或矛盾：如“Ann 把钱拿走了，但 Bill

阻止了她那样做”。）在冲突程度最弱的情形（4）中，Ann 表示她希望 Bill 把钱给她，Bill 表达他不希望这样做。这里的结果不是直接冲突，而是一种意愿不和谐,（众所周知）这种不和谐往往是更严重的礼貌违反的基石。

基于这样的背景，得体准则的作用是负面的：它是一种避免冲突的手段。上述所有的冲突情景都包含了对以下一般形式的违反：

a VOL [*X*]，*b VOL* [*not-X*]

这里的 *VOL* 是一种意愿性谓语，如 *want*、*intend* 等。(这明显适用于冲突最弱的情形 4 和 4a，同时也隐含地适用于其他情形)。得体准则以最绝对的形式，阻止了出现这类不相容性，原因在于“让听话人的受损最小化”隐含“不（表示希望）做听话人不想的事情”。如果双方都遵守这一准则，就不存在冲突了；但另一方面，如前所述，回避策略是不行动的秘诀。

114 然而，这种描述造成语境的两极化差异。得体准则是在特定程度上遵守的，这意味着，一方面，冲突不是总能避免，另一方面，不行动不总是有结果。在强加类言语行为中，得体准则的作用在于抑制、弱化和模糊让听话人受损的信念。我们已经看到，实现这一目的的主要手段就是通过使以言行事偏向负面结果，来弱化这种信念。同样相关的是支配间接性的一般规则：含意越间接，其语力就越弱。

5.5 陈述句、疑问句和祈使句的语义表征

基于以上两点，我们将在 5.6 继续考察礼貌和不礼貌的强加类言语行为策略。从语法上看，强加类可以采用三种主要句子类

型的任意一种，这一点从几个简单的句子就能明显看出，如“Sit down!”“You will sit down.”和“Will you sit down?”。因此，在做进一步研究分析之前，我们最好思考一下陈述句、疑问句和祈使句是如何在语义层面上表征的。

陈述句、疑问句和祈使句是典型的句法范畴中的术语，我将遵守这些用法，把它们看成基本的句子类型。习惯上，它们不同于语义范畴或言语行为范畴中的相应术语，分别对应术语“断言”“疑问”和“命令”。如果有人同意本书提出的语用语义互补观，他就要进一步区分语义和语用层面上的范畴差异。不幸的是，语用语义互补观对英语语言十分不利，因为它没有提供三个层面的令人满意的术语。因此，很容易将语义词汇同化为语用词汇，反之亦然，比如将“疑问”同时视为一种语义（逻辑的）和语用问题[7]。我将三个层面的术语区分如下[8]：

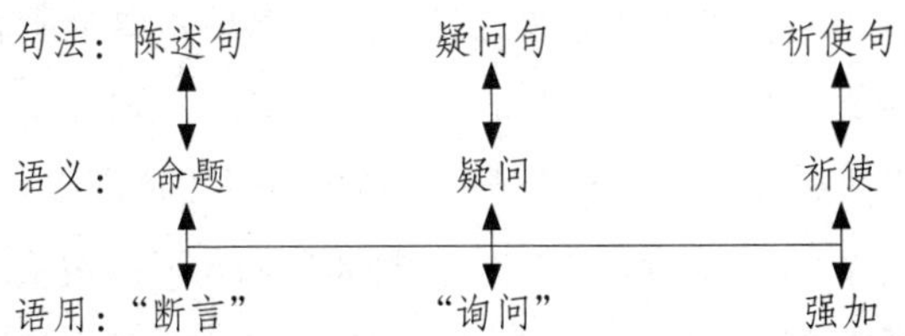

因此，陈述句、疑问句和祈使句的涵义分别是命题、疑问和祈使。115
然而，语义与语用范畴之间的联系并没有我们期待的那么清晰。例如，命题和疑问可以具有强加语力，（一般而言）间接性策略可以确保每种语义类型与不同的语用类型相匹配。考虑到施为用意具有非范畴性的本质（见第 25—26 页），我给“断言”和“询问”加上了引号，表明我不确定这些术语是否有用。它们的界定应该比相应的语法术语更为具体，才有用。也许以下是接近这一要求

的合理的初步界定：

断言：该话语的施为用意是让听话人意识到[Y]（[Y]是某命题）。

询问：该话语的施为用意是让听话人使说话人意识到[Y]（[Y]是某命题）。

这些界定指出，断言和询问都涉及说话人和听话人之间的信息传递。这意味着，比如考试中的问题和反问句不具有询问的语力。

另一个术语方面的不足在于，缺乏一个公认的、表示一般范畴的术语来描述以命题、疑问和祈使为次范畴的逻辑实体。命题、疑问和祈使可能具有共同的概念内容，这一内容被冠以不同的名称来描述，如“命题内容”（Propositional Content）、“述谓”（Predication）或“语句主体”（Sentence Radical）[9]。例如，“You will sit down.”“Will you sit down.”和“(You) sit down!”都拥有共同的命题内容，描述听话人坐下的未来动作。它们存在逻辑形式方面的差异，但我想用“命题意义”这一简单术语指所有三种类型的句子涵义。我将用方括号表示命题意义。命题是命题意义的最具体形式，在肯定或否定算子的辖域内可以用述谓 *X*、*Y* 等来表征：[否定（*X*）] 或 [肯定（*X*）]。是非疑问句可以被重新表征为一种“命题功能”，即问号作为自由变量在肯定与否定范围内变化的命题意义[10]。例如：

[23] Mary opened the door. [肯定（命题内容）]

[24] Mary didn't open the door. [否定（命题内容）]

[25] Did Mary open the door? [?（命题内容）]

116 这里的自由变量实际上是命题中的空位，因此是非疑问是一种典型的缺陷命题，它缺失了具体导向，即极性符号 *pos*（表示肯定）或 *neg*（表示否定）。这种命题偏离标准逻辑，引入“肯定”和

“否定”算子，但这种添加是合理的，就像在数值表达式前加上“+”，标记它为正数，而非负数。从语言学家熟悉的术语来说，算术负值符号（就像命题中的否定算子）是标记性术语，必须标注，而正值符号一般会被省略。这种分析最明显的优势在于，它可以对疑问采用统一的逻辑进行处理，因为特殊疑问句也可能被表征为类似的命题功能。在这种情形下，自由变量是未被指定的论元，由特殊疑问词 *who*、*what*、*when* 等表征。比如下面疑问中的变量 *x*：

[26] Where does Tom work?　［肯定（Tom works at place x）］

针对该疑问，符合逻辑的回答是任意一个能给 *x* 赋值的命题，如例 [26] “(Tom works) in London.” “(Tom works) at the post office.”，等。同样，对是非疑问句，符合逻辑的回答是要能填补所缺失的肯定或否定极性命题[11]。

与命题相比，如果疑问是没有指定的，那么祈使更是如此。因为与命题和疑问相比，祈使没有时态或情态方面的差异。然而，它们的确存在肯定和否定之分，因而也像命题那样，采用 [*pos*(*X*)] 和 [*neg*(*X*)]（肯定命题和否定命题）的形式。与我们通常所理解的“命令”相比，“祈使”是一个更笼统的范畴：它体现了三种语气的共同意义，即英语和其他多种语言在传统语法描述中的祈使语气、不定式和现在虚拟语气。这三种语气都可以描述为非陈述结构（Non-indicative），因为它们不描述事件的真实状态，而是唤起或让人想起未实现事件的某种状态。英语中的这些非陈述性结构都可以用没有曲折变化的动词基本形式来表征，这并非巧合[12]：

[27] *Go home*.　（第二人称祈使句）

[28] Let’s *all go home*.　（第一人称祈使句）

[29] *Everyone go home.* （第三人称祈使句）

[30] They wanted *to go home.* （不定式）

[31] I vote that *every one of us go home.* （现在虚拟语气）

117 陈述性与非陈述性命题将分别用符号 *I* 和 *N* 表示。

除了祈使句外，大部分的非陈述性结构都出现在从句中，它们在语义上由特定的谓词支配（最明显的是由动词 *want*、*hope*、*decide* 等谓词支配，见 9.2.3）。我们注意到，命题、疑问和祈使这些命题意义也许包含在其他的命题意义之中：

[32] I think that you are mistaken. *I* [...*I* [肯定（命题内容）]]

[33] Do you know whether they won? *I* [...*I* [*存疑*（命题内容）]]

[34] They told me not to complain. *I* [...*N* [否定（命题内容）]]

需要注意，非陈述性疑问同样也会出现，但受到某些限制：

[35] I am not sure *whether to apply for the job. I* [...*N* [*?* (*X*)]]

比较一下非陈述性特殊疑问的相似例子：

[36] She told me *what to do.*

[37] *Why not leave straight away?*

在英语中，也存在陈旧的或公式化的虚拟主句，如“God be praised.”。正如第一人称和第三人称的祈使句一样，这些用法可以描述为一种祈使，但依靠主句实现的、最为常见的祈使现象是第二人称祈使句类型，在语用上它们的特殊功能（见第 31—32 页）体现为主语 *you* 的可选择性，一般可以省略。

如前所述，祈使句不与任何特定的以言行事（如命令）相联系，甚至不与一般的以言行事类型（如强加类）相联系。任何关于祈使句用法的语用概括都必须涵盖类似话语：“Have a good time.”（良好的祝愿）、“Help yourself.”（提供行为）、“Make

yourself at home."（邀请）、"Be whole."（信仰治疗）、"Go to hell."（诅咒）、"Say that again, and I'll hit you."（威胁）；以及标准的强加类命令，如"Stand still."等。它们的共同基础是：在某种程度上，它们都由听话人将命题内容表征为语义充实的候选项。此处，存在一些无法继续的重要问题，特别是疑问和祈使与实施的以言行事（即询问和指令）之间的关系在多大程度上具有规约性，而不是由人际修辞所决定。坎普森（1975：147）指出，规 118
约映射将一种范畴集合映射到另一种范畴集合，然而我认为（见7.3.3.1—7.3.3.4）此问题完全应该归入语用学领域，并借助人际修辞进行解释。目前，在陈述性/非陈述性区分之上，足以增加一种与强加类言语行为相关的逻辑对照：真实命题与非真实命题（或违反事实命题，或假设性命题）之间的区分。

非真实语气特别体现在过去时的情态动词*would*、*could*和*might*，类似于祈使句的非陈述性语气，它在语用上具有特定的功能。从逻辑上说，非真实命题也许可以归入到陈述性范畴，这是因为非真实条件命题可真可假[13]。因此，下面的句子分别必然为假和必然为真。

[38] If I were taller than my sister, she would be taller than me.

[39] If I were taller than my sister, she would be shorter than me.

但如果一个非真实命题缺少条件，则不能为其指派真值：

[40] Many people would love a house like that.

[41] You should open these letters.

要从逻辑上解释这些句子，我们还得补充一些诸如"...if you wanted to"的隐性条件从句。因此，众所周知，只要非真实命题的出现不带条件从句，它在逻辑上就是未确定的，进而需要用一个隐性条件来补充。非陈述性命题和非真实命题具有如下属性：它们一般出现在嵌入性位置中，并且由谓词的选择性限制所决定，如 *want*、*if* 等[14]；当它们的确出现在非嵌入性位置时，在语用上往往局限于特定的施为功能。事实上，这两种不同的属性是同一特征的两个方面，即这些命题内容的类型（正如传统语法名称“虚拟语气”所暗示的那样）在逻辑上不是独立的。当它们独立出现时，隐含了它们与真实命题相比存在某些方面的缺陷。在某种程度上这种分析证实了命题是逻辑完整的最小语言单位的观点，这与逻辑学专注于命题和真值的规约性做法是一致的。然而，其他命题意义与命题共享命题内容的要素，基于此，有可能在语用层面对它们进行相互比较。

119 5.6 强加类言语行为的理解

为了揭示强加类言语行为的理解如何根据得体来划分等级，我将从祈使句开始分析，把它作为强加的最直接形式。祈使句形式的强加类言语行为是不得体的，因为它会引发不服从的风险，这是一种相当严重的冲突情景：

[42] *s*：Take me home.

含意：*s* intends [*h* to take *s* home].

说话人希望［听话人把说话人带回家］

我认为，上述含意是规约性含意还是会话含意，这一点并不清楚，也即，包含第二人称主语的祈使是否规约性地表示说话人希望让听话人做某事？还是由于说话人发出了描述听话人未来行为的祈使，该理解是最为合理的“缺省解释”？我不会进一步探讨这些问题。例 [43] 比例 [42] 更得体：

[43] *s*：I want you to take me home.

含意：*s* wants [*h* to be aware that [*s* wants [*h* to take *s* home]]].
说话人想［让听话人意识到［说话人想［让听话人把说话人带回家］］］

在例 [43] 中，说话人表达命题时遵守了得体准则，而没有直接表达祈使。这是因为断言不要求任何行为作为最直接的回应，因此听话人可以选择是执行说话人的意愿或忽视他的意愿。但如果听话人也遵守得体准则，那么他会执行说话人的意愿。因此，只要说话人“依托”听话人遵守得体准则，例 [43] 就具有强加类言语行为的语力。

这意味着例 [43] 在更间接的层面上违反了得体准则。因为如果听话人遵守得体准则，那么他只能做说话人期待的行为。因此，通过话语例 [43]，说话人使得听话人要么带说话人回家，要么违反得体准则。无论出现何种情况，都会违反该准则，因为听话人一旦拒绝，就会违反得体准则，而说话人以此为筹码，迫使听话人执行说话人期待的行为。这样，说话人把自己的意愿强加于听话人，也违反了得体准则。因此，针对得体准则，我们补充了以下的“元准则”：

不要将听话人置于说话人或听话人不得不违反得体准则的境地。

可以说，在例 [43] 中说话人利用得体准则来获取个人利益。但下面的请求形式更为礼貌：

[44] {Will you / Are you willing to} take me home?[15]

[45] {Can you / Are you able to} take me home? 120

疑问形式例 [44] 感觉更得体，因为是非疑问句明显给听话人回应的自由，即有说是或否的自由。此外，通过询问听话人的意愿，说话人明显将自己置于恭敬对方的地位。即便如此，这种疑问通过含意的方式，可以看成具有请求的语力：

基于合作原则的含意：

（a）*s* wants [*h* to take *s* home] .（暗示策略，关系准则）
说话人想［听话人带说话人回家］

基于礼貌原则和（a）的含意：

（b）通过避免使用直接的祈使句，说话人遵守了得体准则。

（c）因为例 [44] 本是作为强加类言语行为的，所以说话人假定听话人在遵守得体准则。

（d）说话人假定听话人将例 [44] 理解为强加类言语行为，进而说话人假定听话人假定说话人在遵守得体准则。（否则，说话人采取暗示策略不存在任何动机。）

更进一步地说，我们注意到，作为一种强加类言语行为，例 [45] 中关于听话人能力的疑问比例 [44] 更为得体。这是因为例 [44] 通过隐含意义，可理解为强加类言语行为，这与例 [42] 和例 [43] 相似，它们都不给听话人拒绝的自由。如果听话人用 "*No, I won't.*" 回应例 [44]，听话人将自己的意愿置于他所理解的说话人的意愿之上，这是不礼貌的。因此，如果我们采取更间接的预期性以言行事例 [45]，将得出进一步的含意：

（e）假定例 [44] 是不礼貌的强加类言语行为，因为听话人在条件（d）下别无选择，只能带说话人回家，那么说话人假定听话人假定说话人假定听话人在遵守得体准则。

在第三层面上，针对听话人做 *A* 的能力的疑问，可以避免这种不礼貌，因为它给听话人提供了“选择”：听话人能够以没有能力作为理由，拒绝做 *A*。没有人会因无能力做某事而遭受责备。例如，听话人也许会说：我愿意做 *A*，但我不能做。他也许会用以下表达为自我辩护：

如果我没能力做 *A*，我就不能对该行为的失败负责。

当然，采取非真实形式的例 [44] 和例 [45] 是进一步避免承诺：

[46] *Would* you take me home? 121

[47] *Could* you take me home?

把 *will* 和 *can* 替换成 *would* 和 *could*，说话人向听话人提供了不遵守请求的另一个借口：过去式情态动词表示听话人的假设性行为，因此，在理论上听话人可以对疑问给予肯定回应，但则表示不对在现实世界中的做任何事情做出承诺。为了让强加类言语行为的含意更间接，我们可以增加试探性或否定性的词语：

[48] Could you *possibly* take me home?

[49] Would you *mind* taking me home?

但关于假设形式有一点需要注意，除了在十分罕见的语境下，当缺少显性的条件从句时（见 5.5），假设形式的疑问句不能理解为严肃的疑问（比如，不像使用 *can* 的疑问）。因此，在语用上它们体现了高度专门化的“直接”礼貌功能。当然，其他明显的礼貌标记语是礼貌副词，如 *please*、*kindly* 等。

如果我们转向陈述句，它们也具有类似于疑问的得体等级，其中 *can* 比 *will* 更间接，同时假设形式比真实形式更间接：

[50] You will take me home.（再如：You must take me home.）

[51] You can take me home.

[52] You could/might take me home.

然而，这种命题与疑问之间的对应不能扩展到 *would*：不同于 “Would you take me home?”，“You would take me home.” 根本没有强加类语力。这种对应的缺失有如下解释。例 [50] 中的陈述句 “You will...” 似乎比直接祈使句更不礼貌：所以该陈述句不能与假设形式 *would* 的“模糊性”礼貌效果混为一谈。

更明确地说，类似例 [50]—例 [52] 命题比它们对应的疑问形式例 [44]—例 [47] 更不得体。它们表明或暗示听话人的施为能力，因此使得听话人无法拒绝疑问句提供的内容。但同时，例 [50] 中的 *You will* 最直接地理解为了一种预测（对未来事件的一种断言），因此表达说话人对未来事件 *A* 会发生的坚信：

122 说话人想让听话人意识到听话人会带说话人回家。

使用命题起始结构 *You will* 可以排除不服从命令的可能性。说话人好像在话语中表达了不容置疑的权威，以确保听话人未来遵从。因为例 [50] 以这样的方式强化而非缓和强加类言语行为，以至于 *You will* 不能通过 *would* 的转换而更具试探性。*You will* 表达了 “I am absolutely sure you will obey.”（我绝对相信你会遵从），但非真实的 *would* 表达了 “I am uncertain as to whether you will obey.”（我不确定你是否会遵从）。这样，它们之间的语力互不相容。

相反，以 *You can* 开头的陈述句是缓和强加类言语行为效果的一种恰当手段。它可以看作是 *You must* 的试探性版本：通过指出听话人有执行任务的能力，说话人实际上（借助暗示策略）建议听话人执行此任务。它缓和了 “You will...” 的语力，因为如前所述（第 100 页，表 4.1），“You can...” 隐含了 “You do not have to."，因此它表面上为听话人提供了忽略这一暗示的借口。然而，因为例 [51] 表述一个命题，而非疑问，因此它没有明显地为听话人提供说"*No*"的选择，正是这样，它的得体性就不如相应的疑问。相反，这种礼貌来自于模糊性：它的涵义既可以被理解为一种推荐或建议（一种有益于听话人的以言行事行为），也可以看成为一个强加类言语行为。因为"You can..."本身是 *must* 的缓和性变体，因此没有理由不使用假设形式 *You could...* 来进一步缓和。

人际修辞可以解释命题和疑问之间的不匹配现象。如前所述，带有 *can* 的否定疑问可能具有强加语力，但否定命题则没有这样的语力：

[17] Can't you shut up?　　[17a] You can't shut up.

因为类似例 [17a] 的否定命题表达了听话人执行 *A* 的不可能性，肯定不能作为让听话人执行 *A* 的手段。（甚至正相反，具有劝阻听话人执行 *A* 的相反效果。）但是否定疑问例 [17] 的确具有让听话人保持安静的语力。在这方面，它与否定疑问例 [13]"Won't you sit down?"的效果相差甚远，尽管它们的肯定形式相似。正如我们所见，例 [13] 使提供行为显得更为礼貌，而例 [17] 则使强加类言语行为更不礼貌。如果我们像先前那样（见第 127—128 页），把否定疑问看作是对否定命题的疑问，那么解释就十分简单。基于此，例 [17] 的涵义可以简要表述如下（见 7.3.2）： 123

我假定你不能闭嘴。我现在怀疑这是否正确。我要求你解决我的疑惑。

我们可以对该疑问背后的反讽思维链，重构如下：

A. 你一直在大声说话。（不礼貌的观察）

B. 用礼貌来调节该行为的唯一方式是，假定你情不自禁要大声说话。（礼貌的假定）

C. 因此我礼貌地假定你不能闭嘴。

D. 然而，每个人都知道当人们想安静时，他们是能够安静下来的。

E. 因此，我在（C）中的礼貌假设肯定是错的。

F. 因此，我相信的内容和我相信的礼貌之间存在冲突。我要求你确证我的想法。

因此，这种反讽性的否定会把解释引向肯定回应，因而也会偏向于顺从。因此，这个疑问没有更为中立性的疑问“Can you...?”那么有礼貌。相反，“Won’t you sit down?”的回应容易产生这样的礼貌假定“You will sit down.”，因而它比中立性的疑问“Will you sit down?”更礼貌。

5.7 语用等级

前面的章节已区分了三种与既定言语情景相适宜的得体程度等级。它们是：

1. 受损–受益等级（第124页），用来衡量所涉行为 *A* 对说话人或听话人的受损和受益。

2. 可选择性等级（Optionality Scale），根据说话人允许听话人的选择数量（第126页），对以言行事进行排序。

3. 间接性等级（Indirectness Scale），从说话人的视角，根据以言行事行为与施为目的之间关联的路径长度（基于手段–目的分析），对说话人的以言行事进行排序。

对间接性等级还可以从听话人的视角，依据涵义派生语力的推理
124 路径的长度，进行表述。因此，严格来说，存在两个间接性等级：
一个是说话人视角下的间接性，另一个是听话人视角下的间接性。

然而，因为听话人的推理策略是一步一步重构对说话人以言行事策略的理解，所以我们能够假定两种等级之间存在紧密联系。在谈论间接性时，我们通常没必要区分说话人与听话人的视角。

从严格意义上说，受损–受益等级也是由两种不同等级构成：说话人的受损 / 受益和听话人的受损 / 受益。一般而言，这两种衡量是相反的；但它们可能会独立变化。例如，说话人也许会提议一种行为，在说话人看来，该行为使自己受损，听话人受益。这样的行为可以恰当地描述为一种提供（见表 9.2，第 255 页），例如：

[53] Would you like to use my electric drill?（↑听话人，↓说话人）

另一方面，说话人也许提议他认为有益于听话人的一种行为，但同时该行为对说话人来说则不是一种付出：

[54] I'd use an electric drill if I were you.（↑听话人）

这个话语可以更恰当地描述为一种建议。[箭头表示"有益于"（↑）和"有损于"（↓）]。

我们也许还注意到，这两种等级之间存在紧密联系，因为强加类和承诺类言语行为通常涉及说话人和听话人的交际互动行为，即说话人为听话人做某事，或反之亦然。在这种典型的例子中，没必要区分说话人和听话人之间的受损–受益等级，因为一方的正面立场必然隐含另一方的负面立场：↑说话人即↓听话人，↓说话人即↑听话人。

这使人想起很多以言行事行为与商业交易之间的相似之处（或者更直接地说，以言行事行为的主题就是这些行为）[16]。在强加类言语行为中，如"Would you mind cleaning the windows?"，隐含了一种从听话人到说话人的"物品"转移，或更常出现的"服务"

转移；然而在承诺类言语行为中，如“Would you like me to clean the windows?”，存在一种隐含的反向转移。同样，一些表达类言语行为也许隐含在过去进行的物品或服务转移：如果你感谢某人，就预设了先前从听话人到说话人的物品或服务转移。此外，商业隐喻没有必要受限于这种“双边的”以言行事。考虑一下道歉和
125 原谅的表达类言语行为。道歉表达了说话人因为对听话人实施某种冒犯而产生的歉意——并且没有迹象表明说话人从冒犯中受益。尽管如此，道歉隐含了一种交易，因为它在于努力改变说话人和听话人之间的负债关系。如果道歉成功，它会导致听话人对冒犯的原谅或宽恕。重要的是，如果我们冒犯了某人，我们说“亏欠”对方一个道歉，因此在某种意义上，道歉是对冒犯的赎罪。“债务人”或“债权人”的行为隐喻不仅可指好的行为（帮助），而且也适用于坏的行为（冒犯），所以道歉和感谢一样，可以视为对说话人和听话人之间不平衡关系的承认，并在某种程度上是为恢复平衡关系所做出的一种努力。

事实上，商业隐喻不只是表面相似。相反，人们也许会说，商业世界是社交世界的特例，一方 *k* 相对于另一方 *l* 的站位，可以用 *k* 亏欠 *l* 或 *l* 亏欠 *k* 来衡量。这种人类关系的解读是广泛需要的；没有这些解读，我们将无法解释 *pardon* 之类言语行为动词的意义，这样的动词不涉及任何物品或服务的交换，但却隐含对某个欠债的取消。此外，如果没有这样的解读，我们也很难解释 *beg*、*petition*、*beseech* 等言语行为动词的意义，它们都与 *request* 相似，但具有额外的隐含意义：从某种程度上，说话人就是在承认听话人实施某个指定行为将会引发的欠债：

[55] Jim begged me to lend him my bicycle.

[56] Jim asked me to lend him my bicycle.

[57] Jim demanded that I lend him my bicycle.

另一方面，例 [57] 中的 *demand* 隐含说话人不承认听话人的行为会引发任何欠债。在此方面，例 [55] 中的 *beg* 和例 [57] 中的 *demand* 恰好相反，而例 [56] 中的 *ask* 是中立的，位于它们之间。如果我们说例 [55] 中 Jim 将借自行车看作是将自身置于一种义务之中，那么在例 [57] 中，他将借自行车看作是一种权利 [17]，此时我们可以给出相同的解释，只不过更换了措辞。

因此，受损-受益等级会引发说话人和听话人之间相对站位的一种隐性欠债关系，同时也似乎存在一种期望维持平衡的默认假设 [18]。一些言语行为（如感谢和致歉）的目的可以看作是恢复说话人和听话人之间关系的平衡，或至少是减少不平衡。

126

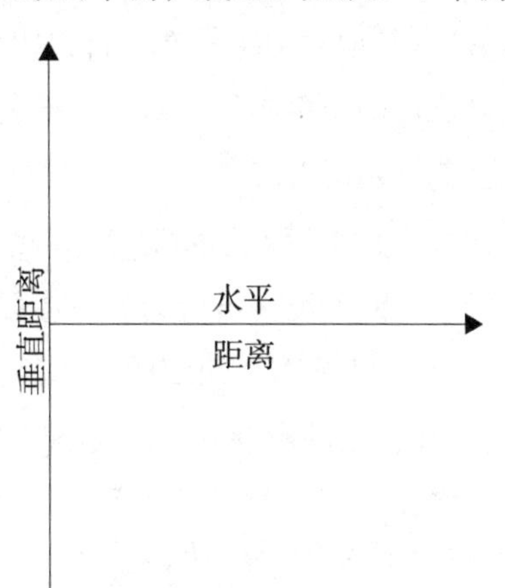

图 5.1　社交距离

除已提及的三种等级之外，即受损-受益等级、可选择等级和间接性等级，还有两种与礼貌密切相关的等级。在布朗和吉尔曼（Brown and Gillman 1960）的著名论述中，它们决定许多欧洲语言中表示熟悉与尊重的称谓代词的选择（比如，法语中 *tu* 和 *vous* 的选择）。它们可以用图 5.1 的二维图显示。纵轴衡量一方交际者相对于另一方在“权力”或“权势”方面的距离等级。这是一种非对称性的衡量，权势方也许会使用表示熟悉的称谓形式去称呼另一方，反过来，另一方则会使用表示尊重的形式。另一方面，横轴衡量布朗和吉尔曼称之为“结盟”（Solidarity）的因素，我倾向于从相反视角，将其称为社交距离（Social Distance）[19]。在特定的言语情景中，尊重程度很大程度上取决于地位、年龄、亲密度等方面的相对稳定因素，同时在某种程度上还取决于一方相对于另一方的临时角色[20]。一位讲师也许觉得对一名学生说“Get that essay to me by next week.”是合理的，但说“Make me a cup of coffee.”则不同。前者是他对学生的学术行为所实施的正当权力；而后者超出了他被认可的角色界线。此外，权利和义务在互动双方的站位判定中起着重要作用。

在讲英语的社会中，不存在表示这类社交关系的代词区别，但正如上面例子所示，强加类言语行为的得体程度部分是由说话人对听话人站位所隐含的尊重程度决定的。

针对不同参数对得体性的影响方式，我们现在可以概括如下：

127 如果说话人在表达强加类言语行为时遵守得体准则，那么

（i）行为 *A* 对听话人的受损越大，

（ii）听话人与说话人的横向社交距离越大，

（iii）相比说话人，听话人的权势地位越高，

（iv）则选择性需求及其相应的间接性需求越大。

5.8 得体与屈尊

以上概括的最后一项（iv）不是没有例外，因为尽管可选择性隐含了间接性，但间接性并不隐含可选择性。在有的强加类言语行为中，间接性并不作用于得体，甚至对于某些强加类言语行为，其间接性反而使其变得不得体。前文提及的否定疑问就是一个例外情况，如“Can't you be quiet?”，这里的否定疑问比肯定疑问更为间接，但其得体性却更低，因为它减少了隐含的选择。此例子也引出了另一种例外，如“Must you make all that noise?”，这种间接性导致了反讽理解。也许最为有趣的是一种还未被考虑过的例子，即说话人使用一种看似承诺类的话语形式，实则想表达并被解读为强加类的话语形式。老板也许会刻意迁就，对新秘书说：

[58] Would you like to type these letters?

另一个例子是，早期人们借助 *may* 的许可性用法，发出指令。例如，在维多利亚女王时代的小学生故事中，校长可能在让一名男生离开时会说：

[59] You may go now, Smith.

表面上，话语例 [58] 和例 [59] 是礼貌的，因为它们为听话人提供机会去做让自己高兴的事情。但事实上，需要进行不同分析，无可置疑，例 [58] 之后会出现打印信件的行动，例 [59] 之后则会是那位男生立即离去的动作。人们经常感到，例 [58] 这样的句子很是令人反感，因为它利用了说话人的权势地位。由于说话人的地位高，所以听话人只能承认他的权威，感觉不得不接受该“提

供”，因此说话人可以自由地享受屈尊所带来的优越感。这里说话
128 人的过度礼貌并没有利用反讽原则。相反，暗示策略在起作用。

（i）说话人显然礼貌地向听话人提供做 *A* 的选择，其话语方式暗示 *A* 是令人愉快的。

[（ii）但行为 *A* 不是令人愉快的。]

（iii）然而，只有当说话人想要听话人做 *A* 时，说话人的话语才是关联的。

（iv）同时，因为说话人的权势高于听话人，所以听话人需要做 *A*。

从说话人的视角看，只有我们再次假设说话人和听话人之间存在一种社交性的“欠债关系”，这种策略才具有合理性。通过表面上给听话人提供一种选择，说话人似乎增加了有利于自己的“贷方余额”。然而，如果听话人识别出说话人的得体性是不真诚的，那么这种优势会受到破坏。存在的风险是说话人会仅仅留下一种屈尊的印象。这些情形类似于反讽，过度礼貌意味着不礼貌。

注释：

① 见布朗和莱文森关于内在 FTAs（= 威胁面子行为）的讨论（1978：71–73）。

② 在塞尔（1979）对《以言行事行为的分类》一文（1975）的修订版中，他将术语“表征类”（representative）改为了“断言类”（assertive）。这里我使用修订版中的术语。其他相关的分类见奥斯汀（Austin 1962：152–163）与巴赫和哈尼什（1979：41–55）。

③ 我们应该提及社交性权利与义务假定的重要性，它们是评价说话人对听话人驱使程度的制约因素。见注释⑰。

④ 关于否定疑问的这些隐含以及否定疑问与否定命题的关系，见利奇（1974：318–320）。

⑤ 参照布朗和莱文森（1978）关于“直接”（on the record）与“间接”（off

the record）的交际行为区分。

⑥ 利奇（1980 [1979a]：108）提供了有关这种语用悖论的早期解释。

⑦ 这与塞尔（1969：66）的解释不同，塞尔将疑问定义为一种以言行事行为，并发现有必要区分“真实疑问”（说话人想找到答案）与“考试中的疑问”（说话人已知道答案）。尽管它们在逻辑上存在共同基础，但最好遵照莱文森（1978）的做法，揭示疑问实施的多种语用功能。

⑧ 关于祈使的概念，参照莱昂斯（1977：751）：“祈使不同于陈述，因为祈使的施为成分理解为‘so be it’，而不是‘it is so’”。莱昂斯对命题成分、施为成分和承诺成分的三重区分［借用黑尔（Hare 1970）的划分］，仅部分对应于我在这里所呈现的句法、语义和语用的三种区分。 129

⑨ “命题内容”是塞尔（1969）的术语。坎普森（1975：43–44）采纳了斯特纽斯（Stenius 1967）的术语“语句主体”。

⑩ 关于疑问的研究方法，参照赫德森（Hudson 1975）和利奇（1981）。塞尔（1969）只把**命题功能**这一概念应用到于特殊疑问。

⑪ 有必要区分针对某个问题的“符合逻辑的回应”（logically well-formed answer）和“语用适切的回应”（pragmatically appropriate response）。史密斯和威尔逊在第108页用例[21]和例[22]阐释了后者，而非前者。

⑫ 对这种观点的支持来自鲍林格（Bolinger 1977：152–182）和唐斯（Downes 1977）的观点，他们支持祈使句、不定式与句法、语义的一致性。

⑬ 麦考利（1981：311–326）讨论过非真实或反事实性条件句的命题和真值。

⑭ 关于谓词施加的真实条件，见利奇（1980 [1977b]）和利奇（1981 [1974]：301–306）。

⑮ 在语用上，例[44]中的两个句子并不对等，例[45]中的两个句子也是如此。句子“Will you...”和“Can you...”比它们的“释义”被更加约定俗成地看作强加类言语行为。除此以外，萨多克（1974：78）也认为，这样的成对结构在句法上有明显差异。因此他声称，请求类以言行事行为是在语法中编码的，而另一个句子则不然。尽管承认该差异的确存在，我更感兴趣的是关注这些句子之间涵义与语力的对等，而不是强调它们的差异。见8.7，并进一步参照萨多克的间接言语行为理论。

⑯ 在将交际行为解释为涉及“物品和服务”的交换时，布朗和莱文森（1978）也利用了商业类比。我们可以注意到一些以言行事行为，如承诺和打赌，为了成功地实施，需要说话人和听话人之间的契约性关系。见福臣（Fotion 1982）。

⑰ 詹妮弗·托马斯（Jennifer Thomas）给我提供的一个例子，证明了权利与义务对于受损和受益以及礼貌的重要性。假设某个乘客 *p* 要求司机 *d* 在某个公交车站停车。实施这种言语行为，不需要什么礼貌，因为在公交车站让乘客下车是司机的分内之事（即他的职责）。但是，假设 *p* 要求 *d* 在 *p* 的家门口停车，而那里没有公交站，这种情况下就需要大量的礼貌以及其他的补救行为，比如致歉和解释。在这两个案例中，司机面对的麻烦和付出的努力是相同的，但当要求司机做“私人帮忙”的事情时，驱使程度就会变得越高。

⑱ 维持平衡似乎也是其他人类交际行为的重要方面。见阿盖尔和迪安
130 （Argyle and Dean 1965）关于互动行为中当一方疏远另一方时的平衡维护。

⑲ 布朗和莱文森（1978：79–89）把布朗和吉尔曼的权力与结盟等级应用到了礼貌研究中。

⑳ 布朗和吉尔曼（1960：261）最喜欢引用的例子是，法国登山者在到达某个“特定的临界高度”后，会把 *vous* 转换为 *tu*。

第六章　人际修辞概观

巴夫人：……这位劳小姐是不是面目可憎，跟教育也算拉得上一点儿关系呀？

蔡牧师：（略表不悦）劳小姐非常有修养，可以说是高雅的榜样。

巴夫人：显然就是这个人。

［王尔德，《认真的重要性》，第三幕］

（Wilde, *The Importance of Being Earnest*, Act Ⅲ）

迄今为止，我在人际修辞的描述中一直聚焦于合作原则及礼貌原则中的得体准则。我以这种方式限定讨论范围，努力揭示修辞的阐释价值，并指出格赖斯的合作原则只是修辞的一部分。我也提到了反讽原则（4.1）；但现在要考虑，为了解释人类会话中涵义与语力之间的关系，是否有必要提出其他原则和准则？简言之，我将尽力尝试填补人际修辞介绍图（图 1.4）中的一些空白。这将使我处在更多推测的基础之上，但尽管如此，至少能从宏观上构建丰富的原则与准则体系。

6.1　礼貌准则

除了得体准则以外，交际中还存在制约礼貌行为的一系列准则。在描述它们之前，我从一般视角注意到：礼貌关乎“自我”和“他人”之间的关系。在会话中，“自我”通常表示说话人，“他人”表示听话人；但是说话人也可以对第三方表示礼貌，该第三方有可能出现在言语情景中，也有可能不出现[1]。因此，“他人”不仅可以指受话人，也适用于第三人称代词的指称对象。对第三方表示礼貌，其重要性是变化的：一个关键因素是第三方是否作为旁观者出
132 现；另一个因素是第三方是否受说话人或听话人的影响。例如，相对于自己的配偶，说话人在指涉听话人的配偶时应该更礼貌。然而即使是这种情况，也存在跨文化差异：在某些社会中，男性在谈论自己的妻子时将其视为“自我”，因此可以随意贬低，甚至必须贬低妻子；但在有的社会中，男性则把妻子看作是“他人”。

礼貌原则的准则往往是成对出现的，如下：

（Ⅰ）得体准则（适用于强加类和承诺类言语行为）

（a）尽量让他人少吃亏［（b）尽量让他人多受益］

（Ⅱ）慷慨准则（Generosity Maxim）（适用于强加类和承诺类言语行为）

（a）尽量让自己少受益［（b）尽量自己多吃亏］

（Ⅲ）赞誉准则（Approbation Maxim）（适用于表达类和断言类言语行为）

（a）尽量少贬低他人［（b）尽量多赞誉他人］

（Ⅳ）谦逊准则（Modesty Maxim）（适用于表达类和断言类言语行为）

（a）尽量少赞誉自己［（b）尽量多贬低自己］

（Ⅴ）一致准则（Agreement Maxim）（适用于断言类言语行为）

（a）尽量减少自己与他人之间的分歧

［（b）尽量增加自己与他人之间的一致］

（Ⅵ）同情准则（Sympathy Maxim）（适用于断言类言语行为）

（a）尽量减少自己与他人之间的反感

［（b）尽量增加自己与他人之间的同情］

为方便起见，我简化了这些准则的表述：例如，严格地讲，（Ⅰ）（a）应表达为："尽量减少明示或隐含有损他人的信念表达"，其他准则也可以做相似的拓展。因为这些准则强调礼貌而非不礼貌的信念表达，所以都属于礼貌原则。前四条准则成对出现，因为它们包含两级等级：受损-受益等级和褒扬-贬低等级。其他两条准则涉及单极等级：一致性等级和同情等级。尽管等级之间存在不同的联系，但每条准则都是独特的，因为每条准则所指涉的评价性等级都和其他准则的评价等级不同。（Ⅰ）和（Ⅱ）分别指将来行为对他人和自我的受损或受益，而（Ⅲ）和（Ⅳ）指说话人话语对他人和自我的好或坏的评价程度。比如，祝贺的内在礼貌体现了赞誉准则，道歉体现了谦逊准则。

尽管塞尔的以言行事行为范畴（5.2）与不同的礼貌类型仅
是大致相关，但我将这些范畴中的一个或多个行为和每条礼貌准 133
则进行了联系。由于塞尔的第五个范畴"宣告类"不牵涉礼貌（5.2），所以不予以考虑。为了论证这些准则，我将引用不同类型的证据：说话人和听话人之间的语用不对称性证据、含意证据和间接性证据。（得体准则已在5.3—5.8进行了充分阐明。）

不是所有的准则和次准则都同等重要。在成对的准则（Ⅰ）—（Ⅳ）中，（Ⅰ）对会话行为的制约似乎比（Ⅱ）更强，（Ⅲ）比（Ⅳ）更强。如果该观点正确的话，就反映了一条普遍规律：礼貌主要关注他人，而非自我。此外，在每条准则中，次准则（b）似乎没有次准则（a）那么重要，这再次反映了一条普遍规律：负面礼貌（避免分歧）比正面礼貌（寻求一致）更为重要。我们需要注意另一种差异的重要性，尽管准则的形式上没有体现这一点，即对于受话人的礼貌通常比对第三方的礼貌更重要。

此外，我们要记住，交际者只是“某种程度上”遵守这些准则，而非绝对规则。更弱的次准则（即方括号中的次准则，如“尽量多贬低自己”）更是如此。如果一个人不停地寻找机会贬低自己，他很快就会令人厌烦，而且会被评价为不真诚。这样，合作原则（质准则）要求我们不能过于谦虚，正如在其他场合，它还要求我们不能过于得体。

6.1.1 慷慨准则

尽量让自己少受益；尽量让自己多吃亏。

我已经提及强加类和承诺类言语行为的双边关系。双边性意味着，在实践中说话人不需要区分“他人中心”的得体准则和“自我中心”的慷慨准则。例如，例 [1] 和例 [2] 或例 [3] 和例 [4] 的不对称性可以借助两条准则的任何一条，进行解释：

[1] †You can lend me your car.（†impolite）
[2] I can lend you my car.

[3] You must come and have dinner with us.
[4] †We must come and have dinner with you.（†impolite）

134 （注释：剑号 † 表明，从绝对礼貌来说，该话语的可接受性要明显低于同组话语；记住我们关注的是绝对礼貌，而不是相对礼貌。）

例 [2] 的提供和例 [3] 的邀请是礼貌的，有两个原因：第一，它们隐含让听话人受益，第二且较次要的是，它们隐含让说话人受损。

但在例 [1] 和例 [4] 中，说话人和听话人之间的关系在等级上恰好相反。有时候以言行事只与得体准则相联系，如建议“You can get them for less than half the price at the market.”意味着让听话人受益，但除了建议话语本身的努力外，它并没有隐含让说话人受损。但在另一些例子中，慷慨准则的应用似乎可以脱离得体准则。例如，在请求第二份食物时，如果抑制听话人作为潜在施惠者的角色，那么该请求会显得更礼貌一些：“Could I have some more X?”。如果省略掉说话人作为受益者的指称，该话语会略显更礼貌：“Is there some more X?”。但是，以下观察可以支撑慷慨准则不及得体准则那么重要的假设，即省略对听话人受损的指称，强加类言语行为可以变得缓和些，因而更为礼貌。以下行为 *A* 的描述仅限于说话人在交际中受益的情况：

[5] Could I borrow this electric drill?

它比“Could you lend me this electric drill?”稍微更礼貌一些。再如：

[6] I wouldn’t mind a cup of coffee.

比“Could you spare me a cup of coffee?”略为礼貌。这是因为例 [5] 和例 [6] 的施为目的很明显与慷慨准则相互竞争，但不与得体准则竞争。在承诺类言语行为中，存在抑制说话人交际角色的相反趋势：

[7] You could borrow my bicycle, if you like.

（参照 I could lend you my bicycle, if you like.）

[8] Would you like these pencils sharpened?

（参照 Would you like me to sharpen these pencils?）

这里对说话人施惠者角色的弱化是对例 [5] 和例 [6] 策略的生动反映。该观点认为，在表达提供行为时，让提供者看起来不做出任何牺牲，会更为礼貌，反过来，则会降低听话人接受该提供行为的不礼貌性。

135 ### 6.1.2 赞誉准则

尽量少贬低他人；尽量多赞誉他人。

赞誉准则贬义的副标题是“奉承准则”（the Flattery Maxim）——但术语“奉承”一般指不真诚的赞誉。从更为重要的负面角度看，该准则规定“避免说他人的坏话，尤其是听话人的坏话”。因此，根据赞誉准则，诸如“What a marvelous meal you cooked!”之类的恭维极其重要，而 †“What an awful meal you cooked!”则不然。同样，（指称音乐家的演奏时）使用以下话语也是礼貌的：

[9] *A*：Her performance was outstanding!　*B*：Yes, wasn’t it!

但假设 *B* 是个演奏者：

[10] *A*：Your performance was outstanding!　*B*：†Yes, wasn’t it!

这种情况下，*B* 违反了我们将在下一节讨论的谦逊准则。

因为对听话人或第三方的贬损是不礼貌的，因此，和得体准则的情形一样，说话人会使用各种间接性策略来缓和批评的取效，是可以理解的：

[11] *A*：Her performance was magnificent, wasn’t it!
B：Was it?

假定 *A* 和 *B* 都听了演奏，*B* 的回应是回避性的，并暗示自己的不喜欢。通过质疑 *A* 的陈述，*B* 暗示他不确定 *A* 的判断是否正确。该不礼貌含意源于两点：其一，*B* 不可能仅仅为了借助疑问来寻求信息；其二，如果 *B* 真的赞同 *A*，（根据礼貌原则）*B* 就已经这么做了。

在这个例子中，*B* 明显违反了合作原则（量准则）。格赖斯列举了另一个例子，说明回应信息不充分的情况：某人给应聘哲学工作的学生写了这样一封推荐信：

[12] Dear Sir, Mr. X's command of English is excellent, and his attendance at tutorials has been regular. Yours, etc.

[Grice 1975 : 52]

在解释这种违反量准则产生的含意时，格赖斯是这样补充的：说话人“……一定……是希望传递他不情愿写的信息。该推测只有 136
基于说话人认为 *X* 先生不擅长哲学，这一假设才成立。”对格赖斯的解释，我进一步认为，由于赞誉准则的缘故，说话人才不情愿明确表达观点。

在其他情况中，对批评行为的不情愿可通过规约性的低调陈述表示：

[13] You could be more careful.

[14] Her performance was not so good as it might have been.

[15] *A* : Do you like these apricots?　*B* : I've tasted better.

在指称特定的等级时，这些句子实际上表示“更高的水平等级是有可能的”。但是，当赞誉准则起作用时，不表达赞成的观点，则就隐含说话人（真的）不能那样做。换言之，缺乏赞誉意味着贬损。

6.1.3 谦逊准则

尽量少赞誉自己；尽量多贬低自己。

和其他的礼貌准则一样，谦逊准则体现为不对称性：

[16] *A* : They were so kind to us.　*B* : Yes, they were, weren't they.

[17] *A* : You were so kind to us.　*B* : †Yes, I was, wasn't I.

[18] How stupid of me!　[18a] †How clever of me!

[19] †How stupid of you! [19a] How clever of you!

[20] Please accept this small gift as a token of our esteem.

[21] †Please accept this large gift as a token of our esteem.

如例 [16] 所示，同意他人的称赞是恰当的行为，当称赞的对象是自己的时候除外。同样，例 [18] 表明自我贬损是恰当的，即使出于幽默效果而夸大也是如此。比较一下对自我慷慨的夸大行为，例 [20] 对自我慷慨的低调陈述是很正常的，甚至具有规约性。而如例 [17] 和例 [21] 所示，违反谦逊准则的第一条次准则就会成为自夸行为。

以下是发生在两个日本女子之间的会话（引自 Miller 1967：289–290），该会话例证了谦逊准则与赞誉准则之间的对立性如何引发语用“悖论”。在对他人的提供进行多次拒绝时，得体准则和慷慨准则的对立性会导致语用“悖论”（见 5.4）。在该例中，语用悖论体现为不断拒绝恭维的真实性：

137 *A*

mā, go-rippa na o-niwa de gozāmasu wa nē. shibafu ga hirobiro to shite ite, kekkōde gozāmasu wa nē.

A

My, what a splendid garden you have here—the lawn is so nice and big, it’s certainly wonderful, isn’t it!

B

iie, nan desu ka, chitto mo teire ga yukitodokimasen mono de gozaimasu kara, mō, nakanaka itsumo kirei ni shite oku wake ni wa mairimasen no de gozāmasu yo.

B

Oh no, not at all, we don’t take care of it at all any more, so it simply doesn’t always look as nice as we would like it to.

A	*A*
ā, sai de gozaimashōnē. kore dake o-hiroin de gozāmasu kara, hitotōri o-teire asobasu no ni datte taihen de gozaimashōnē. demo mā, sore de mo, itsumo yoku o-teire gayukito-doite irasshaimasu wa. itsumo honto ni o-kirei de kekkōde gozāmasu wa.	Oh no, I don't think so at all—but since it's such a big garden, of course, it must be quite a tremendous task to take care of it all by yourself; but even so, you certainly do manage to make it look nice all the time: it certainly is nice and pretty any time one sees it.
B	*B*
iie, chitto mo sonna koto gozāmasen wa.	No. I'm afraid not, not at all...

在日本社会中，尤其是在日本女性中（见 Miller, *ibid*：290），谦逊准则比在英语社会中整体上讲更有影响力。在英语社会中，人们习惯认为"大方地"接受称赞（如感谢说话人的称赞）更为礼貌，而非不断地否定。英语国家说话人倾向于在违反谦逊准则与违反一致准则之间进行折中。

礼貌原则的不同准则之间存在明显的权衡问题，正如合作原则各准则之间的权衡一样。有时谦逊准则与其他准则产生冲突，这时我们就不得不允许某一准则优先于其他准则。例如，在例 [17] 中，*B* 坚持一致准则，而牺牲了谦逊准则，但在该情形中谦逊准则更为重要。在以上的日本人会话中，*A* 部分赞同 *B* 关于园艺工作的观点，但随后重述了她的恭维。在为宾客提供食物时，日本人也许会说"Ohitotsu Dōzo."②（字面意义为"请吃一个"），明显使

138 慷慨最小化。但这也许会被看作是更注重谦逊的结果：向他人提供不止一份食物，有暗示其食物值得品尝的意味。相反，如果英语国家的主人在传递装有花生的碗，并说“Have a peanut!”，这也许会被视为吝啬。向他人提供多量的花生，通常会显得更为礼貌：“Have as many as you like.”。日本文化更注重谦逊准则，这进一步体现在赠予礼物时所采用的更高程度的低调陈述。尽管英语国家的人会（如例 [20] 中）用“*small*”描述礼物，但日本人会更进一步说“This is a gift which will be of no use to you, but...”，日本主人甚至更为极端，可能会否认正在给客人提供食物：

Nani mo (meshiagaru mono wa) ari-masen ga, dōzo

There is nothing (to eat), but please...

这样，礼貌准则压制并取代了质准则。

6.1.4 其他礼貌准则

尽管其他准则只存在较少的证据，但值得注意的是，人们往往夸大与他人的一致性，并通过表达抱歉和部分同意等来缓和分歧。因此，我们必须遵照一致原则进行交际。试比较例 [22] 回应中的粗鲁与例 [23]—例 [25] 的回应：

[22] *A*：It was an interesting exhibition, wasn't it?

B：†No, it was very uninteresting.

[23] *A*：A referendum will satisfy everybody.

B：Yes, definitely.

[24] *A*：English is a difficult language to learn.

B：True, but the grammar is quite easy.

[25] *A*：The book is tremendously well written.

B：Yes, well written as a whole, but there are some rather boring patches, don’t you think?

正如例 [24] 和例 [25] 所示，部分同意经常优先于完全不同意。我们也许可以增加同情准则，解释为什么表示祝贺和哀悼是礼貌的言语行为，即便哀悼表达了说话人认为对听话人来说是负面的信息：

[26] I’m terribly sorry to hear that your cat died.

与 †“I’m terribly pleased to hear that your cat died.” 相比，例 [26] 是礼貌的。然而，人们在表达哀悼时是有所保留的，因为所指的命题语境 *X* 实际上表达了一种让听话人不愉快的不礼貌信念（见 7.4）。因此，与其使用例 [26]，人们也许更倾向于说： 139

[27] I’m terribly sorry to hear about your cat.

这是同情准则在起作用，如果没有进一步的信息，我们可把例 [27] 理解为一种哀悼，即表达对不幸的同情，把例 [28] 理解为祝贺：

[28] I’m delighted to hear about your cat.

也就是说，我们假定例 [27] 暗示的事件是不幸的（如死亡），而例 [28] 中的事件则是幸运的（如在猫的比赛中获奖）。因此，以下对话至少不是典型的人际互动：

[29] *A*：I’m delighted to hear about your cat.

B：What do you mean? He’s just died.

A：Precisely.

6.2　礼貌的元语言方面

礼貌不仅通过会话**内容**来显现，而且通过参与者管理和组织会话的方式来体现。例如，在错误的时间说话（打断），或在错误的时间保持沉默，这些会话行为具有不礼貌隐含。因此，为了请求回应、寻求发言许可、为说话失当道歉等，我们发现有时有必要指称我们或交际参与者正在实施的言语行为：

[30] *Could you tell me* what time the bus leaves, please?

[31] *May I ask* if you're married?

[32] *I must warn you* not to discuss this in public.

[33] *We regret to inform you* that the aspidistra stands are no longer obtainable.

这些话语都是“元语言”，因为它们以间接引语的方式（8.3，8.4）指称当前会话的以言行事。例 [31]—例 [33] 这样的句子实际上称为模糊施为句[3]，因为它们可以看作为如下话语的礼貌缓和语，“I warn you that X.”“We inform you that X.”。避免直接引语是礼貌间接性策略的又一体现，例如例 [31] 是比“Are you married?”更得体的一种表达。类似于其他间接性强加类言语行为，例 [30] 和
140 例 [31] 采用暗示策略：取得听话人的会话合作只是例 [30] 的表面功能，它是获取信息这一终极目标的初始目标。

为什么说话人有时觉得应该使用这样的元语言策略呢？部分原因是言语行为像其他行为一样，涉及说话人或听话人的受损或受益。例如，在最低限度上，回答问题需要受话人的一些合作努力；此外，有些问句，如“How old are you?”或“Are you married?”，给人一种强迫感，因为它们威胁到受话人的隐私[4]。据此，我们认为例 [31] 在某种程度上是涉及许可的真实请求：说话人请求允许侵犯受话人的私人领域，即便受话人很难在回应时不提供对方所需信息，话语“May I ask you...?”不仅仅是一种空洞的形式。因此，使用“模糊施为句”是一种礼貌手段，特别是当听话人比说话人具

有更高的权威时，这就不难理解了。我们不能自动假设我们有权让某人参与会话，更不能假设会话是实现自身目的的一种手段。即便一些表面上的“礼貌的”言语行为，如给建议，也可以被看成是一种强加行为，因此需要“Could I suggest...?”或“Might I just give you a word of advice?”等之类的引入语。当然，给建议会被当作为一种不礼貌的行为，原因在于：尽管建议行为 *A* 可能会让受话人受益，但实际的建议言语行为可能会违反谦逊准则和赞誉准则，因为它理所当然地假定说话人在知识、经验或评价方面胜过受话人。另一方面，明确的礼貌的以言行事行为也可能通过“模糊施为句”引入，强调该以言行事的愿望或必然性：

I want to thank you ...

We are delighted to announce ...

I must tell you how much I admire your ...

坏消息的提供者可能认为，应当表达令人不悦和不可避免的特性：

I'm sorry to have to tell you ...

We regret to have to inform you that ...

I must warn you that ...

要让某人参与到会话中，尤其当对方是陌生人或上级时（一个从水平和垂直等级来看“距离”较远的受话人，见 5.7），也许本 141
身就可以看作是一种假定行为，因为会话隐含了说话人和听话人的合作。这可能部分解释，在一些语言（如意大利语、葡萄牙语和德语）的历史发展中为什么礼貌称谓形式起源于第三人称代词和动词形式，似乎说话人只能通过回避策略，假装听话人是听众（listener）而非受话人（addressee），才能有礼貌地进入与受话人的会话互动中。这也能部分解释诸如“I wonder if you would lend

me your coat." 等英语间接询问的得体性。此处的含意似乎是，说话人认为自己没有权利询问听话人，所以仅表达了自己有兴趣知道问题的答案，且该表述方式暗示了听话人没有义务提供答案。

我们也必须考虑沉默的礼貌或不礼貌隐含[⑤]。在过去，小孩的培养基于这样的格言："除非有人与你交谈，否则不能说话"，它让我们想起，沉默可能是可供地位低下者使用的唯一礼貌行为。但如果另一参与者邀请某人参与会话，被邀请者的沉默则暗示了他退出社交场合和不遵守人际修辞原则，因此在许多情况下沉默是一种不礼貌形式。当"外人"介入两人或多人会话时，沉默的这种矛盾性隐含有时会导致语用僵局。新介入的参与者会觉得打断对方的会话很粗鲁，但其他交际参与者也会觉得不给对方参与的机会很粗鲁。结果可能造成不愉快的交际中断。

每个有能力的语言使用者都熟悉如何礼貌地结束会话的问题，它使我们意识到礼貌和单纯维护社交的言谈活动之间的紧密联系，马林诺夫斯基（Malinowski 1930）将后者称为寒暄语（Phatic Communion）。的确，我们可以提出一种附加的礼貌准则，即元语言的"寒暄准则"（Phatic Maxim），可暂时表述为否定形式"避免沉默"或肯定形式"保持交谈"[⑥]。沉默隐含退出交际，正是这种避免沉默的需求在一定层面上解释了谈论天气这种老套话题的原因，也在略高的层面上解释了"You've had your hair cut!"这种信息短缺的陈述话语出现的原因。此类话语明显违反了量准则，它们是用其他准则（此处即寒暄准则）来解释明显违背合作原则的语言现象的又一例证。但是，将寒暄语简单描述为避免沉默，是不够的。更积极的作用是，如果没有其他的施为用意，此类会话

可以扩大交际参与者之间共识和经验的共同基础。因此，所选话 142
题通常没有争议，它们聚焦于说话人的态度，而非事实。在该语境中，即使“You've had your hair cut!”这样的话语也有助于推动会话的进程，使听话人注意到说话人注意到了听话人已知的事情，进而从新的方向为听话人提供机会讲述个人经验。假设探索经验与态度的共同基础总是可能实现的，那么我们可以进而将规避沉默作为一致准则和同情准则（6.1.4）的一种特殊情况。但无论寒暄准则是否可以纳入其他准则之中，我们似乎能够合理地认为，通常情况下明显的话语的信息短缺可以归因于其他的会话原则，而不是作为反对合作原则有效性证据。

6.3　反讽和玩笑

关于反讽的讨论（4.1）表明，除合作原则与礼貌原则以外，人际修辞原则还包括反讽原则（IP）[7]。然而，该原则寄生于前面两条原则，合作原则和礼貌原则可直接参照它们有效促进人际交际的角色；但是反讽原则的功能只能借助其他原则来解释。反讽原则是“二阶原则”，它能使说话人在表面礼貌的情形下传达出不礼貌；很明显，它通过表面违反、实则遵守合作原则的方式实现这一点，反讽原则是不和谐的，如果礼貌原则促进社交友谊而非冲突，那么反讽原则使我们绕过礼貌，促进“反社交”的语言使用。我们以某人为代价进行讽刺，通过明显不真诚的礼貌来驳倒他人，以此取代不礼貌。

这种不真诚性或多或少是明显的；它或许体现为违反量准则

（如 92、94 页所示），或者更经常地表现为违反质准则。

[34] That’s all I wanted!

[35] With friends like him, who needs enemies?

[36] Bill wanted that news like he wanted a hole in the head.

当例 [34] 用作反讽时，它意指“That’s exactly what I did *not* want.”
143（那正好是我*不*想要的东西）。该陈述的不正确可以通过话语中的矛盾语气体现出来，更适切地体现为“That’s the last straw.”的情绪。在例 [35] 和例 [36] 中，质准则的违反是通过隐含而非直接陈述的方式体现的。但是说话人观点的荒谬体现其非真诚性。因此，有敌人是值得庆幸的事，这是例 [35] 表达的信念，同样例 [36] 的观点是赞同脑袋开洞。对质准则的间接违反同样体现于祈使句，比如对粗鲁地撞到自己的人说：“Don’t mind MĔ (will you?)”，或对毫无顾忌取餐的人说“DÒ help yoursélf (won’t you?)”。在目的导向的模型中，命令的适切性要求受话人还未遵循该命令。上述例子都违反了这个条件。同样，疑问句“Do you have to spill ash on the carpet?”隐含了说话人相信听话人没有避免该错误的能力。因此，在所有这些例子中，说话人看似是在做出毫无恶意的假设，但该假设明显为假，说话人通过这种方式隐含了与之相反的不礼貌的假设，该假设为真。

话语中的反讽语力通常是通过夸张或低调陈述表示的，致使听话人很难从字面意义上理解话语。例如，例 [34] 中的说话人通过“That’s all (i.e. the only thing) I wanted.”，假装采取一种极端立场。如果说话人仅仅说出与事实相反的内容，如“That’s what I wanted.”，该反讽语力就不容易被注意到。这种夸张可以与低调陈述相对照，如“Some of his words were not Sunday school words."（马克·吐温），该话语也是反讽，但是原因刚好相反。其中，说话人直接违反量准则，而非质准则。通过负向信息短缺（见 4.5.1），说话人礼貌地隐含"One expects all of his words to be Sunday school words."。但很明显，这是错误的期待。因此，如前所述，我们推断与之相反的事态为真：该男子喜欢说粗话。与例 [34] 不同，它不是非真命题，只是信息高度短缺的命题。反讽式的低调陈述往往借助否定，做出一种比实际情况更弱的断言。

反讽在语力上存在差异，从马克·吐温的喜剧反讽，到挖苦式命令这种更具冒犯性的反讽，如"Do help yourself."。尽管看起来不和谐，但反讽原则也有积极功能，它提供了一种冒犯他人的 144
方式，即用危险性较小的话语形式攻击对方，而不是进行直接批评、侮辱、威胁等。侮辱容易引发反侮辱，进而产生冲突；而对于反讽不太容易以同等方式回应。反讽将攻击的艺术与表面的无辜相结合，这种无辜只是一种自卫形式。因此，我们尝试对反讽的功能做如下解释。如果礼貌原则失效，往往在两方面失效：直接指控引发反指控，威胁引发反威胁，等等。但因为反讽口头上遵守了礼貌原则，人们回应时不太会违反礼貌原则，因此反讽原则可让冒犯远离冲突的边缘。

如果我们承认反讽原则的存在，也应承认另一种具有相反效果的"高阶原则"。反讽以表面友好的方式实施冒犯（虚假礼貌），而"玩笑"则以冒犯的形式表达友好（虚假不礼貌）。

我们可将以上原则称为玩笑原则（Banter Principle），它明显没有我们讨论的其他人际修辞原则那么重要。但它出现在大量的随意言语交谈中，尤其是在年轻人中[8]。例如，在下棋时，一方也许会对另一方开玩笑说："What a mean cowardly trick!"，指一招儿特别聪明的优势棋法。或者，两个朋友可能用以下言辞进行问候："Here comes troubles!"或"Look what the cat's brought in!"。此原则可表述如下：

> 为了表达与听话人的紧密关系，说一些话语：(i) 明显为假，(ii) 明显对听话人不礼貌。

类似于反讽，玩笑必须清楚地识别出其所指信息的不严肃。正如我们所见（第 95 页），因为过度礼貌可能具有表示优越性或反讽式疏离的效果，礼貌不足则具有建构或维持亲密关系的相反效果。其原因如下，权威和社交距离等级（5.7）的低值与礼貌等级的下位相关联，即关系越亲密，礼貌越不重要。因此礼貌缺失本身是亲密的一个标志；因此，用不礼貌的语言对某人开玩笑的能力有助于建立和维护这样的亲密关系。根据玩笑原则派生的含意与反讽原则（见第 95 页）派生的含意刚好相反：

> 说话人的话语对听话人不礼貌，且明显为假。因此说话人真正的含意是对听话人有礼貌，且为真。

145 我们也许可以进一步将玩笑原则称为"三阶原则"，因为它本身可利用反讽。玩笑在一些情形中可以描述为虚假反讽，如在纸牌游戏中，对一个丧失优势的伙伴开玩笑说"A fine friend YÒU are!"。该话语的理解需要进行两次反转价值：

> (i) You are a fine friend.（你真够朋友。）（表面价值）
>
> (ii) By which I mean that you are NOT a fine friend.（通过该话语，我指你不够朋友。）（反讽原则）
>
> (iii) But actually, you ARE my friend, and to show it, I am being impolite to you.（但事实上，你是我的朋友，为了表达该意义，我对你不礼貌。）（玩笑原则）

“高阶原则”依赖于“低阶原则”所表达的含意，在获取该话语的语力时往往涉及更多的间接性，因此取效就没那么强。为此，我们可以提出一个前文提到的重要性等级，从高到低依次是礼貌原则、反讽原则和玩笑原则。

6.4 夸张和曲言

我们需要单独讨论违反合作原则的两种方式，即夸张（Hyperbole，夸大叙述）和曲言（Litotes，低调陈述）。用经典术语来称呼这些手段让我们想起它们在传统修辞学中的角色，更确切地说，回想起本书中的“修辞”与自亚里士多德时代以来关于“修辞”的各种理解之间的连续性。

为了理解这些语用策略，我们首先必须意识到，真实性并不总是在真与假之间所做的直接选择。正如真值条件往往通过等级中的值来表征，因此根据说话人表征这种等级值的准确性，讲真话本身可以看成为一种程度问题。“夸张”是指这样一种情形：说话人的描述高于所描述的实际事态，“曲言”是指与之相反的情形。夸张在某种程度上违反了质准则，如“It made my blood boil.”。曲言在某种程度上违反了量准则，如“I wasn’t born yesterday.”。但和反讽一样，在这里对合作原则的违反仅是表面问题：我们不会将这些修辞术语应用到那些实际上通过夸大叙述或低调陈述去欺骗受话人的话语。此外，和反讽一样，避免将上述
策略与欺骗混淆的最佳措施就是，确保话语与语境之间的不匹配，146
以至于没人会相信所说内容是“全部事实，绝无例外”。因此，夸

张和曲言是我们已经熟悉的会话含意模式的进一步例证：通过对合作原则的表面违反，我们获取说话人话语的间接语力⑨。

我们已经讨论过夸张和曲言作为礼貌策略的情形。人们在表达认为是礼貌的信息时，很自然存在夸大的倾向，而在表达认为是不礼貌的信息时，则存在低调陈述的倾向：夸张常用于称赞他人，如“That was a delicious meal!”，而负向信息短缺作为典型的低调陈述策略，常用于批评，如“I wasn’t overimpressed by her speech.”。而对称赞的低调陈述通常指向说话人，而非听话人：

[37] That wasn’t such a bad meal that I cooked.

[38] That wasn’t such a bad meal that you cooked.

作为一种自我庆贺的形式，例 [37] 中的勉强称赞是相对可接受的；但例 [38] 用作对一位女主人烹饪水平的恭维，显然是不礼貌的，尤其是因为否定陈述隐含了说话人预料到饭菜很难吃（见 4.5.1）。

但是，不是所有的夸张和曲言都可以参照它们对提升礼貌的作用进行解释。日常会话中夸大叙述的情况十分常见，很多的习语就是证据，如“Her eyes nearly popped out of her head.”“It makes my blood boil.”“ He was all ears.”“That’ll cost the earth.”“I’ve been working my fingers to the bone.”等；同样，全称量词和极端等级指涉的夸张用法也能证明：如“I’m completely broke.”“There’s absolutely nothing on the telly this evening.”。这些例子几乎都指涉某个等级中荒谬极端的情况；如“Her eyes nearly popped out of her head.”指涉惊讶等级中可能的最高点，“It makes my blood boil.”指涉愤怒等级中可能的最高点。

似乎驱动这些例子背后的会话原则是：

说不可预测的，因此有趣的事情。

冒着增设过多语用原则的风险，我将尝试提出一个兴趣原则（Interest Principle）。根据该原则，有趣的会话（即具有不可预测性或新闻价值）胜过无聊且可预测的会话。在我们的日常语言经
历中，该原则体现为，当我们复述个人轶事时，往往喜欢用各种 147
描述和夸张进行修饰。该原则的另一种表现是，夸张表达会通过效应递减过程而被弱化（这方面它们与委婉语类似）。如果说话人经常使用夸张，受话人必然要调整理解，这样它们会失去趣味性，并变得可预测了。因此，在人类会话中，质准则与兴趣原则之间就像拔河一样，永远处于激烈的竞争之中[10]。

从这个意义上讲，如果夸张是人类话语的自然倾向，我们就很难理解为什么人们会经常使用与之呈相反趋势的曲言。部分原因在于，夸张与曲言之间存在一种辩证关系，并在一定程度上类似于礼貌和反讽之间的关系。反讽是一个“二阶原则”，以牺牲礼貌原则为代价，来遵守合作原则；同样，曲言也是“二阶原则”，以牺牲夸大叙述所产生的趣味性，去保留低调陈述的诚实性。如果夸张受到质疑而导致其效应弱化，一个效果不错的技巧就是朝相反方向移动，通过那些明显算不上真实断言、不会被视作为夸张的语言，来恢复该话语的可信性。曲言因此重获可信性，这种可信性因严格遵守质准则而来，而质准则在夸张中往往被牺牲。

为了进一步阐明曲言的动因，我要阐述另一个原则，心理学家将该原则称为“乐观假说”（Pollyanna Hypothesis）[11]。该假说认为，人们喜欢看到事物光明的一面而非阴郁的一面，因此类似于埃利诺·霍奇曼·波特（Eleanor H. Porter）的小说《波利安娜》

（1913）中乐观的女主角。将其在交际框架中阐释为“乐观原则”，那就意味着认为交际者倾向于选择愉快的话题，而非讨厌的话题。该原则的对立面当然就是委婉语（Euphemism）：人们可通过明显的非冒犯性的用语，去掩饰令人讨厌的话题（比如，裁员时说工人是“过剩的人”，而非“被解雇的人”）。但另一方面，人们倾向于对坏事进行低调陈述。因此“最小化”的程度副词，如 *a bit*、*a little* 和 *a little bit* 专门出现在负面评价中。

[39] The paint was a bit dirty.

[40] †The paint was a bit clean.

148 另一种似乎在语法中已约定俗成的限制是，*a bit* 和 *a little* 可与表示负面评价的副词 *too* 伴随出现，但不会与正面评价的副词 *enough* 一起出现：

[41] She is *a little* too young for the job.

[42] *She is *a little* young *enough* for the job.

另一个经常隐含负面评价的副词是 *rather*，同样倾向于为所修饰的词语增添一种缓和效果：

[43] The employees were *rather unenthusiastic* about the move.

[44] The employees were *rather enthusiastic* about the move.

尽管例 [43] 和例 [44] 都符合语法规则，但与例 [43] 相比，例 [44] 在语用上是异常的。对消极评价进行低调陈述的第三种方法是我们已观察到的方法——使用否定：

[45] The meeting was not particularly well attended.

[46] †The meeting was not particularly badly attended.

否定命题被认为是对肯定期待的否定，例 [45] 把所对应的肯定命题“The meeting was particularly well attended.”视为标准。因此，即使会议的出席人数众多，断言例 [45] 也可为真。这样，低调陈述通过表面形式的正面解读，掩饰了负面汇报。这种负面解读是通过含意间接获取的，因而负面效应被弱化。相反命题例 [46] 在语用上更不受人喜欢，因它违反乐观原则。它只能出现在非常规的语境中，如因某种原因，期待不理想的出席人数。

我们可以看到，曲言是一种弱化不适切语用意义的方式。在例 [45] 中，会议出席人数不理想的悲观判断被弱化。在其他例子中，被弱化的是不礼貌，如下例中适度的自夸：

[47] Actually, I'm *rather* good at crossword puzzles.

[48] We're *rather* proud of our classless profession.

夸张和曲言不是单一的语用原则，而是每当特定的语用原则引起事实歪曲的情况下出现的一般性倾向。例如，礼貌原则的影
响会导致对礼貌的夸大陈述和对礼貌的低调陈述。乐观原则的影 149
响会导致对乐观的夸大叙述和对委婉的低调陈述。但是，还存在另外一种曲言类型（如例 [44] 所示），似乎是对用夸张来遵循兴趣原则这一相反倾向的矫正：

[49] She's *not a bad-looking* girl.

[50] There are some *rather splendid* murals on the North Wall.

此处，低调陈述的作用在于弱化良好品质，是非典型用法，似乎意在保证说话人观点的诚实性，与兴趣原则相反，它重申了合作原则的重要性。

6.5 结论

本章从根基相对坚实的礼貌准则，讲到了一个还不明朗的领域，我考察了反讽、夸张和曲言等传统修辞手段在会话修辞中的

作用。我探讨了如何将它们从广义上融入格赖斯的会话原则与含意的范式中，这样有助于以补充合作原则与礼貌原则的方式，解释涵义和语力之间的间接关系。在这里，我概括出了本章所拓展
150 的人际修辞原则和准则（见表6.1）。如果要阐述该框架，并解决其中的一些问题，显然还有许多事情要做。比如，存在的问题之一包括：根据语用原则描述反讽、夸张以及类似的取效，强调了语言的社会视角，却忽略了心理视角。因此，夸张和曲言的选择可以在一定程度上根据目的导向模型进行描述，但也必须考虑语言使用者的个性、态度等差异。所有人际修辞的要素都是如此，但与其他原则相比，合作原则和礼貌原则可能并非如此。

表 6.1　人际修辞

一阶原则	高阶原则	促成性准则
合作原则		量
		质
		关系
		方式
礼貌准则		得体
		慷慨
		赞誉
		谦逊
		一致
		同情
		寒暄?
	反讽	
	玩笑	
兴趣原则		
乐观原则		

本章还忽略了与人际修辞有关的语言和文化的类型学研究。迄今为止，在某种程度上我们对交叉文化差异的了解只是道听途说。例如，我们观察到一些东方文化（如中国和日本）往往比西方国家更重视谦逊准则；英语文化（尤其是英国人？）更看重得体准则和反讽原则；地中海文化更重视慷慨准则，而不太注重谦逊准则。当然，所有的观察都假定：人类交际中这些功能性的“强制”原则或多或少具有普遍性，但它们的相对重要性因文化、社会或语言环境的不同而有所差别。尽管这些问题的细节仍不明确，但人际修辞提供了一个可以对它们进行系统性研究的框架。

注释：

① 一些语言包含与受话人和指称对象有关的特殊礼貌和敬语词素，第二人称和第三人称礼貌得到了充分体现。见九野（Kuno 1973：18–22）关于日语敬语体系的研究。科姆里（Comrie 1976）在讨论具有丰富敬语系统的语言时，区分了三个单独的礼貌轴：说话人–受话人（Speaker-Addressee）、说话人–指称对象（Speaker-Referent）以及说话人–旁观者（Speaker-Bystander）轴。

② 我要感谢佐藤秀志（Sato Hideshi）提供此例以及后面的日语示例。

③ 弗雷泽（1975）探讨过模糊施为句的语用隐含和语义隐含。

④ 与此相关的是戈夫曼（Goffman 1963, 1967, 1971）关于面子和自我的研究。

⑤ 见萨克斯、谢格洛夫和杰斐逊（Sacks, Schegloff and Jefferson 1974）关于话 151
轮转换规约的研究。

⑥ 关于沉默的交际价值，见阅维索尔伦（1985）第三章。

⑦ 见第 118 页，第四章的注释②。

⑧ 一种玩笑的仪式化形式是纽约黑人社团的“sounding”实践活动（一种仪式化的相互辱骂），拉波夫（1972）曾研究过。这种语言游戏的效果取决

于，每个交际者的断言都被理解为不真实，因此也取决于它们不能被误认为是真正的侮辱这一事实。

⑨ 格赖斯（1975：53）将夸张和曲言（或弱陈 [Meiosis]）看作是对质准则的违反。

⑩ 德·布格兰德和德雷斯勒（de Beaugrande and Dressler 1981：144, 160, 213）将“趣味性”看作为文本的迫切需要之物。一方面，他们将“趣味性”与出乎意料和信息充足性联系在一起（比较量准则），另一方面，他们将“趣味性”视为与“已知性”（比较质准则）相互冲突。

⑪ 乐观假设（Boucher and Osgood 1969）曾用于解释为什么与愉快相关的词汇多于与不愉快相关的词汇，同时也解释了为什么说话人倾向于借助否定表达来隐藏事物糟糕的一面（见 Clark and Clark 1977：538–539）。此假设也许体现了正常与好善相关、异常与坏处相关的倾向，而不是揭示人类的乐观倾向。如果是这样的话，我们可以在（未经审查的）报纸和新闻广播中找到乐观原则和兴趣原则之间相互竞争的例子，其中，趣味性和新闻价值是与不愉快的事物紧密联系的（坏消息就是好新闻）。

第七章　交际语法：例证 152

约翰逊（Johnson）：我亲爱的朋友，忘记那些伪善之言吧。你说话的方式也许和其他人一样，你说："先生，我是您最谦恭的仆人。"但其实你并非是他最谦恭的仆人。你说："在旅途的最后一天竟遭遇如此恶劣的天气，淋得湿漉漉的，我对您的遭遇深感抱歉。"但其实你根本不关心他是否淋湿了。你可能这样说话，但这只是一种社交说话方式，千万别当真。

［詹姆斯·鲍斯韦尔，《塞缪尔·约翰逊传》，1783年5月15日］

（James Boswell, *The Life of Johnson*, 15 May, 1783）

7.1　交际语法和语力

前面几章已详细地介绍了第一章和第二章里所提及的语用学研究方法。本章将以英语否定句和疑问句的语用分析为例，验证如何在实践中运用此方法。分析过程可能不够正式，但我们会尽最大努力阐述清楚。

本模型的启示之一是，我们可以从三个不同层面分析任何语法范畴，例如否定句、情态句和疑问句。语言学中最常见的是句法层面，我们可以描述诸如怎样构成英语否定句或否定从句之类的问题。第二个是语义层面，主要研究意义，而非语力，如否定连结词与命题逻辑的关系。第三个是语用层面，比如，在4.5.1中，我们已经讨论了情态句的语用问题，即否定信息不充分之次准则。我们可以将交际语法（Communicative Grammar）描述为一种将上述三个层面相互联系起来的语法研究方法。

分析应该从哪个层面开始呢？是从句法到语义，再到语用？还是从语用到语义，再到句法？原则上，这两种分析顺序没有好坏之分，但在实际应用中我们一般采用前者，即从相对常见且一目了然的句法层面，到相对模糊且随语境变化的语用层面。采用
153 从句法到语义再到语用的分析顺序，意味着我们站在听话人的角度（见2.5.2），先通过涵义解码，了解话语的语力，然后通过探索性的问题解决方法，获取其语用阐释。格赖斯的会话含意分析和塞尔的“间接言语行为”讨论采用的就是该阐释顺序。从方法论角度而言，这似乎是阐释语力最可靠的方法了。我们一致认为（见2.4），语用学和语义学都是研究公开传达的意义，而非某个人私下的想法或判断。由此可见，我们应该从公开可见的文本入手，然后根据说话人和听话人都知晓的假设或信息重构语用含意。因此，我认为［见1.4（i）］语用分析者，也即旁观者或观察者，相当于会话中的第三方。

语力在本质上不具有明确性，它随语境而变化，且语用描述涉及不确定性和连续值（见3.4），我们难以确定什么是话语的语力，所以我们通常采用从句法到语用，或（如果你愿意的话）从形式到功能的研究顺序。事实上，在进行语用分析之前，我们必须首先思考：语力描述通常采用何种形式？根据前面几章的内容，我们可以观察到有关语力的几种情况：

1. 根据我们的目的，将话语 *U* 的语力定义为会话含意集合 *F*［这里的“含意”广义上指“根据（i）*U* 的涵义，（ii）说话人在某种程度上从某些方面遵循人际修辞原则和准则的假设，（iii）语境知识”］。

2. 含意集合 *F* 按照这样的方式排列：每个含意都有可能通过中间的含意，从（i）到（iii），追溯其推导路径，该路径的长度可用来衡量含意的间接程度。

3. 每个含意都具有一定的可信度，这种可信度能被形式化为一种会话含意的可能性，该可能性是说话人通过话语 *U* 想要表达的含意的一部分。

4. 话语 *U* 的施为用意是含意集合 *F* 的一个子集，该子集（最简
单的情况下，只包含一种用意）阐述了如何使用手段–目的分析法， 154
分析话语 *U* 会导致何种行为，进而说明说话人通过话语 *U* 想要表达的施为用意。

5. 说话人在哪些方面以及何种程度上遵循人际修辞的准则，这是 *F* 的另一个子集（与施为用意并非永远不相交）。该子集中的含意表示说话人想要实现的修辞目标，如遵循礼貌原则中的某些准则。

6. 许多含意都与语用等级上的某些值相关联，比如命题态度的含意具有主观价值，以“说话人相信 [*X*]”为例，这个态度命题的主观价值表现为说话人对自己这种看法的自信程度，如果用希腊字母 α、β…… 来表示这种价值，那么“说话人相信 $^{\alpha}$[*X*]”这种形式将能更加清楚地表明其中的含意。同样，如果含意与说话人遵循礼貌原则有关，那么可以在相关的态度谓语上加上值，用以表明说话人的礼貌程度。我们已经很清楚，礼貌是有等级程度的，以得体准则为例，我们不能简单地将其视为在“说话人遵循得体准则”和“说话人没有遵循得体准则”中二选一。同样，忠实性和真实性也有程度之分，比如礼貌和真诚之间的互相衡量。

7. 有些含意包含多个态度谓语，一个命题包含在另一个中，如“说话人认为 $^{\alpha}$［听话人是在谦虚 $^{\beta}$］”，原则上，这种一个命题态度包含在另一个中的形式可以无限进行下去。

关于语力的以上结论有助于以下分析。显然，我们可以更加准确地阐述“语力”概念，但我在最后一章再做阐释。目前，该概念的不确定性能够让读者联想到其他更明确的理论，如塞尔的言语行为理论。对于如实反映言语交际过程的任何模型而言，这种不确定都是至关重要的因素。

此外，还须提及另外一种不确定性，该不确定性源自波普尔（Popper）针对语言所提出的表达功能和信号传递功能。在谈及意义时，我们一般会假设：说话人表达的信息或意义等同于说话人想传递的意义，说话人想要传达的意义等同于听话人自然接收到
155 的意义。上述假设融入了意义的语用界定（见 2.4）。但在两种情况下，说话人表达的意义和听话人接收的意义可能存在出入。第一种情况是，这种不确定性是预先设定的，这一点我们在前面已经讨论过，即话语 U 的语力在一定程度上留有协商的余地。第二种情况是，这种不确定性是无计划的，比如在讨论关系准则（见 4.3）时，我曾提出要考虑关联的程度。在某种程度上，这种关系表现为听话人是否意识到说话人的话语与某个特定的交际目标相关联。下面引用格赖斯的例子（1975：54），据说是摘选自一次茶话会上的对话，进行分析。

A：Mrs X is an old bag.

（大家因为震惊而沉默了一会儿。）

B：The weather has been quite delightful this summer, hasn’t it?

根据格赖斯的分析，*B* 故意明显违反关系准则，暗示 *A* 的话语违背社交礼仪。但还有另一种解读：*A* 的话语使 *B* 感到尴尬，所以 *B* 生硬地转换了话题，但其目的并非有意掩饰自己的尴尬或不愉快，

当然这种情况可能不太适用于本例。不管是哪种情况，*A* 的回应可能存在以下三种情况：

(a) *A* 是个说话粗俗，感觉迟钝的家伙。他甚至都没有意识到 *B* 尴尬地转换了话题；

(b) *A* 意识到 *B* 生硬地转换了话题，认为 *B* 是因为 *A* 的话感到尴尬才转换话题；

(c) *A* 意识到 *B* 生硬地转换了话题，认为 *B* 是想把大家的注意力转移到 *A* 的社交失礼上。

当然还存在其他可能性，比如 *B* 意识到自己转移了话题，但并不是为了回应 *A* 前面所说的话。通过这个例子，我们可以看出：第一，传达的意义中可能不包括预期意义，反之亦然；第二，我们很难界定说话人的话语是为了暗示命题 p（本例中指"*A* 说了失礼之言"），还是仅为了传达预期之外的信息，即说话人认为命题 p 成立。这一点对于当前的讨论更为重要。让我们回到最简单的例 156
子：什么时候打哈欠只是因为无聊而产生的生理反应？什么时候又是有意而为之？尽管这种不确定性在交际中很常见，但我们不能因此忽略言语交际在很大程度上依赖于以下假设：听话人接收到的正是说话人想要传递的。这种"预期"意义与"传递"意义之间的信息重叠正是语用学研究的中心议题，而关系准则和方式准则确保了相关研究不会偏离该中心。

7.2　语用元语言

描述语力需要何种元语言？出于方便考虑，我曾经使用并将继续沿用英语中常见的动词和形容词，来表达说话人的心理活动和状态（如命题态度）。但该方法存在不足之处，只能作为权宜之计。比如，不同的意愿动词（如 *want* 和 *intend*）之间存在质的区别，但这种差别却无法在语用实践中得到证实。我们最终必须设计一种中立的元语言，这种元语言的谓语能够反映其自身的语用价值，而不必受到某种语言（如英语）的语义限制。

在语用描述过程中，我们需要避免施事动词或施为动词的元语言，如 *offer*（提供 / 提议）、*suggest*（建议）和 *state*（陈述）等。而奥斯汀、塞尔在言语行为理论中却提出，讨论施为用意的元语言可以包含大量的施为动词。因此，大家一定对回避施为动词的观点倍感意外。但正如我在 2.2 中所提及的，施为用意远远不止 *offer*、*suggest* 和 *state* 等类别。我们将在下一章讨论言语行为动词时，阐述具体观点。目前，我们暂且认为 *offer* 等动词是描述施为用意的简略方式，这无非表明了某种话语表达方式在手段–目的分析中的重要性。

针对描述语力的元语言，还有最后一种观点。表达命题态度的含意（如“说话人相信 [*X*] ”）本身就是元语言，因为它涉及说话人在某种程度上“纳入考虑范围”的命题 [*X*]。*X* 所表示的命题内容一般源自语力描述对象——话语 *U* 的意义。因此，根据元语言学家的结论，语用元语言应包括用于表示语言话语意义的任何
157 结构。我们先回顾一下 3.2 中关于四个世界的讨论，高阶语言功能会对较低一层的功能做出反馈。在我的早期论述中，意义属于高阶概念功能（波普尔提出的描述和论辩功能），而语力属于低阶人际功能（波普尔提出的信号功能）。但在手段–目的分析中，高阶功能反而是研究低阶功能的工具（见 3.3.1），这个发现也可以表

述如下：只要具有语法（或概念）意义，也就具有语用（或人际）意义[①]。

我们需要进一步探讨语力概念。在该前提下，我们可以设想一下，通过语义学将句法学和语用学关联起来的交际语法，该如何描述呢？为确保完整性，我们需要补充的是，完整意义上的交际语法不仅将句法和人际语用联系在一起，还将句法和篇章语用联系在一起，但此处可以忽略后者。下面（以否定句和疑问句为例）将从句法、语义和语用三个层面分别讨论并阐明三者之间的关系。只有这样，我们才能归纳和得出结论，并由此证明交际语法的适用性。如前所述，语用分析始于句法。

7.3 英语否定句和疑问句

7.3.1 句法层面

下面表 7.1 中的组合，除例 [2] 之外，其他情况在英语中都是可能出现的[②]。

另一方面，只有斜体的例子 [1]、例 [4]、例 [6]（例 [8] 也有可能）是“常用的”英语句子，句法冗余原则可用于解释常用句子：

[9] 规则Ⅰ　否定　→　非断言
（否定＝非肯定）
规则Ⅱ　疑问　→　非断言
（疑问＝非陈述）
规则Ⅲ　其他　→　断言

158 **表 7.1**

	陈述句	肯定句	断言句
[1] *George is sometimes late.* *The train has arrived already.*	√	√	√
[2] *George is ever late. *The train has arrived yet.	√	√	×
[3] George isn't sometimes late. The train hasn't arrived already.	√	×	√
[4] *George isn't ever late.* *The train hasn't arrived yet.*	√	×	×
[5] Is George sometimes late? Has the train arrived already?	×	√	√
[6] *Is George ever late?* *Has the train arrived yet?*	×	√	×
[7] Isn't George sometimes late? Hasn't the train arrived already?	×	×	√
[8] Isn't George ever late? Hasn't the train arrived yet?	×	×	×

159 上述句法层面的分析不适用于例 [3]、例 [5] 和例 [7] 这种“非常用的”句子类型，也不能解释为什么肯定句例 [6] 和否定句例 [8] 之间的关系与肯定句例 [1] 和否定句例 [4] 之间的关系不同。

7.3.2 语义分析

本节将通过逻辑 / 语义分析去说明上一节中句法分析不能解释的问题。在语义层面上，上述三种句法对立分别对应三种逻辑对立。

[10] 句法对立　　逻辑对立

肯定：否定　［肯定（命题内容 X）］:［否定（命题内容 X）］

陈述：疑问　［肯定/否定（命题内容 X）］:［存疑（命题内容 X）］

断言：非断言　［事实 X^{+}］:［非事实 X^{0}］

这里 X 表示一组句子类型共有的谓语（"命题内容"），带有上标的 X^{+} 和 X^{0} 分别表示通过词语选择，如通过 *some* 或 *any*、*sometimes* 或 *never* 区分"事实"或"非事实"。问号是一般疑问句标记，可以表达肯定，也可以表达否定。也就是说，问号表示 X 陈述的真值状态具有不确定性。这就是塞尔（1969 : 31）所说的命题功能（见 5.5）。例 [1]、例 [4] 和例 [6] 之类的"标准的"句子类型所表示的命题内容和命题功能如下：

[1] George is sometimes late.　［肯定（事实）］

[4] George isn't ever late.　［否定（非事实）］

[6] Is George ever late?　［存疑（非事实）］

上述公式例释了（肯定、否定）和（事实、非事实）之间的组合方式：肯定的命题内容表示事实，即包含 X 对应某种状态，否定句和疑问句则无此意。通过冗余原则对例 [9] 进行合适的重构，可以更好地表示该限制规则：

[11] 对于任何命题 [*p*]，肯定命题与事实同时出现，否定命题与非事实同时出现，存疑的命题与非事实同时出现。

这解释了为什么例 [2] 不合语法，因为表肯定和非事实不可能同时出现。例 [1]、例 [4] 和例 [6] 也体现了表肯定、否定和存疑之间的排他性：表肯定和表否定是一组相对概念，存疑是变量，它使 160

肯定或否定的状态待定。对于该公式，还有第三个方面需要说明，即该公式具有命题形式，命题则是判断谓语为真或假的论据。严格说来，只有例 [1] 和例 [4] 是命题内容。为方便起见，我们可以使用“命题”这一涵盖性术语来表达例 [1]、例 [4] 和例 [6]（在 5.5 中，符号 *I* 和 *N* 用来区分直陈命题和非直陈命题，但这种区分与本章节的分析并无关联，故略去。）

如何对例 [3]、例 [5]、例 [7] 和例 [8] 进行逻辑分析，这是我们接下来需要思考的问题。在给出答案之前，我也将尽力说明逻辑分析是对该类句式进行语用解读的关键。通过预期方式，我们可以借助更多例句来阐释“非常用的”句子类型所体现的特殊语用含意。比如，海关工作人员进行询问时，可能不使用常规用法例 [12]，而使用例 [13]—例 [15]：

[12] Have you anything to declare? 见 [6]

[13] Have you something to declare? 见 [5]

[14] Haven't you anything to declare? 见 [8]

[15] Haven't you something to declare? 见 [7]

该用法可以很快显示这位海关工作人员和对方之间反常的、不符合常规的，甚至有些蹊跷的关系。可能出现该用法的语境如下：

[13] 海关工作人员看见一位女士在“绿色通道”和“报关通道”之间不安地徘徊，于是怀疑她的行李中有需要交税的物品，想鼓励她如实申报。

[14] 海关工作人员看见一位女士提着大包小包，艰难地走过，他不相信这么多行李中没有需要报关的，所以他提出了质疑。

[15] 海关工作人员看见一位女士的手提包中露出了珠宝，她却走了“绿色通道”，他完全可以起诉她走私。

更多例句表明，这种特殊的疑问句型与礼貌密切相关：

[16] Will you have anything to eat? 161

[17] Will you have something to eat?

[18] Won't you have anything to eat?

[19] Won't you have something to eat?

如果主人向客人发出邀请，例 [16] 显然是最常见的用法，却是最不礼貌的；例 [19] 的礼貌程度最高。例 [16]—例 [19] 的人际含意与例 [12]—例 [15] 截然相反。比如在例 [20]—例 [23] 中，如果主人对客人进行问候，其中例 [21] 的礼貌程度最高，例 [22] 的礼貌程度则最低。

[20] Are you leaving yet?

[21] Are you leaving already?

[22] Aren't you leaving yet?

[23] Aren't you leaving already?

为解释其言外之意，我们先回到逻辑分析。要构成这些“非常用的”句子类型，首先需要通过机械翻译的方式，将句法特征转化为对应的逻辑成分，如下例所示：

[3a] George isn't sometimes late.　*[否定（事实）]

[5a] Is George sometimes late?　*[存疑（事实）]

[7a] Isn't George sometimes late?　*[存疑 否定（事实）]

[8a] Isn't George ever late?　*[存疑 否定（非事实）]

这些公式带有星号是因为它们不符合逻辑约束条件：例 [3a]、例 [5a] 和例 [7a] 中的存疑、否定和事实状态同时出现；例 [7a] 和例 [8a] 的存疑和非事实则同时出现。这种事实和真值状态之间的不匹配表明这些句子是“非常规的”。相比较而言，例 [1]、例 [4] 和例 [6] 显得更为常规，它们的逻辑形式更加复杂，语用实现方式也更为间接。

但是，有些“非常规的”句子在本质上可视为次生话语（Second-instance Utterance），即它们需要具体的语境，需要参考前面说过的话语，这为其逻辑形式分析提供了线索。如例 [3a] 可能出现在以下语境中：

[24] *A*：I'm sorry to hear that George and Bill are sometimes late for work.

B：George isn't *sometimes* late, he's *always* late!

同样，如果例 [13] 中的那位女士知道没有走私，她可能会生气地对海关工作人员说：

[25] No, I *don't* have something to declare!

162 但在其他例句中，次生话语不一定要全部或部分重复前面所说的话语，说话人只需再现与命题内容的相关语境即可。广义上，这些话语可以称作“元命题”，而非“元语言”，因为它们通过某一命题表达另一命题[3]。

一旦借助某一命题表达其他命题，就可以根据规则，将句子的逻辑分析建构如下：

[26] a. 事实表达必须出现在肯定表达的直接辖域内。

b. 如果同一个命题中出现集合 { 肯定，否定，存疑 } 中的两个符号，一个应视为主命题，另一个视为被包含（内嵌）命题。

c. 表示存疑的自由变量? 不能出现在表肯定或表否定的辖域内。

事实上，这些是前面例 [11] 中所提及的逻辑约束条件的最小拓展情况。规则 a 只是重复了例 [11] 所提及的逻辑约束，即事实表达可以和肯定表达出现在同一命题中，但不能和否定表达或存疑出现于同一命题之中。同样，规则 b 解释了肯定、否定和疑问这三者之间的相互排他性。通过应用于不同命题的方式，一个命题嵌套于另一个命题之中。根据以上两条规则，我们将公式修改如下：

[3b]［否定［肯定（事实）］］　[7b]［存疑［否定［肯定（事实）］］］

[5b]［存疑［肯定（事实）］］　[8b]［存疑［否定（非事实）］］

被包含的命题由 [ ] 分隔，注意该规则在例 [7b] 中使用了两次④。

该分析仍不尽如人意。首先，我们对存疑和否定进行双重解读，符合常见的、关于内部否定与外部否定的区分。但有人认为这种区分实属多余，如果不统一否定句和疑问句的界定，实在有些遗憾。对它们进行区分，是因为表示存疑和否定的使用对象可分为两类：大多数情况下，它们作用于非事实性推断，少数情况针对命题。但是，我们可以将少数情况视为多数情况的一个特例，因为命题需要通过谓词的真假进行界定。我们在包含命题和前面的符号之间加上真，记作“（真实［命题］）”，使之变成推断，将 163
否定或疑问这两种状态减少为一种。该分析方法适用于类似例 [27] 的分析：

[27] It is true that I drank your beer.（真实［肯定命题］）

不难发现，假设命题“I drank your beer”在语境中已经出现过，那么与例 [3]、例 [5]、例 [7] 和例 [8] 一样，例 [27] 也是一个次生句，这意味着例 [3b]—例 [8b] 的公式最终可以改写如下：

[3c]［否定（真实［肯定（事实）］^{0}）］

It is not true that George is sometimes late.

[5c]［存疑（真实［肯定（事实）］^{0}）］

Is it true that George is sometimes late?

[7c]［存疑（真实［否定（真实［肯定（事实）］^{0}）］^{0}）］

Is it true that it is not true that George is sometimes late?

（即“Isn’t it true that George is sometimes late ?”）

[8c] [存疑（真实 [否定（非事实）]^{0}）]

Is it true that George isn't ever late?

为什么肯定、否定和存疑的符号在某些管辖域内只能按照一种顺序出现，即“肯定在否定内部（否定在存疑内部）”？以上新公式对此进行了额外解释，并弥补了例 [3b]—例 [8b] 分析中的一个不足。根据新公式，这种顺序是唯一符合下列规则的：当 X 为事实（X^{+}）时，表肯定，必须出现在最里层；不论何种情况，表示存疑的符号？都必须在最外层，因为真实性作用于整个命题，而非命题功能。

因此，我认为例 [3c]—例 [8c] 是它们所代表的最简单、最常规、最符合规则的逻辑分析。但书写公式却十分复杂，为方便起见，我将它们简化如下（每种句子类型单独举例）：

简写方式：

[1d] 肯定 X	例：She bought some flowers.
[3d] 否定　真实　肯定 X	例：She didn't buy some flowers.
[4d] 否定 X	例：She didn't buy any flowers.
[5d] 存疑　真实　肯定 X	例：Did she buy some flowers?
[6d] 存疑 X	例：Did she buy any flowers?
[7d] 存疑　真实　否定　真实　肯定 X	例：Didn't she buy some flowers?
[8d] 存疑　真实　否定 X	例：Didn't she buy any flowers?

164 **7.3.3 语用分析**

7.3.3.1 肯定命题

我们先以例 [1d]、例 [4d] 和例 [6d] 为例，展开语用分析。为了表明最大程度的普遍性，我们假定语境没有特定的前预知识。

不过，我们可以进行最小的语用假设。比如，话语涉及说话人和听话人双方，且双方都知道话语的涵义。进而，我们认为说话人遵守了合作原则。就例 [1d] 而言，其最直接的语用解读大致如下：

[1e] A. 肯定命题 （涵义已知）

B. 说话人对听话人表达了某命题（最小语境化）

C. *B* 的目的使听话人充分意识到（或通知听话人）某命题（最小施为假设）

D. 说话人相信该命题（质准则）

E. 说话人认为听话人没有意识到该命题（量准则：确证条件）

F. 说话人认为听话人应该意识到该命题（关系准则：确证条件）

（关于“最小施为假设”和“确证条件”，见 2.5.2）

从探索问题的解决方法出发（见第 47 页，图 2.4），最小语境化的言语行为 B 表明，听话人存在理解方面的问题。为了解决该问题，听话人提出了“默认”假设 C（相当于塞尔的“必要条件”）。结合假设 C 与合作原则，得出推论 D（相当于塞尔的“真诚条件”）、E 和 F（相当于塞尔的“准备条件”），这三个推论分别根据质准则、量准则和关系准则而来。之所以是“确证条件”，是因为这些推论从属于假设 C，且一经确证，就可以证实该假设。如果言语行为 B 具有信息功能（这是最有可能的假设），那么说话人必须相信该命题内容（假设遵循合作原则），认为听话人没有意识到命题内容，于是希望听话人意识到该命题内容。在此，合作原则作为一种背景前提，由此得出较为特殊的推论 D、E、F，这些推论与语境密切相关，一旦出现语境线索，这些结论就可能被推翻或取消。同时，这些结论也可能是能够得出的最有可能的假设，如果没有出现推翻这些假设的语境线索，我们就默认这些结论是可接受的。

165 这就是格赖斯的会话含意分析，可在一定程度上代替塞尔言语行为规则的作用。尽管推论 D—F 不是格赖斯讨论最多的含意类型，即违反合作原则所产生的含意，但我们仍将推论 D—F 视为含意。然而，当前模型中的含意都是暂时性的，最后都有可能被取消。此外，我们扩展了量准则，以便分析交际中的发话选择。在某些情况下，“所说的话不应超出交际所需的信息量”意味着“除非你有信息要提供，否则不要说”。因此，说话人发话就是假设 E 的根据，这是说话的理由之一。发话的另一个理由涉及关系准则：通过合作的方式，让听话人知道某命题内容时，听话人应该相信说话人说出该命题是为了实现某种目的，即说话人认为听话人应该知道该命题内容。

7.3.3.2 否定命题

否定命题的解读模式与肯定命题类似，只需将例 [1e] 中的命题内容替换为命题内容的否定形式。但由于否定信息不充分（见 5.4.1），还会得出一个额外含意，即说话人在表达某个命题内容的否定形式之前，说话人或听话人倾向于相信该命题内容。因此，就否定命题而言，我们需要在其解读之后加上如下的含意：

[4e] G. 说话人有，或说话人认为听话人有，相信该命题内容的倾向。

7.3.3.3 常规性一般疑问句

与例 [6] 类似的简单疑问句存在如下的语用解读：

[6e] A. 表存疑的命题内容（涵义已知）

B. 说话人向听话人询问表存疑的命题内容（最小语境化）

C. *B* 的功能是让听话人告知说话人命题内容是否属实（最小施为假设）

D. 说话人不清楚命题内容是否属实（量准则）

E. 说话人认为听话人知道命题内容是否属实（关系准则）

F. 说话人想知道命题内容是否属实（关系准则）

一般疑问句的逻辑分析表明，它们是“有缺陷的命题”，也就是缺 166
乏肯定或否定标志的命题，所以根据量准则，除非说话人的确不清楚命题内容是否属实，否则我们有理由认为说话人违反了合作原则。以上语用解读中，D 符合塞尔所提出的有关疑问句的准备条件，是一种自然的语用含意。当然，在某些特殊情景中，如法庭交叉询问、课堂启发性活动、考试题目等，命题内容的肯定或否定的不确定性则另当别论。通过证明 D 是疑问句的准备条件，塞尔对“真疑问”和“考试提问”进行了区分，但从“疑问句”自带的逻辑涵义出发，此举存在过于简化和过度区分之嫌，应尽量避免。从例 [6e] 可以看出，当说话人不知道疑问句的答案时，作为一个逻辑类别，一般疑问句的使用则是合理的。

我们暂且将 C 视为一种询问信息的言语行为，那么根据质准则和关系准则，可以进一步在 D、E 和 F 中检验该假设。

7.3.3.4 诱导性一般疑问句

暂且将断言式否定命题例 [3]（不同于其他命题[5]）搁置一边，接下来我们分析更加复杂的“诱导性疑问句”，分析顺序为如下的例 [5]、例 [8]、例 [7]。在分析中，我们将使用一些用于解读次生句的策略。具体如下：次生疑问句表面上违反了方式准则，为了实现信息诱导，它们必须在逻辑上显得格外复杂，表达也更加间接。其原因在于，次生疑问句和一个更简单的疑问句存在逻辑对等，而这个简单疑问句的谓语却不为真。我们可以做如下思考：

[5f] 存疑　真实　肯定命题内容 =>
{ 肯定　真实　肯定　命题内容　恒等于 肯定命题内容
{ 否定　真实　肯定　命题　恒等于 否定命题内容

在例 [5f] 中，箭头右侧的两个命题内容为箭头左侧问题所对应的两种逻辑选择，这两种选择在逻辑上分别对应肯定的命题内容和否定的命题内容。同样，例 [8] 和例 [7] 的分析也如此，只需将肯定的命题内容和否定的命题内容的位置进行对换，如下所示：

167

[8f] 存疑　真实　否定命题内容 =>
{ 肯定　真实　否定命题内容　恒等于 否定命题内容
{ 否定　真实　否定命题　恒等于 肯定命题内容

[7f] 存疑　真实　否定　真实　肯定命题内容 =>
{ 肯定　真实　否定　真实　肯定命题内容　恒等于　否定命题内容
{ 否定　真实　否定　真实　肯定命题内容　恒等于　肯定命题内容

如果我们将疑问句定义为一种"逻辑对等"，也即，疑问句与回答之间存在一对一的真值对等关系，那么所有的疑问句在逻辑上都等同于简单疑问句"表存疑的命题内容"。也就是说，简单疑问句无法引出的信息，诱导性疑问句也同样无法引出。因此，我们希望根据方式准则，去解释这种有意而为的隐晦，那它背后的原因是什么呢？诱导性疑问句与一般疑问句（如例 [6]）的不同之处在于，前者可指向一个或多个命题，因此次生疑问句的最小语用推论是其所指向的命题"存在于一定的语境中"，即存在于说话人或听话人大脑中的相关假设[⑥]。我将这种推论称为次生含意（Second-instance Implicature）。

下面对例 [5] 展开分析。例 [5] 是例 [6] 的特殊情况，因此例 [5] 的分析过程与例 [6] 相似，只需将命题内容全部替换为真实的、肯定的命题内容。但是，真实的、肯定的命题内容在逻辑上等同于命题内容，因此我们也可以再将真实的、肯定的命题内容全部替换为命题内容，最后加上次生含意 G，如下所示：

[5e] A. 存疑　真实　肯定命题内容（如：*Did she buy some flowers?*）等同于存疑的命题内容。

因此例 [6e] 中的 B—F 也适用于：

存疑　真实　肯定命题内容。

此外，

G. 说话人假定，或认为听话人假定命题内容属实（方式准则、次生含意）

G 解释了断言式疑问句被称为"肯定偏向疑问句"或"肯定回答期待性疑问句"的原因，如例 [5] 。

同样，对否定疑问句例 [8]（表存疑的、真实的、否定的命题内容）的分析也大同小异。此处的内涵命题是否定的，次生含意标记为 G'，以示区别：

[8e] A. 存疑、真实、否定的命题内容（例：*Didn't she buy any flowers?*）等同于表存疑的命题内容。

因此例 [6e] 中的 B—F 适用于

存疑　真实　否定命题内容

168 此外：

G’. 说话人假定，或认为听话人假定否定的命题内容属实，即命题内容不属实。（方式准则，次生含意）

H. 说话人有，或认为听话人有，相信命题内容属实的倾向。（量准则、否定信息不充分）

根据否定信息不充分的次准则，我们还可以进一步推导出含意 H。因此，否定疑问句表达了两个相反的期望：真实期望和被取消的期望。以“Didn’t she buy any flowers?”为例，真实期望是“她没有买花”，被取消的期望是“她买了一些花”。这也是为什么这类疑问句通常意味着对事实感到吃惊，甚至怀疑。（例如：你不感到羞耻吗？——“我希望你感到羞耻，但事实上你并没有。”）

否定断言式疑问句，例如例 [7]“Didn’t she buy some flowers?”，更加隐晦。一般疑问句的含意分析在此处依然适用，表存疑、真实、否定、真实、肯定的命题内容可与例 [6e] A—F 中表存疑的命题内容相互替换，只需增加三个额外的含意 G’、H 和 I，如下所示：

[7e] A. 存疑、真实、否定、真实、肯定的命题内容（例：*Didn’t she buy some flowers?*）等同于表示存疑的命题内容。

G’. 说话人假定或认为听话人假定否定、真实、肯定的命题内容，即命题内容不属实。（方式准则、次生含意）。

H. 说话人有，或认为听话人有相信真实、肯定的命题内容属实的倾向。（量准则、否定信息不充分次原则）

I. 说话人或听话人假定（与 G’ 相矛盾）命题内容属实。（方式准则、次生含意）

否定断言式疑问句与否定非断言式疑问句的分析方法相似，不同之处在于前者可以根据第二个包含命题得出额外的次生含意 I。在语用上，两者之间的主要差别在于例 [7] 更倾向于肯定命题，因为 I 中的假设否定了 G’ 中的假设。例 [7] 表示的质疑程度要大于例 [8]。此外，当语境下的断言或假定表示肯定的命题内容属实时，就往往使用例 [7] 。下面再通过例 [22] 和例 [23]，进一步阐明这种差别，如果对某个不识趣的客人说例 [22] “Aren’t you leaving yet?” 可能会激怒客人，因为该话语的言外之意是“我希望你已经走了，
但你还没走”，而例例 [23] “Aren’t you leaving already?” 更像是在 169
陈述事实，而不是表达说话人的强烈愿望，因此不能在这种语境下使用。从这个角度看，就能理解为什么否定断言式疑问句，如例 [7] 和例 [23]，往往不能引出更多的信息（按照塞尔所指的疑问句），而成为了一种间接的、委婉的表达方式，用于表达对听话人所言或所隐含信息的一种质疑。

值得注意的是，例 [7e] 中的含意 I 与含意 G’ 之间前后矛盾。这是有关“含意”的一个重要特征：一个话语的某个含意可以否定该话语的另一个含意。然而，被否定的含意仍是话语意义的一部分。

7.4　礼貌含意

本节将回到礼貌问题的讨论上。在 5.3 的分析中，例 [16]—例 [19] 之类的疑问句通常被理解为一种提供或提议。很显然，例 [17]—例 [19] 这样的诱导性疑问句要比例 [16] 更为礼貌。

[16] Will you have anything to eat?　　存疑命题内容

[17] Will you have something to eat?　　存疑 真实 肯定命题内容

[18] Won't you have anything to eat?　存疑 真实 否定命题内容

[19] Won't you have something to eat?　存疑 真实 否定 真实 肯定命题内容

礼貌行为具有不对称性，说话人的礼貌信念可能是听话人的不礼貌信念，也即，说话人认为是礼貌的行为，在听话人看来不一定是礼貌的，反之亦然。提供这一言语行为的本质很好地阐述了这种不对称性，主动给某人提供某个东西是一种礼貌行为；同样出于礼貌，听话人通常对提供表示谢绝，而不是接受。从“礼貌信念”术语本身也可看出，这种信念是说话人声称相信的信念，而非真正相信的信念，两者之间有着很大差异。

断言式疑问句（如例 [17]）要比一般疑问句（如例 [16]）更为礼貌，因为前者（见例 [5e] 中的 G）隐含了如下的礼貌信念：

[17a] 说话人假定［或认为听话人假定］听话人想吃东西。

170 下面方括号中的内容可以暂且忽略。通常情况下，例 [18] 又比例 [17] 更为礼貌，其背后的原因更加复杂。否定疑问句隐含一个真实的否定假设和一个取消的肯定信念，这两个隐含信息分别对应听话人的“礼貌信念”和说话人的“礼貌信念”。例 [18] 体现了双重礼貌，因为它假定听话人会遵守礼貌原则，这是对听话人的夸赞。它给了听话人撤回或克制礼貌拒绝的机会：

[18a] 说话人［假定或］认为听话人假定听话人不想吃东西，这否定或取代了说话人的意向［或听话人假定的意向］，即认为听话人想吃东西。

但是，例 [19] 更为礼貌，因为说话人的礼貌假设取代了听话人的礼貌假设（或听话人预期的拒绝）：说话人会拒绝接受听话人的礼貌，因为接受的话会显得说话人更加不礼貌：

[19a] 说话人［假定或］认为听话人假定听话人不想吃东西，这否定或取代了说话人的意向［或听话人假设的意向］，即认为听话人想吃东西，同时也反过来被说话人的意向［或听话人假设的意向］否定。

之前关于次生含意的讨论中，方括号的内容被视为次生含意的有效部分，但在讨论礼貌含意时，例 [17a]—例 [19a] 中的方括号内容不纳入考虑范围，因为那些内容代表不礼貌信念。由此可见礼貌原则与合作原则之间的相互作用，即礼貌原则会抑制对不礼貌部分的理解。

根据上述分析，我们还可以发现礼貌和隐晦（间接性）之间的联系。例 [17a]—例 [19a] 的分析限于符合礼貌信念的含意，我们可以观察说话人如何通过额外的含意去增加礼貌程度。此时，我们需要考虑“视角互换性”和礼貌不对称原则：要真正做到有礼貌，说话人必须假设听话人也是礼貌的，并预先制止其礼貌。理论上这会导致礼貌的无限后退，例 [17a]—例 [19a] 表示了后退的前三个阶段。根据例 [17a]—例 [19a] 中逐步增加的含意，我们可以推导出以下的“礼貌含意”：

[17b] 说话人遵循礼貌原则。 171

[18b] 说话人遵循礼貌原则。
说话人假定听话人遵循礼貌原则。

[19b] 说话人遵循礼貌原则。
说话人假定听话人遵循礼貌原则。
说话人假定听话人假定说话人遵循礼貌原则。

根据礼貌原则重复出现的次数，我们能够衡量例 [17]—例 [19] 中礼貌程度逐渐增加的趋势。

虽然我们没有对例 [12]—例 [15] 中海关人员的话语进行具体分析，但这些例子正好表达了相反的隐含意义，因为“You have something to declare.”被视为是不礼貌的，即一种不礼貌信念，相较于一般性是非疑问句而言，越间接的疑问就越不礼貌，就越带有威胁性。

该分析表明，话语的语用阐释如何依赖于最小施为假设与会话含意，包括源于该假设或伴随该假设的礼貌含意。（在更间接的情况下，为了支持另一假设，该假设可能会被否定。）通过这种方式，听话人重新建构说话人想要表达的意义。

7.5 结论

本章表明，语义分析和语用分析之间存在各自不同的规则，并且两套规则之间的关系也可以通过明晰的原则来解释。为此，本章尽力展现了它们之间的区分。

在语义层面上，我们可以用公式去解释肯定句与否定句、断言句与非断言句、陈述句与疑问句之间的逻辑关系，以及这些句子类别在句法上的不对称性。在语用层面上，我们可以概括出合作原则和礼貌原则是如何根据交际功能对语言行为产生影响的。显而易见，这两套原则存在本质区别。对话语进行语用解读时，我们需要将二者进行结合，以解释句法上相似的句子（比如不同的否定疑问句）为什么有着不同甚至截然相反的语用解读。

172 此外，我还想通过本章的分析说明一点：语用学不需要特别的言语行为规则，如塞尔提出的规则。以言行事行为的条件，如塞尔的必要条件、准备条件和真诚条件等无须单独讨论，因为根据话语涵义和合作原则，无论如何都可以得出类似的条件（尽管是基于概率的）。正如米勒和约翰逊-莱尔德所言（Miller and Johnson-Laird 1976：636），“当我们已知一套会话准则、话语的字面意思和使用的具体语境时，原则上我们就可以推断出该话语的施为用意。”

注释

① 这与塞尔的“可表达性原则”（1969：19–21），至少在对言语行为形式的描述上，正好相反，“任何可能的言语行为都存在对应的语言因素，表达其意义……这足以证明字面话语正是言语行为的表现。”塞尔主张，凡是具有语用意义的信息都可以用合乎语法的语言表达出来，而我的主张是，任何合乎语法的话语都具有语用意义。

② 古英语中的 *ever* 有“总是”之意，若将此处的 *ever* 理解为“*always*”，“George is ever late.”就是合乎语法的。

③ “次生”概念最初是由鲍林格（Bolinger 1965 [1952]）提出的。“元语言”和“元命题”的区别在于，“元语言”是直接引用“原话语”使用的词语，而“元命题”只是重现话语或想法的涵义。这种差别类似于直接引语和间接引语，或类似于提及的形式与内容之间的差异（见 Leech 1980 [1977b]）。

④ 公式例 [3c]—例 [7c] 不能直接根据规则推导出来，但是如果我们注意到只可能有这一种顺序（即从里到外依次为 +、–、?）时，那么例 [3c]—例 [7c] 就是能得出的唯一符合语法的公式。见本书第 191 页中的解释。

⑤ 断言式否定命题例 [3]“George isn't sometimes late.”不同于其他的次生命题，因为例 [3] 只符合严格意义上的元语言解读，即加上引号：“George isn't ‘sometimes late’.”（见注释③）。在这种情况下，断言式命题的真值不同于对应的非断言式命题的真值，如例 [24] 分析所示，在逻辑上，“George isn't ‘sometimes late’.”等同于“George is always late.”，而

“George isn’t ever late.” 则不是。

⑥ 次生含意是一种含意，或（换言之）是一种含意策略。就好比我们会用
173 “原则”或“准则”等字眼来抬高夸张和反讽一样。但我认为之所以出现次生含意，是因为次生表达，如直接和间接引语等，本身可以称作一种特殊的话语标记。因此，在逻辑上，它们类似于 *the* 之类的有定结构，比如我们完全可以将“Is George sometimes late?”改述为含命题标记的句子“Is the proposition-token ‘George is sometimes late’ true?”。通常情况下，有定结构表示根据共有的语境信息，说话人和听话人可以理解命题标记的意义。当然这种解释可能缺乏说服力。（关于类型标记区分，见 Leech 1980 [1977：33–39]。）

第八章　施为句 174

问：我们家有猫，就好像别人家有老鼠一样。

［签字］C. L. 弗洛斯太太（Mrs C. L. Footloose）

答：这我知道，但我不知道你这样说是想听听我的建议还是在炫耀什么。

［詹姆斯·瑟伯，《阁楼里的猫头鹰》］

（James Thurber, *The Owl in the Attic*）

本章将延续上一章末尾部分挑起争辩的论调，深入讨论人际修辞。通过和其他类似方法的对比，来论证我所使用的施为用意的研究方法，对比对象包括奥斯汀和塞尔的“正统言语行为理论”以及罗斯、莱可夫和萨多克（Sadock）等人的施为假设。

从根本上区分施为行为分析和施为动词分析，将是我在以下论证中的一个关键问题。

8.1　关于施为句和施为动词的谬论

我对以下两种观点提出异议，并将其视为谬论。这两种观点通过奥斯汀、塞尔等人的著作影响了人们对于施为用意的认识。“施为动词谬论”（Illocutionary-Verb Fallacy）认为，通过分

析 *advise*、*command* 和 *promise* 等施为动词的意义，就可以分析施为用意。从表面上看，这似乎是一种很合理的研究方法。但根据我的研究，这其实会导致语用用意（Pragmatic Force）的语法化。施为动词的涵义属于语法，应从范畴的角度进行研究，而施为用意则应从修辞和非范畴的角度进行研究。当我们分析施为动词时，研究的是语法，而在分析动词的施为用意时，研究的是语用。二者很容易混淆，因为施为动词是施为用意的元语言的构成部分。
175 也就是说，因为这些施为动词在英语中存在的目的就是为了表示请求、汇报等施为行为，当我们在讨论或汇报一般话语（如 “John asked Theodore to open the window.”）的施为行为时，不可避免会用到施为动词，如 *ask* 和 *report*。我在前面（尤其是在 2.2 中）已讲明，施为用意具有不确定性和等级上的可变性，仅靠日常的言语行为动词，我们很难将其表述清楚。说话人具有将话语 *U* 的信息传达给听话人的计划。如果将施为用意与该计划联系起来，基于前面第六章和第七章的分析，语力应该在一定程度上从非范畴和等级的角度进行分析。比如，*ordering* 和 *requesting* 的区别体现在可选择性上（即留给听话人的选择余地），*requesting* 和 *ordering* 的区别体现于受损–受益的比例（即 *A* 在多大程度上给说话人或听话人带来受损或受益）（见 5.3、5.7）。

“施为动词谬论” 就是施为句谬论（Performative Fallacy）。包含一个显性施为动词的施为句既是话语的标准形式，也是解释其他话语语力的标准。根据该错误的理论，普通非施为句例 [1] 的意义可以通过在句前增加施为动词，予以说明，如例 [2a] 和例 [2b]：

[1] He did not do it.

[2a] I state that he did not do it.

[2b] I maintain that he did not do it.

施为句谬论最严密的表述是，对于任意非施为句，如例 [1]，都对应着一个可以阐明其语力的施为句，如例 [2a] 或例 [2b] 。

罗斯（1970）等人的“施为假设”（Performative Hypothesis）是施为句谬论的另一特例，施为假设认为每个话语的语义结构的中心动词都是施为动词，即每个句子，如例 [1]，在深层结构上都存在类似例 [2a] 的形式。

8.2　奥斯汀和塞尔的言语行为理论

奥斯汀和塞尔都曾试图推翻施为句谬论，最后却都接受了施为动词谬论。① 我认为这二者之间存在某种联系。基于对施为句的兴趣，他们间接地认为，仔细分析施为动词的意义就可以理解施 176
为用意。当然，这只是一种后见之明。

根据奥斯汀《如何以言行事》（1962）一书的最初构想，施为话语（简称“施为句”）从根本上不同于陈述性（或描述性）话语。陈述性话语可以从传统的真假角度，判断真假，而施为句则没有真假问题，只有措辞恰当和不恰当之分。如例 [1] 和例 [2a] 所示，所有句子都可以促成一种行为，而不仅在于表述对特定世界的某种看法。因此，奥斯汀认为所有的话语都是“施为句”。为了强调这一点，奥斯汀将类似“显性施为句”，如例 [3]，等同于“基本施为句”（或“基本话语”），如例 [4]：

[3] I promise that I shall be there.

[4] I shall be there.

众所周知，奥斯汀最后得出了以下结论：如例 [3] 和例 [4] 所有的正常话语，不论有没有施为动词，都包含“做”和“说”两个要素。根据这个结论，奥斯汀（1962：109）进一步区分了以言指事行为（“大致相当于说出一个具有特定涵义和参照的句子”）和以言行事行为［“具有某种（常规的）语力的话语”］，并在此基础上增加了一个类别，即以言成事行为（“通过所言，引起或实现某种结果的行为”）。在奥斯汀看来，施为句就是一种显性的以言行事行为。基于此，他进一步区分了以言行事行为或以言行事行为的分类。这种分类（包括“阐述类”“指令类”“承诺类”“表达类”和“宣告类”）就是我所说的“施为动词谬论”的典型情况。奥斯汀似乎自始至终都认为，英语动词和言语行为类别之间存在一对一的关系。

塞尔在《以言行事行为分类》一文中提出了类似的分类。塞尔明确表示，他自己的分类不是基于奥斯汀的假设——动词和言语行为具有对应关系，认为“施为动词之间的差异具有很好的启发意义，但并不能由此得出有关以言行事行为的差异”（1979 [1975a]：2）。我们不难发现，在整篇文章中，塞尔也是从施为动
177 词的角度进行思考的。塞尔的分类看似比奥斯汀更加合理，但他又将施为句视为以言行事的标准形式，并以此作为分类的基础，例如，他指出：“下面我将分析这五个类别的显性施为句的深层结构”。在此之前，塞尔并未对该分析过程加以说明[2]，而是理所当然地认为该观点与“可描述性原则”（“只要具有意义就可以说出来的原则”）保持一致。同样，在《言语行为》（1969：19–21）一

书中，塞尔提及了“可描述性原则”，却没有进行论证。如果想证明在话语前加一个合适的施为动词，就可以阐明该话语的施为用意，“可描述性原则”倒是一个很实用的观点。虽然塞尔没有公开承认，但在其他方面似乎也很依赖“施为句谬论”。他认为，“施为用意指示手段”，包括语调和标点等，可以和使用施为动词一样，恰如其分地表达施为用意（1969：30）。然而在文章中，他却只讨论了施为句，没有进一步讨论或解释指示手段的运用。同样，他认为话语和以言行事类别之间的对应关系存在很大的不确定性，却又坚持“如果将以言行事用意作为语言功能分类的基本概念，那么我们通过语言所做的事情就是有限的”。尽管无法确定某个话语到底属于哪一种类别，塞尔仍坚持言语行为的分类理论。

我对施为动词谬论持否定态度。施为动词谬论导致的言语行为分类在某种程度上框定了人类的交际潜能，这种潜能又无法通过观察进行分类说明。下面我将从理论上进行论证。语言使得我们能够分类区别人类的各种交际行为，但如果认为因词汇造成的交际行为差别一定会在现实中存在，那就大错特错了。语言给我们提供了动词，如“命令”“要求”“请求”“恳求”等，也提供了名词，如“水坑”“池塘”“湖泊”“大海”和“海洋”。我们无法假设在语用现实中能够明确区分命令和要求，正如我们无法假定从地理上能够明确区分水坑、池塘和湖泊之间的差异一样。然而，塞尔在引出他的分类时，却在不经意间肯定了这个假设：

> 区分报告、预测和承诺这三种现实话语的标准是什么呢？为了 178
> 得出更高级别的大类，我们必须首先明确承诺、预测和报告之间的
> 差异。
>
> （1979 [1975a]：2）

如果一篇讨论地球表面水域的文章用如下文字开头，就会显得十分不合适：

> 我们用什么标准去区分水坑、池塘和湖泊这三种不同的水域呢？为了得出更高级别的大类，我们必须首先知道这些种类，如水坑、池塘和湖泊之间的种属差异。

为了说明塞尔的观点，我们可以这样理解。首先，这种类比不合理，如果类比的是（比如）猴子和长颈鹿，而不是池塘和水坑，这个例子看起来就没那么可笑。一方面，我们无权事先假设这种分类存在于现实中（尽管通过观察，可能发现确实存在）；另一方面，当我们在现实中真的观察时，会发现比起猴子和长颈鹿来说，以言指事行为在很多方面与土坑和池塘更加相似，此时起作用的是连续性的，而不是离散性的特征。

其次，语用现实完全不同于地理现实。从语用的角度看，语言是一种社会现象（属于“第3世界”，而非“第1世界”，见3.2）。这让我们有理由假定，在这种情况下，语言应该更能准确地反映社会现实中存在的各种差别。的确，通过语言反映出的言语行为差异，也同时区分了不同的社交行为（沃尔夫假说中的社交行为）。但我们不能因此就提前假设语言组织和社会组织之间具有同态性，亲属称谓就是一个很好的例子。瑞典语在词汇上对一些亲属类别（如祖父和外祖父）进行了区分，但英语中则没有区分。同样，法语区分了表（堂）兄弟和表（堂）姐妹，英语则没有。但是，我们不能根据这几个例子就简单地认为，词汇差别和社会组织差别之间存在对应关系。我还是坚持认为，在证实语言组织
179 和社会组织之间存在同源关系之前，应先单独研究语言使用以及

英语（或其他语言）如何描述语言使用，然后再得出结论。至少到目前为止，所有证据表明二者之间总体上不存在同源关系。

8.2.1 宣告类言语行为

不同的语法 / 词汇类别对应不同的言语行为的现象确实存在。这些言语行为就是塞尔所说的“宣告类”（Declarations）言语行为[3]。例如，如果我们知道一定的规约，大体上就可以判断一种言语行为，如给轮船命名、宣誓、判决罪犯，或拍卖竞价等在什么时候实施。然而，这种规约化且差别化的言语行为只是特例，而非规则。

很有意思的是，当奥斯汀（1963：5）开始研究施为句时，最先讨论的就是以上所提及的宣告类言语行为。对这类高度规约化的言语行为，我们几乎可以认为（正如塞尔所说 1979 [1975a]：16）“所言即达意”。施为句通常出现在口头仪式中，社会或社会群体需要了解这类言语行为实施的场合，如“I name this ship...”“I bid...”“I vow...”“I bequeath...”，等等。

宣告类言语行为存在多方面差别性特征。为了介绍其中的一个特征，让我们先回顾一下 2.5.1 中有关手段-目的的分析法。我给出的最简单的手段-目的分析的情况，是一个非语言的例子（见
第 41 页，图 2.1），就好比打开取暖器取暖一样。我也指出，用语 180
言同样可以达到这个目的，只是更加间接（见第 42 页，图 2.2），例如要求某人去打开取暖器。事实上，语言几乎总是看成一种实现某种以言行事目的的间接手段，比如让听话人领会说话人的目的，是实现该目的的必要的、初步的措施。不同于大多数的其他

言语行为，宣告类言语行为是实现目的的直接手段，因此可用最简单的手段-目的图示表示：

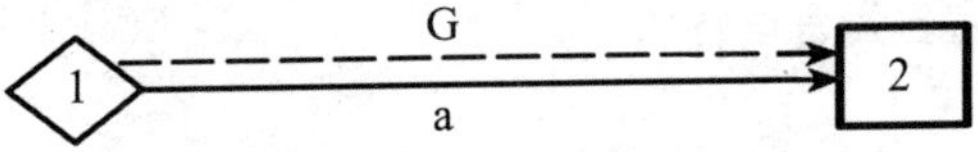

G
1 2
a

I 表示初始状态（桥梁没通车）
a 表示言语行为：*I hereby declare the bridge open*（我特此宣告桥梁通车）
2 表示最终状态（桥梁通车了）

图 8.1

但是，宣告类言语行为必须在合适的语境中使用。宣布一座新建桥梁正式通车，远不止说出恰当的词语这么简单，比如该言语行为必须要在新建桥梁的开通仪式上对公众说出来，要具备恰当的时间和地点。从这个角度讲，宣告类言语行为更像是一个誓约、一个面向受众的可听见的话语，表示一个抽象（心理上、社会上或精神上）行为的实施。需要强调的是，通过宣告所实施的行为应该具有社会性，如宣布一座新建桥梁通车，就意味着从此以后可以使用这座桥（任何伴随该宣告类话语的身体行动，如剪彩，都和该言语行为本身一样，具有仪式性）。这样说并不是要否认宣告类言语行为所引起的社会变化，其重要性类似于宣战、结婚、买房等。但是，根据大多数人所认同的信仰体系，如果最终状态不同于初始状态，那么宣告本身就没能有效发挥作用。不符合语境的宣告类言语行为是无效的，比如我们不能通过说“我宣布开门”，就真的把一扇门打开了，真能实现该目的的话语只可能是咒语之类的话语（如阿里巴巴故事中的“芝麻开门”），这也证明了宣告类言语行为和神奇的言语行为（如念咒语）之间的紧密联系。

因此，尽管宣告类言语行为很有趣，却不能把它看成为一种典型的以言行事行为。事实上，宣告类话语根本不能算是一种言语行为。因为它们是规约性的行为，而非交际行为，也就是一种语言仪式的一部分。[4] 所以话语的涵义可能与行为无关，比如，如果适当改变惯例，也可以通过朗诵一首诗，或吃一个奶油面包，来给一艘轮船进行命名。正如塞尔自己注意到的一样，语言上的宣告通常与非言语宣告同时进行，比如裁判举手、拍卖商敲槌等。塞尔指出，宣告类话语本身不具备真诚条件，要想该宣告不产生效力，唯一的办法是使该仪式中的一个或多个条件无效，比如一 181
个假扮牧师的门外汉主持婚礼。我赞成塞尔的说法，“宣告是一种特殊的言语行为”（1979 [1975a]：18–19）。从“行为履行”的角度来说，宣告是“施为句”，而且比以言行事的施为句，如“I promise to be there.”，更符合施为句的特征。下面不再讨论宣告类施为句及其施为用意，我将重点讨论以言行事施为句，并对某些言语行为进行显性或隐性描述。[5]

8.3　以言行事施为句：描述与非描述的视角

前面已经对宣告类言语行为的不同之处进行了详细论述。下面将进一步论述与宣告类言语行为紧密联系的施为动词结构。不是每个话语都会包含一个施为动词，施为句本身就与众不同：当说话人需要将自己的言语行为限定为某个类别时，他就会使用施为动词，这很好理解。一位军官对士兵说，“我命令你站起来”，这清楚地表明他的言语行为是一个命令，且与说“站起来，这是命令”的效果如出一辙。这种明确的话语会产生明确的后果，比如表达一种惩罚。根据这个例子，我们还可以发现施为句具有元语言的特征，不论是在句法层面上，还是在语义层面上，施为句都是一种间接性（间接引语）话语。请看下面两个句子对应关系：

	说话人	以言行事行为	听话人	话语
[5]	I	order	you	to stand up
[6]	He	ordered	them	to stand up

例 [5] 和例 [6] 都存在这样的一个言语情景，其组成部分包括：

[7] *s* = 说话人　　*h* = 听话人 / 受话人
IA = 以言行事行为　　*U* = 话语
t = 言语行为的时间

另一方面，施为句是一种很特殊的引语式话语，因为它涉及的言
182 语情景就是其本身的言语情景。

事实上，施为句的元语言特征是其本质特征。施为句给自己加了一个标签，不仅明确表示了（以言行事）语力，还将其语力进行了分类。因此，在不同的情境下，*sit down* 具有不同，甚至有些模糊的语力，如可以是邀请、建议、提议或命令，而“I order you to sit down.”则明确表示这是一个命令，因此不存在不确定性。这解释了为什么施为句谬论是一个严重的错误：它企图给所有的话语都强加上只有少数特殊的元语言话语才具有的一个类别结构。

我想要介绍的是，从描述性（descriptive）的视角去研究施为句，这与奥斯汀、塞尔等人[6]的非描述性视角相反。奥斯汀使用

类似于描述的方式，对比了施为句的行为特质和表述句的特质。但是，这种施为句的描述性视角恰恰反驳了奥斯汀的结论：与其他宣告类句子一样，施为句也是命题。尽管施为句是一种很特殊的命题，但它们是可以进行真假判断的命题。

就施为句的真值问题，我们很难就用法中的实际情况达成一致意见。从非描述性视角出发，例 [8] 之类的施为句不能被否定，但否定施为句首先是对其包含命题的一种否定：

[8] I maintain that the United Nations is nothing but a talking shop.

[9] Oh no, it isn't—it's the last hope of civilized man.

例 [9] 不是对例 [8] 的否定，而是对其包含命题“The United Nations is nothing but a talking shop.”的否定。相反，描述主义可能认为，在特殊情况下施为句也可以被否定。例如：

[10] I sentence you to death.

[11] Oh no, you don't. The death penalty has been abolished, and anyway, you're not a judge.

[12] I hereby agree with you that the United Nations is just a talking shop.

[13] Oh no, you don't. You don't agree with me, because my opinion is quite different from what you imagine.

显然，上述的否定施为句是很少见的。描述主义并不反对这 183
个观点，反而为语用解释提供了可行性。从语法的角度还是从语用的角度去分析语言现象，是描述性和非描述性分析的分歧所在。描述主义采取互补主义立场，认为可以根据施为句的涵义以及涵义和语力之间的联系，去推测施为句的特性；非描述主义采取语义主义立场，认为施为句的特性在于它的基本逻辑。

非描述主义遇到的困难在于需要大量的特例。在句法层面和语义层面（此处有争议）上，施为句都像是一个命题，准确地说像一个间接话语的命题，但是施为句却不是一个命题，这可能吗？与现代语言学家相比，奥斯汀似乎更容易接受该观点。作为那个时代的哲学家，他很容易把一项任务看作是解开一个日常语言为粗心的思想家所设的圈套。他乐意把施为句看成一种伪装成描述性陈述句的话语。然而，我们很难接受这种看法，并认为语言会不怀好意地欺骗分析者。既然施为句在其他方面都很像一个命题，那么施为句一定像命题一样有真假吗？非描述主义认为，以言行事施为句和间接话语之间出现的惊人相似只是偶然的，相较而言，描述主义的观点则简单些，认为施为句在句法和语义层面上都可以看成是间接话语命题的子集。[7]

因此，非描述主义需要证明施为句与命题之间的区别，而描述主义认为施为句是一种特殊的间接话语。然而，从描写主义的角度来说，要实现对施为句进行语用阐释，能够清楚地说明施为句的特质即可。这正是我努力要做的。

在句法层面上，一个常规的以言行事施为性话语具有以下的普遍性特征：

（i）主句的动词是一个以言行事动词；
（ii）该动词是简单的一般现在时；
（iii）该动词的主语是第一人称；
184 （iv）该动词的间接宾语，如果有，是 *you*；
（v）该动词之前可以出现一个副词 *hereby*；
（vi）该动词后面接一个间接引语从句（省略句除外）。

在语义层面上，根据一般现在时、第一人称代词、第二人称代词以及副词 *hereby* 的上述特征，我们可以得出关于间接话语命题的说明，这类似于索引。施为句就是对当前言语情景的一种回应。下面将更加详细讨论自我所指类施为句的特征。

8.4　以言行事施为句和间接话语

由于大多数的以言行事施为句都是间接话语，在解释施为句之前，我们需要首先将间接话语本身作为一种现象进行研究。下面比较直接引语（Direct Speech）（例 [14]）、间接引语或间接话语（例 [15]）和施为句（例 [16]）：

[14] I will telephone you.

[15] Bill assured Pat that he would telephone her.

[16] I assure you that I'll telephone you.

与其言语情景之间的关系如图 8.2 所示：

[14] $s_1 IA_1 (t_1) h_1$

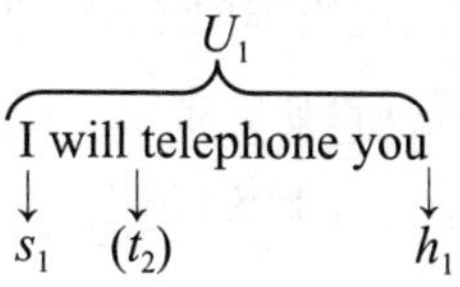

U_1

I will telephone you

↓ ↓ ↓

s_1 (t_2) h_1

[t_2 在时间上晚于 t_1]

图 8.2　直接引语

［图中的箭头↓表示参照，即表示人称代词 *I* 和 *you* 分别为说话人（s_1）和听话人（h_1）。符号 s_1（说话人）、IA_1（以言行事行为）、t_1（说话时间）、h_1（听话人）和 U_1（话语）构成了话语例 [14] 的言语情景（见 1.4）］。但是，例 [15] 的图形表征更为复杂，因为我们需要区分原生言语情景（Primary Speech Situation）（例 [15] 发生的言语情景）和次生言语情景（Secondary Speech Situation）（例 185

[15] 描述的言语情景)。在图 8.3 中，我们通过下标进行区分，如 s_1 表示原生情景的说话人（未指明的 I），s_2 表示次生情景的说话人 Bill。例 [15] 中，次生情景的 s、IA 和 h 实际上就是主句的主语、动词、时态和间接宾语，为了完整地表示次生言语情景，将补语从句 *that he would telephone her* 看成为次生的话语内容 U_2。

[15] $s_1 IA_1 (t_1) h_1$

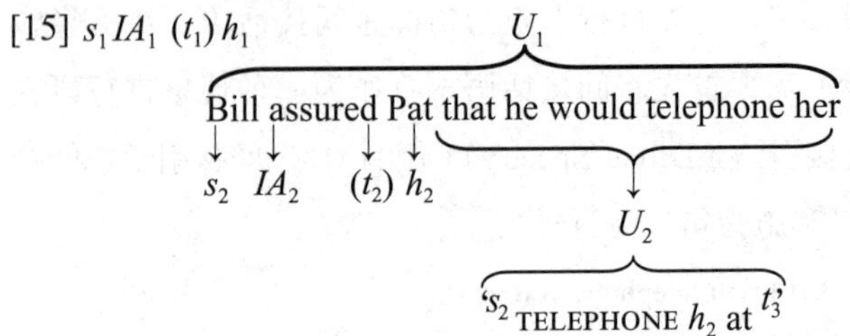

[t_2 在时间上早于 t_1，t_3 在时间上晚于 t_2]

图 8.3　间接话语

为使范式完整，我们也用类似图示（见图 8.4）分析施为句例 [16]，并根据施为句的描述性研究视角，将例 [16] 看作特殊的间接话语。因此，图 8.4 与图 8.3 基本相同，只不过图 8.4 中的次生情景和原生情景是完全相同的。

[16] $s_1 IA_1(t_1) h_1$

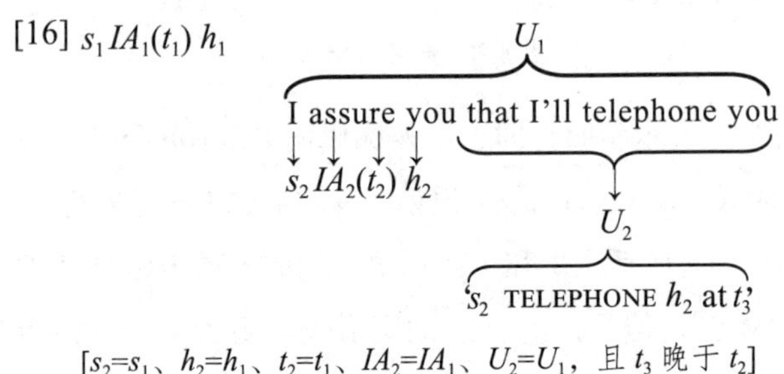

[s_2=s_1、h_2=h_1、t_2=t_1、IA_2=IA_1、U_2=U_1，且 t_3 晚于 t_2]

图 8.4　间接施为性话语

在图 8.4 中，五个等式 $s_1=s_2$、$h_1=h_2$、$t_1=t_2$、$IA_1=IA_2$ 和 $U_1=U_2$ 表明了原生言语情景和次生言语情景之间的关系。例 [16] 等同于它所对应的非施为句例 [14] 。如例 [16] 的施为句具有施为句的基 186
本语法特征。为了证实这种对等关系，我们只需证明这五个等式成立。从最简单的两个等式入手，即 $s_1=s_2$ 和 $h_1=h_2$，这两个等式根据对第一人称 *I* 和第二人称 *you* 的常规理解推导而来。其余三个等式就不那么直接了，需要单独论证，如下面 A—C 三节所示。

A. $t_1=t_2$“原生情景时间 = 次生情景时间”

从表面上看，要证明（A）好像并不难。以一般现在时态出现的以言行事动词似乎意味着，所描述的是现正在发生的言语行为，也即，与原生言语行为的时间相同。但是，这种解释并不全面。一般现在时态的动词不一定就意味着行为发生在说话时刻，比如“I knock off my work on Fridays.”。这句话可能是周五下班时间以后说出的，而且现在时描述的言语事件也不一定和说这句话的言语事件一致，因为现在时也可用于表示惯常性行为。

当然，如果是行为动词，现在时也可表示非惯常用法，或瞬时用法。“瞬间现在时”表示所描述的事件（如开始和结束）是说话的某瞬间发生的。从语用学的角度，这反过来又意味着所描述的事件很短暂（否则就会使用非瞬时用法或进行体）。因此，现在时的瞬时用法经常出现在体育评论中，比如“Johns passes the ball to Waters.”，但在描述耗时较长的事件时，比如“He reads a book.”，则需解读为惯常性行为，否则应该是“He is reading a book.”，表示现在正在发生的行为，且暗示这个行为在说话之前已经开始，说完之后还会继续。原因是，难以满足所发生的条件，

"瞬时现在时"十分罕见。[8] 自我所指类话语则是例外，因为它们描述的事件与描述行为本身同时发生。

"瞬时现在时"的另一情景是发生在仪式中，说话人一边实施仪式性行为，一边又说出自己正在实施该行为。例如：

187 [17] I *give* you this ring.

（同时递给对方戒指）在结婚仪式上

[18] I *sign* you with the cross.

（同时在胸前用手画十字架）在基督教洗礼仪式上

上述例子表明，施为句中的瞬时现在时和非言语行为描述句中的瞬时现在时并不存在差异，两者都有引人注意的、仪式性效果，且都可和 *hereby* 一起使用。因此，比较一下"I hereby give you this ring."（肢体行为）和"I hereby give you my word."（口头许诺行为）。

然而，我并不是说类似例 [16] 或例 [18] 的句子一定就是施为句。如果不加副词 *hereby*，一般现在时在语法上就很难确定是表示惯常行为还是瞬时行为，就像前面所举例子"I declare the meeting open."（见第 212 页）。但是，为了证明等式 $t_1=t_2$ 是施为句解释的一个组成部分，我只需从施为句的语法特性出发，证明等式可能成立即可，我无须证明它一定成立。根据互补主义的观点，我想说明施为性话语在语用学中的定义就是如此，但同时句子的施为性完全可以通过其语法形式和涵义进行阐释。下一个要证明的等式是：

B. $U_1=U_2$"原生话语（Primary Utterance）= 次生话语（Secondary Utterance）"

这个等式显得有点自相矛盾。一个话语怎么能够指涉自身呢？如

例 [19]：

[19] I promise [that I will telephone you] .

很显然，指涉一个话语最常见的方式就是引用原话。那么，一个话语怎么引用自身原话呢？答案就隐藏在如下两种引语模式之间的差异中：

[20] I told her：“I’ll telephone you later.”

（直接引语）

[21] I promised her that I’d telephone her later.

（间接引语）

若是直接引语，说话人必须逐字复述原话；若是间接引语，说话
人则不必逐字复述，只需表述出原话的意义（语义或语用意义）。188
与例 [20] 不同，例 [21] 可能是对话语，如“OK, I’ll phone you in a few minutes.”或“Don’t worry—I’ll call you around eight.”的正确转述。次生话语中的词语不必出现在原生话语中，从这个意义上说，间接引语是元命题（见 7.2），而非严格的元语言。[⑨] 因此，从语法角度看，类似例 [19] 的施为句完全可以如实地转述自身信息。接下来要证明的是，$U_1=U_2$ 不仅在语法层面成立，在语义层面也成立，我将采取不太正式的归谬法来证明这一点。首先假设 $s_1=s_2$、$h_1=h_2$、$t_1=t_2$，但 $U_1 \neq U_2$，我们能否在大体上想象出上述假设成立的言语环境？让我们设想一下，说话人在对听话人说出话语 U_1 的同时，写下另一个不同的信息（U_2）给听话人。或者相反，U_1 是书面话语，U_2 是口头话语。但在现实中，这种语言变式是罕见的。在戏剧《裘力斯·恺撒》第五场第一幕中倒是出现过很相近的情景：

Octavius：Your brother too must die. Consent you, Lepidus?

Lepidus：I do consent—

Octavius：Prick him down, Antony.

Lepidus：Upon condition Publius shall not live,

Who is your sister's son, Mark Antony.

Antony：*He shall not live; look, with a spot I damn him.*

安东尼（Antony）在用书面符号谴责普布利乌斯（Publius）的同时，口头描述了自己的这一行为：*with a spot I damn him*，但这只能算作一种宣告，而非以言行事的施为句。此外，现在不同于莎士比亚时代，遇到这种情境需要使用一般现在时。假设某人在说一句话语的同时，在纸上写下相同的话语，这是荒谬的。因此，在语用合理性上，如果 $s_1=s_2$、$h_1=h_2$、$t_1=t_2$，那么 $U_1=U_2$。

C. $IA_1= IA_2$"U_1 的以言行事行为 =U_2 的以言行事行为"

189 要证明其他的等式 $IA_1= IA_2$ 并不难。因为如果初生话语和次话语是相同的，那么初生话语就仅能指涉自身所表达的施为用意。

为了论证，我们进行相反的假设。假设说话人在说出例 [19] "I promise that I will telephone you." 时，他内心并不想这样许诺（不打算履行所说的行为），而只是客套话。那么，U_1 就不是承诺，而 U_2 却是（即 $IA_1 \neq IA_2$）。即使这样符合 *promise* 的用法，也是很荒谬的。因为如果 U_2 不是承诺，和 U_2 完全相同的 U_1 就不是承诺了。（施为命题 *I promise...* 就为假）。因此，当施为动词出现在句子中，如例 [19]，就一定是用来描述该话语所属的施为用意。从语用的角度来说，这个结论是完全成立的。在极少数情况下，当清晰表达信息至关重要时，施为动词的作用显然就是要让该话语的施为用意更加清楚和明确。

8.5　以言行事施为句的语用

在 8.4 中，我想要说明的是：如果认可施为动词的现在时表示非惯常性行为，那么施为句的描述性理论不仅是可行的，而且是唯一合理的。根据互补主义观，我认为可以从语用和语义两方面去推导施为性话语的性质。（基于此，我使用的术语是“施为话语”[Performative Utterance]，而不是“施为句”[Performative Sentence]。）在语义上，施为句是一个包含现在时动词的命题，惯常性行为与瞬时行为之分是不清楚的。但是，在语用上，施为句是一个自我命名的话语，它的语力由主要动词体现出来。因此，施为句的施为用意是清晰明确的，但非施为话语的施为用意必须进行语用推导（也即，施为用意是隐性的，而不是显性的）。

此外，我们必须从语用学角度去解释施为句（如例 [22]）与其对应的非施为句（如例 [23]）之间的关系：

[22] I admit that Gus is greedy. 190

[23] Gus is greedy.

以上两者之间的关系通常被认为是对等的，这种对等已在施为句的一般研究中详细讨论过。值得注意的是，根据互补主义的观点，两者之间的关系并不是对等的，两者之间趋于大致对等，如例 [22] 和例 [23] 的说话人都认为命题“Gus is greedy.”为真。（但是，如果例 [22] 的施为动词不是 *admit*，而是 *suggest* 或 *guess*，这种大体上的对等就更加不明显了。）

在语义上，施为句是一个命题，因此根据它的涵义去推导语力的过程与肯定陈述话语的推导过程一样（见 7.3.3.1）。根据质准则，假设说话人遵循合作原则，讲的是真话，比如说话人在表达承诺或许可时，是真诚的。质准则必须指向说话人真诚的情况，尽管说话人不真诚的证据是可能存在的，但很难获取。（试比较一下表达否定命题态度的话语，如“I believe that dinner is ready.”。）另外，如果对施为用意的描述是真诚的，就意味着说话人相信该次生话语为真。以断言类施为动词 *admit* 为例，任何包含 *admit* 的命题“*s* admits [that P]”都意味着，如果说话人的态度是真诚的，就表明说话人认为 *P* 是真实的，这是断言类施为动词的涵义。因此，例 [22] 和例 [23] 都隐含了说话人认为“Gus is greedy.”之意，该情况可以通过语用推导进行如下解释：

例 [23] 隐含 *s* 认为“Gus is greedy.”之意的依据是：

（i）对肯定命题的常规解读，即说话人遵循量原则（见 7.3.3.1）。

例 [22] 隐含 *s* 认为“Gus is greedy.”之意的依据除了以上（i）之外，还有：

（ii）英文施为动词 *admit* 的涵义和

（iii）自反性信念的逻辑传递原则（见第四章，注释⑦），即如果 *x* 相信 *x* 相信 *Y*，那么 *x* 相信 *Y*。

推导过程如下所示，例 [22] 的非施为解读已排除在外：

A. s_1 believes that [s_1 admits that Gus is greedy] is true（根据质准则）

191 B. s_1 believes that [s_1，如果遵循质准则，believes [that Gus is greedy]]（根据 A 和 admit 的词典涵义）

C. s_1 believes that [s_1 believes that Gus is greedy]（根据 B 和质准则）

D. s_1 believes [that Gus is greedy]（根据 C 和自反性信念）

这种论证可用于说明，为何根据施为句和对应的非施为句可以得出相同的含意，前提假设是施为句在逻辑上与其他命题一样，是一个命题。依照根据动词 *admit* 的涵义，例 [22] 蕴涵着说话人的信念 [Gus is greedy]，这与说话人的其他信念相互冲突（见9.5）。例 [22] 明确表达的这层意思只能在例 [23] 中弱隐含出来，或通过语境表达出来。为此，从描写的角度看施为句与以下的观察是一致的：

（a）施为句通常与其对应的非施为句形成部分对等，但是

（b）施为句表达的附加意义，如果有，只能通过对应的非施为句隐含地表达。

我认为要解读施为句，必须将施为动词当作话语的命题涵义的一部分，然后假设施为句是一个自我命名性命题，剩下的解读按照一般的推导模式，如第七章中例证说明的模式。我们的推导始于如下前提：以言行事施为句和其他间接话语的命题之间不存在本质区别。解释与所谓的"标准的"言语行为理论刚好相反：奥斯汀和非描述主义认为，非施为句的意义是通过施为句所实现的，而我们认为施为句的意义是非施为句理解的一种特殊情况。非施为句明显要比施为句更为简单，且更常见，因此我们认为后面的解释更符合常理，我已经论述过具体原因。

8.6　施为假设 192

我提出反驳以言行事–动词谬论（Illocutionary-Verb Fallacy）的论证主要针对罗斯（1970）和他人的施为假设（Performative Hypothesis）。前面已解释过了，施为假设认为每个句子在深层结

构上都包含一个具有施为句性质的高阶从句。实际上，该假设意味着一个类似于例 [24] 的句子含有例 [25] 一样的深层结构：

[24] Be careful.

[25] I IMPERE you [that you be careful] .

（这里的 IMPERE 是一个广义的驱使动词，也即是真正意义上的施为动词，或者说句子是否有明显的表层结构，对施为假设来说无关紧要。）施为句和对应的非施为句之间的对等关系是通过直接的句法转换所实现的。删掉施为动词是一种句法转换，如将例 [25] 转换成“(You) be careful.”。因此，根据施为假设，所有句子都是“事实上”的施为句。显性施为句，如例 [26]，只是没有删掉施为动词的情况。

[26] I order you to be careful.

这种转换与生成语义学框架下的其他转换一样，不会改变句子的意义。因此，根据施为假设，施为句的意义与其对应的非施为句的意义完全等同。此外，施为假设还主张，从语法的角度界定施为用意，正如萨多克的解释（Sadock 1974：19）：

[27] ……施为用意就是相当于语义表征中最高阶从句的那部分句子意义。

显而易见，无论在施为用意的语用特征上，还是在语义和语用的区别上，施为假设都与我前面（尤其是第二章）的论证相冲突。

关于施为假设的论据，无论是支持还是反对，都不胜枚举。
193 施为假设是在 20 世纪 60 年代后期提出的，盛行了几年，也遭受了很多抨击。有趣的是，塞尔就是其中抨击最厉害的一位学者（见 Anderson 1971；Fraser 1971；Searle 1979 [1975c]；Leech 1980 [1976]；Holdcroft 1978；Gazdar 1979）。即便如此，我们也不能否认施为假设的历史意义，至今仍有很多著述发表，要么主张施为假设的成立，要么是在谨慎论证该假设。[10]

在此列举那些反驳施为假设的新旧论证，尽管没有什么意义，但我们仍需简要回顾施为假设产生的原因以及为什么该假设在 20 世纪 70 年代失去了人们的大量支持。最初支持施为假设的论证被认为是“句法”论证（见 Ross 1970，14 种论证）。在施为假设盛行时，罗斯就认为该假设可能会被同样甚至更具解释力的“语用假设”所取代。但是，罗斯认为“语用假设”难以进行合适的公式化，因为“语用假设”需要假定句子结构中“悬而未决的”主体，如“说话人”和“听话人”（Ross 1970：254-258）。事实上，要是语用假设能够取代假定施为动词的深层结构树形图（图 8.4），语用实体（说话人和以言行事行为）就可以取代施为主语和施为动词。这样一来，施为假设就完全没必要了。但对于 20 世纪 70 年代早期的语言学家来说，他们很难进行语法框架以外的语言学诠释。因此，罗斯的真知灼见——语用假设优于施为假设——结果被自己和其他语言学家所忽略了。

8.7 扩展性施为假设

施为假设的一个最极端表现就是该假设引发的一种情况。萨多克（1974; Cole and Morgan 1975 也曾多次研究）详细研究过，被称为“扩展式施为假设”。扩展性施为假设认为，直接言语行为和间接言语行为的施为用意都可以通过施为性的深层结构表示，如间接请求（如例 [28a]）来自深层结构（如例 [28b]）： 194

[28a] Can you close the window?

[28b] I request that you close the window.

尽管萨多克没有主张所有的间接以言行事行为都可以这样解释，但他认为有一些可以这样解释，而且还可以提供一套标准判断是否深层施为句表达了间接施为用意。他所说的标准是“句法层面”的。例如，如果可以在例 [28a] 中间加上一个具有请求作用的标识 *please*，那这个句子本质上就是一个请求：

[28c] Can you *please* close the window?

但这样的标准往往难以用于实践。比如，如果将例 [28a] 换成另一个具有相同施为用意的例子，中间还可以加上 *please* 吗？

[29a] Would it be possible for you to close the window?

[29c] Would it *please* be possible for you to close the window?

那么，下例呢？

[30] ?? Are you *please* able to close the window?

从这方面而言，句子的可接受性难以确定，这标志着我们面对的是语用问题，而不是语法问题。萨多克指出，从语法层面研究间接的以言行事行为是一种“习语化”研究，类似于词汇的“习语化”程度，这就如同历史演变将隐喻变成为了一种独立的修辞手法。“习语化”（或 2.3 中我提到的语用特别化）过程解释了混合句是怎么出现的，后者结合了不同话语的语法特征。比如“Shut the window, can you?”结合了命令和问句的特征。“Let's have a look at the hand, may I?”结合了建议和请求的特征。“I'd like to know, please, what are you going to say?”结合了陈述句和问句的特征。这种混合句使用频繁，萨多克和其他志同道合的语言学家注意到了这些异常现象，并用独特的混成法将其命名为“whimperative”和

“queclarative”（Sadock 1974：80, 105）。尽管它们可以阐释扩展性施为假设的语法理据，但这些句子不属于任何语法框架内的一般现象，只能看作是一般规则的特例，也难怪萨多克等人在提出这种假设时，没有制定深层结构的规则，也没有提到所需的转换。[11] 195
借用奥斯汀的话，间接的以言行事行为就是一个句子“伪装”成另一种类型的句子。在语法层面，这种伪装必须看起来是没有动机的反常行为，由语言不必要的复杂性所致；而在语用层面，这种伪装则有望根据理性的、有目的的人类行为的一般原则进行解释。

从各个重要的方面来看，目前的论述都是与扩展性施为假设完全对立的。第一，该假设意味着间接语力[12]可以通过一个施为动词准确地表达出来，这种方法难以解释人类交际中间接性的微妙之处。第二，扩展性施为假设认为直接和间接语力之间的关系是一个非有既无的问题（比如，疑问在深层结构上要么是一个请求，要么不是），而我认为这是一个程度问题。第三，扩展性施为假设没有尝试解释涵义和语力之间的关系，认为可以将请求转换为问句“Can you?”，而不能转换为“Shall I?”，这只是语法上的一个任意现象。第四，话语的直接和间接语力之间（如“Can you squeeze through?”作为信息问句和作为行为请求之间）的关系被认为是语法的模糊性，而不是两种共存的意义，其中一种意义通过另一种意义进行表达。根据上述四点，我认为扩展性施为假设无法解释言语交际的工作机制，甚至连最明显、常见的现象都不能解释。针对施为假设的阐释都有力地证明了这样一个观点，即任何企图将语用学塞进语法模型里的尝试都是无益之举。

8.8 结论

根据“标准的”言语行为理论，以言行事行为的分类是透彻
196 了解“我们能够用语言做什么”的关键。这种分类以奥斯汀和塞尔的最为著名，毫无疑问仅是一种分类学（一种包含总类和子类的系统）。此外，该分类学反映了以下假设：以言行事施为动词的存在证实了以言行事行为类别的存在。

我的观点与上述看法完全不同，但说来也怪，我和奥斯汀、塞尔等人一样，也对意义和言语行为动词的分类感兴趣。我们对动词意义的分类大同小异，不同的是，我研究动词的意义不是为了探索以言行事行为的本质，而是为了研究人们是如何（使用英语）谈论以言行事行为。在 8.4 中，我们讨论了动词 *admit*，意识到动词意义与施为句理解之间的关系。下一章将进一步研究言语行为动词，研究视角将从语用转为语义，但是因为我们讨论的是语义中充当描述语用元语言的那一部分，因此研究视角的转换可能不如大家想象的那样明显。

注释

① 在塞尔看来，接受是私下的，且他本人明确否认过（1979 [1975a]）。见下文的讨论。

② 塞尔从转换语法的角度出发，认为每种类型的施为句都有一个标准的深层结构表示方法，通过转换，引出了多种句法变体。为什么明明可以轻松地将研究范围扩大到施为动词的使用上，塞尔却把注意力局限在施为句上呢？原因似乎在于他受到了施为动词谬论的影响。

③ 塞尔（1979 [1975a]：16–20）。对宣告类言语行为，塞尔假定非施为话语也

存在一个包含施为事件的深层结构，这一点很重要。比如，他对“You've fired.”的分析如下：

I declare: your employment is (hereby) terminated.

与其他种类的言语行为不同的是，这里强调宣告类言语行为的“施为性”特征。

④ 巴赫和哈尼什（Bach and Harnish 1979：108–119）区分了交际性以言行事行为和规约性以言行事行为之间的差异，后者大致等同于塞尔的宣告类言语行为。

⑤ 值得注意的是，有些具有施为作用的动词不一定描述某一言语行为（比如：*object*），同样，有些描述言语行为的结构也不一定是动词（比如：*to give one's word = to promise*）。

⑥ 最近讨论描述性研究与非描述性研究之争的学者是哈里斯（Harris 1978）和施皮尔曼（Spielmann 1980）。

⑦ 从这个方面看，非描述主义者可以视为反达尔文主义者，他们认为自然选 197
择理论可以用来解释非人类物种之间的关系，但不能用于解释智人。

⑧ 见利奇（1971：2–3; 1980 [1976]：66）关于瞬时现在时及其与施为句之间关系的讨论。我们不能从字面和自然规律的角度去理解“瞬时”和“同时”。例如，说话人使用“I tell a lie.”去描述最近说出的话语，尽管严格来说，使用过去时或现在完成时的动词要更恰当。

⑨ 见第 203 页，注释③。奥斯汀区分了寒暄行为和表意行为（1962：95）。

⑩ 麦考利（McCawley 1981：210–215）最近讨论了施为假设（也叫施为分析），他的论述赢得了其他学者的认同。

⑪ 利奇（1977，尤其是 143–145）从这个角度批评了扩展性施为假设。

⑫ 准确来说，萨多克（1974：77–79）提出了三种不同假设，分别为 SM（表面–意义）假设、UM（使用–意义）假设和 MM（意义–意义）假设。其中只有一个假设认为，间接以言行事行为总是以深层结构施为句的句子形式体现的。这不同于戈登和莱可夫（Gordon and Lakoff 1971）有关移转派生约束的形式主义观点。但是，萨多克的所有假设都认为通过深层结构施为句去表现施为用意是理所当然的。

第九章　英语中的言语行为动词

当你的朋友对你说“How are you?”时，不要回答说你消化不良，因为这只是一种问候，而不是疑问。

［亚瑟·吉特曼，《诗人的箴言》］

（Arthur Guiterman, *A Poet's Proverbs*）

在研究言语行为动词中，我们发现奥斯汀、塞尔等人所划分的言语行为类别很有帮助。我曾说过，那些好像是在研究言语行为的哲学家们，其实都倾向于把注意力放在言语行为动词的意义上，这不是巧合，也无须道歉。进而言之，我们有理由认为，在言语行为动词分析中出现的一些重要区别，与此类动词描述言语行为活动时出现的一些重要区别之间可能存在着高度的相似性。当然，这并非出于任何教条主义的立场。如果做出相反的假设，即认为要研究语言中用于讨论交际行为的动词，就需要弄清楚那些对行为本身来说无关紧要的特征类型。这明显有悖于沃尔夫假说。第三章（第 53—70 页）中提出的功能理论对这种假设进行了解释。讨论言语行为和讨论言语行为动词之间的一大显著差异在于，前者是非类别性的或等级性的，而后者则是类别性的。正如塞尔所说，“以言行事动词的差异对研究言语行为差异具有重要的指导意义，但这种指导并非万无一失。”（1979：2）

另外，还需要注意的是，在讨论言语行为动词时我们必然会涉及特定语言中的特定动词。本章我将尽力讨论英语的言语行为动词，但我不敢断言讨论的就是言语行为的普遍原则。

9.1　以言指事行为、以言行事行为和以言成事行为 199

研究言语行为动词，最好就是先区分奥斯汀提出的言语行为三分：以言指事行为（说某话的行为）、以言行事行为（在说某话时所实施的行为）和以言成事行为（通过说某话所实施的行为）。例如：

以言指事行为：说话人 s 对听话人 h 说了 X。

（X 是说出的话，具有一定的涵义和所指。）

以言行事行为：说 X 的时候，说话人 s 断言 p。

以言成事行为：通过说 X，说话人 s 使听话人 h 相信 p。

对奥斯汀和目前的研究来说，区分言语行为的主要价值在于我们能够把中间一类和其他两类分离开来。[①] 以言行事行为是言语行为理论关注的重点。

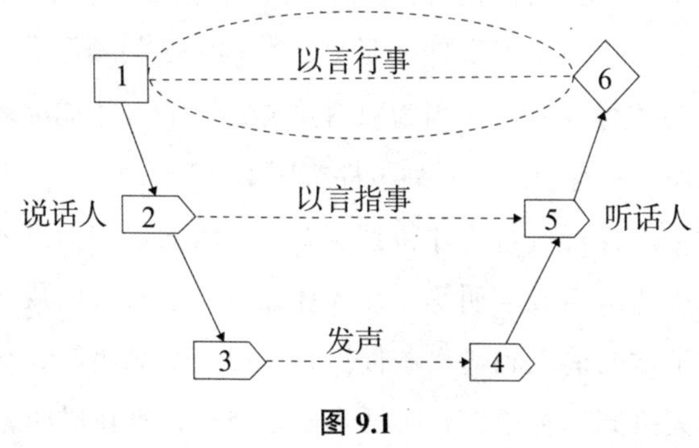

图 9.1

首先，让我们从交际过程模型的角度（见第二章、第三章），重新思考这种三分法。回到图 3.3（第 67 页），根据当时的描述，以言指事行为是传递信息（概念交流），以言行事行为则是传递话语（人际交流）。与之前的章节相比，对该内容的唯一修改就是把话语的“施为目的”和其他社交目的，如维护合作和礼貌等，进行了区分。因此，手段-目的示意图（图 9.1）体现了多个连接初始状态和最终状态的目标箭头。图 9.1 中，最下方的箭头与第 67 页
200 图 3.3 的文字对应，根据奥斯汀的术语发声行为（Phonetic Act），我们将其标注为“发声”，表示说出话语这个行为本身。图 9.1 中还可以加两条水平线，分别对应奥斯汀提出的表意行为和指陈行为（或见第 64—70 页中有关编码的语义与句法层次）。此处要表达的主要信息是，不同类别的言语行为构成了一个工具性等级体系，一个言语行为是一系列事件中的一个环节，而该系列事件又构成另一个言语行为，这样逐级形成一个等级体系。（很快将讨论以言成事言语行为）

图 9.1 还可以从另一个方面进行解读。作为表示手段-目的示意图，图 9.1 中的以言行事行为和以言指事行为都是目的，而不是行为。只有当这一系列事件按照 2—3—4—5 的顺序发生时，以言指事行为才得到实施，因为只有这样，听话人才能准确地解码信息。此外，只有当这一系列事件按照 1—2—3—4—5—6 的顺序发生时，以言行事行为才得到实施，话语表达的信息才能被理解，比如表达承诺或声明等。在描述以言行事行为的规则时，塞尔假定“正常的输入和输出条件”是可以得到满足的，比如说话人和听话人讲同一种语言，听话人不是聋子，且在可听范围之内

等；此外，塞尔还假定说话人和听话人具备解读以言行事行为的同等条件。我们也可以进行同样的假设，无论说话人的意图如何，只有这些条件得到了满足，才可以有效地实施以言行事行为。因此，这可以通过手段–目的的梯形图表示，如图 9.2 所示：

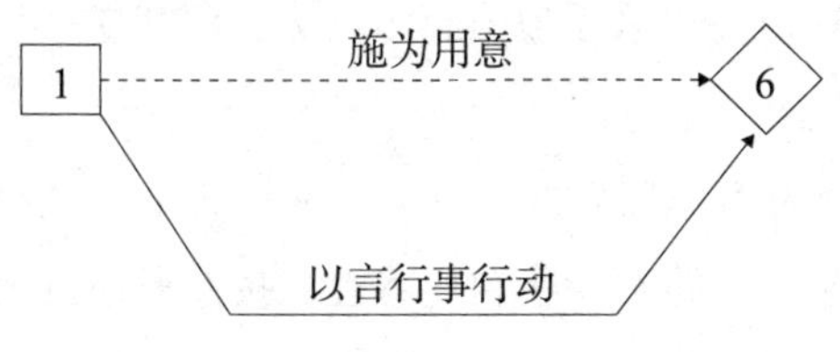

图 9.2

此外，图 9.1 区分了施为用意（说话人话语背后的交际计划或设计）和以言行事行为（对交际目的的实施）。出于简洁，我们省略 1 和 6 之间的中间状态。如果要将奥斯汀的以言行事行为也纳入手段–目的示意图，我们可以在等级体系里再加上一层，如图 201
9.3 所示。（在图 9.3 的水平目标箭头上，我没有使用“以言成事之

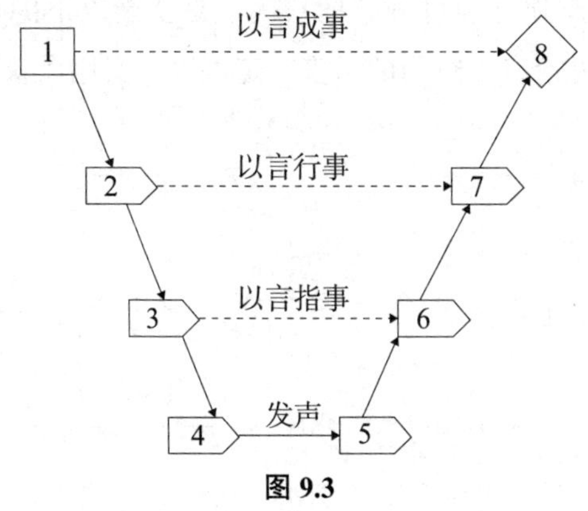

图 9.3

力”或“以言指事之力”等标签，而偏向使用“计划”等更加中性的词语。只有当为了达到某个初始阶段的目标，事件按照一定序列发生时，才能像图 9.2 一样使用术语“行为”。也就是，在图 9.3 中序列 1—2—3—4—5—6—7—8 表示以言成事行为，序列 2—3—4—5—6—7 表示以言行事行为，序列 3—4—5—6 表示以言指事行为。)

把言语行为当作独立的“行为”来讨论的做法很方便，也符合传统，但有一定的误导性和迷惑性。按照奥斯汀的说法，当描述说话人时，就同时涉及三种言语行为（以言指事行为、以言行事行为和以言成事行为），这就好比用下面的方式来描述足球比赛：

中卫踢进了一个球；此外，他得了一分；而且，他赢得了比赛！

与足球运动一样，言语行为是由活动群而非单一事件构成的。因此，在手段-目的模型中，我们倾向于将较抽象的事件描述为由一系列更加具体的事件构成的，如图 9.4。我们之所以倾向于将言语行为看作独立和可分开的行为，是基于以下隐性或显性的
202 假设：用来讨论言语行为的语言一定可以如实地反映其自身的本

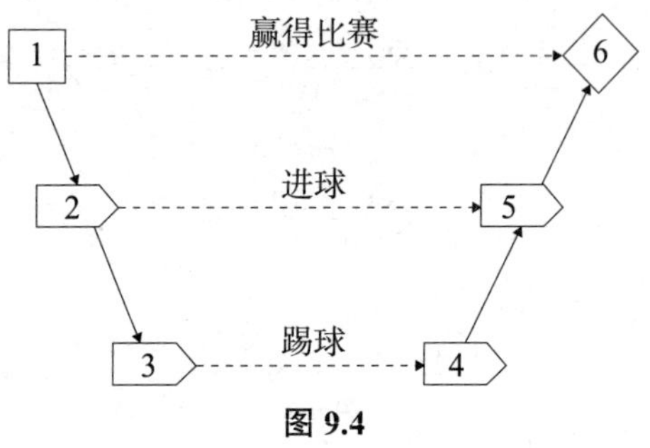

图 9.4

质（这个假设正是前面讨论的施为动词谬论的来源）。我们一般会逐一描述行为，一个命题或从句就是一个行为，而且很显然的是，在描述中所使用的动词具有相互排斥性。英语中没有言语行为动词，就好像足球词汇中没有动词一样，描述时采用的都是类似动词的词，如踢球、得分和比赛胜利等。但是，这并不表明行为动词的意义识别了分离式的"现实的构成成分"。以足球中的动词 *kick*（踢）为例，如果我们描述的不是一个单一行为，而是一系列协作性事件，包括皮层、神经、肌肉和知觉行为等。同理，一个言语动词，如 *thank*（感谢）可以表示一整套协作性行为，其中一些可以用其他的言语行为动词，如 *say*（说）和 *utter*（表达）等进行描述。因此，我们不能想当然地认为言语行为动词和它们所描述的事实之间存在对应关系，这其中存在深层次原因。

如果我们将以言成事行为统一视为通过话语实现某个目的的行为（或行为群），那么就可以在手段–目的图（图 9.3）中恰当地表示出来。该图只表达了一种以言成事效果，即听话人理解了说话人的以言成事目的之后所预期的结果。例如，动词 *inform*（通知）通常表示有意让听话人知晓他之前不知晓的信息的一种言语行为。[②] 动词 *convince*（说服）表示让人产生新观点的一种言语行为。当然，还有一些以言成事动词会引发听话人的积极反应。比如动词 *ask*（请求），在请求成功的情况下，表示这样一个以言行事行为：听话人决定履行说话人所希望的行为，而以言成事动词，如 *prevail upon*（说服）和 *incite*（煽动）将言语行为的成功条件作为了其意义的构成部分。比如：

203 Joe incited Bill to rob the bank.

该话语表示 Bill 最后接受了 Joe 所提出的抢劫银行目标。然而，以下话语：

Joe asked Bill to rob the bank.

仅意味着，如果 Bill 随后决定去抢银行，Joe 的请求才算成功。目前讨论的以言成事行为都是一些使役动词所描述的行为，这些动词通常包含以言行事行为的预期结果。

但是，还有一些其他类别的使役动词被假定为可以实施以言成事行为。我们需要区分计划性结果和非计划性结果。当说话人让听话人感到无聊、尴尬或恼怒时，很有可能出现非意愿的结果，因此不能成为手段-目的分析的内容部分。此外，还存在直接程度不同的结果，比如 *reproach*（责备）的最终结果可能是让听话人按照说话人的意愿纠正自己的行为，但中间结果可能是让听话人感到愧疚或抱歉。在针对间接性以言行事行为的手段-目的分析中（见 4.3），我们已经预料到了一连串的因果关系。然而，我们不必过于在意这些差异：以言成事效果不是语用学的研究对象，因为语力是目的问题，而非结果问题。

9.2 言语行为动词类别概况

9.2.1 以言行事动词和以言成事动词

通过列举动词和类似动词的表达式，能够区分以言行事行为、以言成事行为和其他的言语行为。例如：

以言行事动词：*report, announce, predict, admit, opine, ask, reprimand, request, suggest, order, propose, express, congratulate, promise, thank, exhort*

以言成事动词：*bring h to learn that, persuade, deceive, encourage, irritate, frighten, amuse, get h to do , inspire, impress, distract, get h to think about, relieve tension, embarrass, attract attention, bore*

［改编自 Alston, 1964：35］

我现在的目标是调查言语行为动词的主要类别，言语行为动词就是有说话谓语的动词，而动词本身是其意义的主要部分。但是，我特别想研究如何把以言行事动词和其他动词区分开来。这个任
务并非想象的那样容易，因为动词意义的界限很模糊，正如言语 204
行为动词本身的界限也很模糊一样。上面列举的动词中有一些根本就不是言语行为动词。因此，在阿尔斯通所列举的以上动词清单中，*deceive*（欺骗）和 *amuse*（逗乐）是使役动词，很像以言成事动词，但实际表示的是既可以通过言语手段也可以通过非言语手段所实现的心理效果。③ 同样，有些动词，如 *conclude*（决定）和 *reveal*（揭露），尽管出现在了以言成事行为的列表中 ④，但主要表示与脑力活动有关的事件，根据具体情况，它们仅可能涉及引发或显示这些事件的语言事件。试比较：

[1] The observers *concluded* that the climate was slowly changing.

[2] The lecturer *concluded* that the climate was slowly changing.

例 [1] 中的 *concluded* 意为“得出结论”，例 [2] 中的 *concluded* 意为“在结束时说”。通过这两个例子，我们可以区分 *conclude* 从脑力层面得出的涵义（也就是，根据证据或前提，通过论证）和它的言语行为涵义之间的差别。从更复杂的角度讲，例 [2] 中

concluded 表示的是与脑力有关的涵义，即“演讲者解释了他在演讲中通过逻辑论证得出的结论”。因此，我们必须允许言语行为和非言语行为之间存在这种模糊和重叠关系。

同样，我们必须讨论那些在以言行事类别和以言成事类别之间相互转换的动词。不难发现，动词［如 *inform*（通知）、*tell*（告诉）等］与动词［如 *report*（报告）、*ask*（请求）］之间存在细微的差异：前一类暗含实现了“让听话人知道某些事情”的以言成事目的，但后一类不包含这种以言行事目的的成功实施。但是这种差异是否一目了然呢？要把以言行事动词和以言成事动词区分开来，一个有效的检验方法就是将动词放入“try to + 动词”的句型中。比如：

[3] She *tried to persuade* me to accompany her.

[4] She *tried to ask* me to accompany her.

例 [3] 中，以言成事动词 *persuade* 之前加上 *try to*，表明以言行事行为没有达到预期的以言成事效果（见第 100 页），但在例 [4] 中，以言行事动词 *ask* 前面加上 *try to*，却无法得出这样明显的解释，所以我们只好认为以言行事行为没有生效。原因也许在于，说话人的信息传递没有满足塞尔的“正常的输入和输出条件”，“*tried to ask*”可能表明听话人没有聆听说话人的说话，找不到听话人或
205 听话人不能理解说话人所说的话等。

对例 [3] 和例 [4] 中的动词 *ask* 和 *persuade* 来说，这种检测方法一目了然。但对动词如 *inform*、*tell* 和 *report* 来说，就没有那样清晰了。我们难以设想说话人实施了以言行事行为，却没有实现预期的以言成事效果。无论如何，我们可能发现例 [5] 和例 [6] 之

间也存在如例 [3] 和例 [4] 之间的差异，只是差异并没有那么明显：

[5] Sir Bors *tried to report* to the king that the battle was lost.

[6] Sir Bors *tried to tell* the king that the battle was lost.

例 [5] 试图表明 Sir Bors 找不到国王，或找不到听众（以言行事失败，因缺少“输入和输出条件”）；例 [6] 则意在说明，Sir Bors 尽管告诉了国王战败之事，却无法让国王相信所言属实（以言成事失败）。

9.2.2 以言行事动词分类

上述例子还是很含糊，我们很难找出确定的方法从“外部”对以言行事动词进行划分。比较可行的做法是，根据它的子分类寻找一个外延定义。虽然这也存在很多困难，但至少我们可以参照奥斯汀（1962）、塞尔（1979 [1975a]）以及巴赫和哈尼什（1979）提出的关于以言行事行为的各种分类方法。这些分类具有很强的家族相似性，从表面上看，它们可能接近真值。⑤5.2 已经介绍了塞尔的分类，这为后面的讨论开了一个好头，我们只需牢记住塞尔关心的是以言行事行为，而且只涉及以言行事动词所对应的分类。

第 122—123 页列出了以言行事动词的意义，下面我们将首先集中讨论这些动词的句法特征⑥，然后再在 9.4 中对它们进行语义分析。

1. 断言类动词（Assertive Verbs）通常出现在“*S* VERB (...) that *X*”句型中，其中 *S* 是主语（指代说话人），“that *X*”表示一个命题。断言类动词包括 *affirm*、*allege*、*assert*、*forecast*、*predict*、*announce*、*insist* 等。

2. 指令类动词（Directive Verbs）[7] 通常出现在“*S* VERB (*O*) that *X*”或“*S* VERB *O* to *Y*”句型中，其中 *S* 和 *O* 分别是主语和宾语（分
206 别指代 s_2 和 h_2），“that *X*”表示由 that 引导的非指示性从句，“to *Y*”是一个不定式结构。指令类动词包括 *ask*、*beg*、*bid*、*command*、*demand*、*forbid*、*recommend*、*request* 等。与断言类动词不同，指令类动词后的非指示性 that 从句是虚拟语气，或者说包含一个情态动词，如 *should*，因为 that 从句表示祈使信息（见 5.5）而不是命题，比如：“*We requested that the ban* (*should*) *be lifted.*”。

3. 承诺类动词（Commissive Verbs）通常出现在“*S* VERB that *X*”句型中，其中 that 从句是一个非指示性从句，或者以“*S* VERB to *Y*”的句型出现，其中“to *Y*”是一个不定式结构。承诺类动词包括 *offer*、*promise*、*swear*、*volunteer*、*vow* 等，是动词数量相对较少的一类，与指令类动词有相似之处，也即后面都是以非指示性的补语成分（that 从句或不定式结构）结尾，因此有人曾把指令类和承诺类合并成一个“超级类别”。

4. 表情类动词（Expressive Verbs）通常出现在“*S* VERB (prep) (*O*) (prep) *Xn*”句型中，其中“(prep)”是一个可以省略的命题，*Xn* 表示一个抽象名词短语或一个动名词短语。表情类动词包括 *apologize*、*commiserate*、*congratulate*、*pardon*、*thank* 等。

前面已经详细讨论了塞尔的第五类动词，即宣告类（见 8.2.1），本书认为宣告类动词不具有施为用意（见 2.3—2.4）。宣告属于规约性言语行为，其施为用意来自于它们在某个仪式中所扮演的角色。[8] 不管是什么事件，大多数与宣告结合在一起的动词（如 *adjourn*、*veto*、*sentence* 和 *baptize* 等），基本上描述的都是社会行为，而非言语行为（“社会行为”指“第三世界行为”，见第 60—61 页，表 3.1）。

因此，塞尔的前四类动词构成了英语中以言行事动词集合的

核心。虽然这四类动词没有囊括所有类别，也并非无可挑剔，但又确实界定了一组具有相同语义和句法特征的动词。还有一类动词，如 *ask*、*inquire*、*query* 和 *question* 表示疑问，尽管我们通常把它们当成指令类动词中的一个子类，其实严格来讲，却不属于任何一类。这类动词的不同之处在于它们的补语成分是一个间接问句。所以，从句法和语义角度出发，我把它们视为第五类：探询类动词（Rogative Verbs）。尽管探询类动词和指令类动词的数量都不多，但却界定清晰，自成一类。

表示指代、分类和预测的动词，虽也出现在以言行事动词和 207
施为动词的列表中[9]，但根据现有的标准，它们其实不属于以言行事动词，比如 *name*、*class*、*describe*、*define*、*identify*、*attribute* 等。其中，如 *classify* 和 *identify* 一类动词根本就不是言语行为动词，而是“认知动词”，用于描述对想法和经历的人类加工。以 *define*、*identify* 和 *attribute* 等为代表的语言行为表示以言指事行为（与“说”这个意义相关），而不是以言行事行为。这些动词不表示说话人和听话人正在交流之意，在听话人没有注意的情况下，我们完全可以用它们来界定（*define*）、描述（*describe*）或指代（*refer to*）事物。它们与以言行事动词之间的差异可以通过“*try to* 动词”之类的语境进行识别。比如：

[7] I tried to thank/congratulate/pardon the driver.

[8] I tried to define/name/refer to the driver.

例 [7] 和例 [8] 的编码或解码过程（正常的输入和输出条件）存在问题。对例 [7] 中的以言行事动词而言，问题可能出现在听话人那里，也许是听话人离得太远，听不到，或是没有注意到。但对例

[8] 中的动词来说，问题则肯定出现在说话人的编码上。比如，“I tried to define my feelings.” 意味着，我无法找到合适的话语来表达我的感受，而不是听话人因为听力不好等原因无法理解我的话语。

9.2.3 分类问题和解决办法

我们必须指出塞尔四类以言行事行为存在的两个问题。第一，语言中存在一词多义现象。有的动词意义丰富，在句法和语义层面可以属于多个类别。比如 *advise*、*suggest* 和 *tell* 既是断言类动词，也可以是指令类动词：

She {*advised us* / *suggested* / *told us*} that there had been a mistake.

She {*advised* us to arrive early. / *suggested* that we (should) arrive early. / *told* us to arrive early.}

208 这意味着言语行为动词的词典意义里应包含多个词目，当然这并不奇怪，因为英语单词整体上都如此。比较难以解释的一点是，不管是哪种涵义，单词所表示的意义似乎不变。比如 *suggest* 一词，和 *tell* 相比，不管是断言类还是指令类，都表示一种试探性的以言行事行为。同样，*warn* 也是这种情况，既属于断言类，又属于指令类：

They *warned* us that food was expensive.

They *warned* us to take enough money.

但不同的是，不管是哪种句法结构，上述两个句子都同时具有两种以言行事之意，即断言类以言行事之意（警告听话人表示，如果……，某事将要发生）和指令类以言行事之意（警告听话人做某事）。也就是说，我们必须把 *warn* 看作一个表示单一复合性言语行为的动词。类似动词还有 *threaten*。[10] 我认为，以言行事动词具有多义性，因此我们的分类并不是针对动词的分类，而是对动词涵义的分类。

第二，有些动词，如 *greet*（后面紧接直接宾语），不能接 9.2.3 所描写的任何一种从句作补语，但从语义上来讲，它们应该隐含某种从句补语成分。对这个问题，我们可以像塞尔那样进行如下规定，与每种动词类别相关的句法结构是“深层结构”，该结构可能出现在各种伪装的表面结构中。这不仅解释了为什么动词 *greet* 与众不同，也解释了为什么有些动词，如 *advise* 可以在没有补语的结构中出现。[11] 例如，在“The doctor advised a rest.”中，*advise* 后面只能接直接宾语，该用法是根据类似的深层结构“The doctor advised *h* to take a rest.”得出的。对此，我提议用语义表征分析，去代替“深层结构”分析（见 2.1、5.5）（可能实施起来会有一定难度）。这样一来，我们讨论的就不再是言语行为动词，而是言语行为动词充当的言语行为谓词，其中引述的话语通过元命题论元进行表示。现在，我们没有任何理由认为言语行为动词表达的仅是言语行为谓语。其定义可能还包含深层语义表征的其他方面，也可能包括话语内容的一部分或全部。从表面上看，例 [9] 和例 [10] 不具备相似性：

[9] Joan *greeted* Obadiah.

[10] Joan *congratulated* Obadiah on winning the race.

但是我们可以提出，和例 [10] 一样，例 [9] 的语义表征也包含成分 209

“expressing pleasure in *X*”。如果使用 *greet*，“expressing pleasure in meeting *h*”的涵义包含在了动词意义之中，而使用 *congratulate* 仅表示事件 *X* 对听话人来说是愉快的，而且如果需要明确的话，还必须明确指出 *X* 的本质。因此，我们必须承认，一个句子的表面句法结构并不一定能够代表以言行事动词所暗示的语义结构。尽管 *greet* 缺少典型的句法特征，但仍算作一个表情类动词。在分类过程中，我们需要考虑不属于动词句法类别的分类表达以及不包含单个词语的分类表达。英语中没有一个动词与 *greet* 相对应且可译为拉丁动词 *valedicere*（告别），但是这种词汇空缺可以通过短语进行填补，如 *say farewell/goodbye*。同样，*promise* 也可以通过短语 *give one's word* 进行重新表达。

虽然塞尔对以言行事行为的分类存在句法界定上的问题，但是这些问题都是可以解决的。我们只需从语义层面考虑，不需从句法层面去界定。这么做还有一个“深层结构”分析不具备的额外优势，尽管意义的影响要素不能以确定的方式指向单个词条，但是可以通过构式的意义进行表征。“The doctor advised a new treatment.”可以看作是“The doctor advised *h* to undergo a new treatment.”或“The doctor advised *h* to receive a new treatment.”等的简略表达方式。但在这里，我们不需要考虑到底采用哪种方式释义。因此，严格意义上来说，我们讨论的不是“以言行事行为动词”，而是“以言行事行为谓语”。同理，针对五种以言行事动词的分类研究，也可采取相同路径。在语义层面上，我们可以在 5.5 介绍的标记方法基础上，根据它们对以下公式的一致性程度，对类别进行重新界定：

断言类：　　　　　　　（s_2 *IP* [P]）

指令类和承诺类：　　　（s_2 *IP* [M]）

探询类：　　　　　　　（s_2 *IP* [Q]）

表情类：　　　　　　　（s_2 *IP*（X））

[其中 s_2 = 次要说话人；*IP* = 以言行事谓语；*P* = 命题；*M* = 祈使（见 5.5）；*Q* = 问题；*X* = 命题内容（述谓）]

大多数以言行事谓语（*IPs*）至少包含两个论元：一个论元确定说 210
话人（即公式里的 s_2），另一论元确定间接引语模型中的话语。在此基础上，断言类谓语引出转述的声明，指令类和承诺类谓语引出转述的指令，探寻类谓语引出转述的问题。[12] 较为特殊的是表情类谓语，转述的不是话语本身，而是一个假定事件，然后说话人通过话语表达对该事件的态度。分析者在公式中用命题内容 *X* 表示这个事件，并加上圆括号，以便和其他种类谓语的元命题论元区分开来。上述公式还区分了指令类和承诺类谓语，前者表示指令的实施者是 s_2（次要说话人，即转述话语的说话人），而后者指令的实施者是 h_2（次要听话人）。此外，对指令类和承诺类来说，指令 *M* 的时间参照要晚于以言行事谓语 *IP* 的时间参照，而对表情类而言，命题内容 *X* 的时间参照则不晚（见第 256 页）。

表情类谓语隐含，s_2 假定与 *X* 对应的命题为真实，这也是例 [11] 和例 [12] 中补语状态反映出的不同之处：[13]

[11] She complained *that he ate too much.*　　（断言类）

[12] She reproached *him for eating too much.*　（表情类）

如果例 [11] 的主要动词被否定，就可以否定以下含意：s_2 认为命题“He ate too much”为真；但是，如果例 [12] 的主要动词被否定，该含意却保持不变：

[11a] She did not complain *that he ate too much.*

[12a] She did not reproach him *for eating too much.*

广义上，言语行为动词 *complain* 和 *reproach* 表达 s_2 对 h_2 行为的态度。但从严格的逻辑意义上说，例 [11] 中的 *complain* 是断言类谓语，例 [12] 中的 *reproach* 则是表情类谓语。事实上，*complain* 属于断言类和表情类的结合体，类似的动词还有 *boast*、*rejoice*、*grumble* 和 *lament* 等。当这些动词后面接 *that* 从句时，最好将其看作"含有某种态度的断言"，这里的某种态度即动词的表情涵义。与 *warn* 一样，这些动词同时传递两种以言行事之意。

211 以上是有关以言行事谓语和以言行事动词的语义论述，它向我们展示了如何将以言行事行为种类减少为少数的逻辑种类。这也解释了探寻类可以自成一类的原因，因为该类别将间接问句作为其论元。为了证实以言行事动词的逻辑基础，我们必须证明每一类言语行为动词都对应一类心理谓语，表信类谓语（Creditive Predicates，或命题态度类谓语 [Propositional Attitude Predicates]），如"*believe*"和"*assume*"对应断言类谓语，而这两种谓语引出的都是一个转述命题。所有对应关系如表 9.1 所示：

表 9.1

	以言行事类谓语		**心理谓语**	
	类别	示例	类别	示例
A	断言类	报告、宣布	信服类	相信、设想
B	指令类	催促、命令	意愿类	希望、愿意
C	承诺类	提供、承诺		意图、决定
D	探询类	提问、询问	怀疑类	惊讶、怀疑
E	表情类	宽恕、感谢	态度类	原谅、感激

以下例句阐明了每一类的结构：

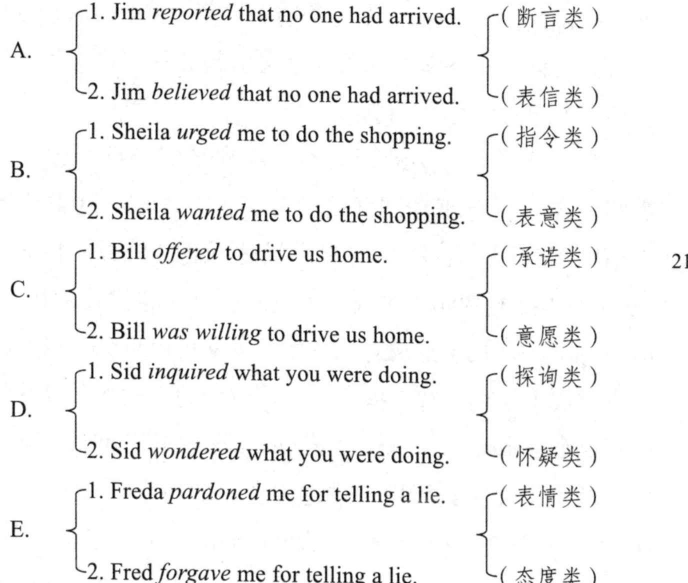

A. 1. Jim *reported* that no one had arrived.　（断言类）
　 2. Jim *believed* that no one had arrived.　（表信类）

B. 1. Sheila *urged* me to do the shopping.　（指令类）
　 2. Sheila *wanted* me to do the shopping.　（表意类）

C. 1. Bill *offered* to drive us home.　（承诺类） 212
　 2. Bill *was willing* to drive us home.　（意愿类）

D. 1. Sid *inquired* what you were doing.　（探询类）
　 2. Sid *wondered* what you were doing.　（怀疑类）

E. 1. Freda *pardoned* me for telling a lie.　（表情类）
　 2. Fred *forgave* me for telling a lie.　（态度类）

这种句法对应关系并非偶然。“言语转述”和“思想转述”的功能在逻辑上一致，因为二者处理的都是同一类间接引语：A 类转述命题、B 类转述祈使，依此类推。但上述 A—E 例子要远比这种联系紧密，不管是哪个例子，句子 2 表示的心理状态都是句子 1 说话人（s_2）的心理状态。以句子 A_1 和 A_2 为例，假设 Jim 遵循质准则，那么如果 A_1 为真，则 A_2 也为真。如果 s_2 说话时是真诚的，那么每一种以言行事行为描述都可以说是“元含意”所对应的心理状态描述。

9.2.4 有声描述动词和内容描述动词

讨论了谓语类别，我们将回到动词类别的讨论上。尽管在术语上，从谓语的角度谈论以言行事意义要更加合适，但我们更加熟悉“以言行事动词”“断言类动词”等之类的用法，这也是一个优势。动词的一词多义现象并不会引起混乱，因为我会从特定以言行事类别的角度展开讨论。

在总结以言行事动词的不同类别之前，我们还需提到另一类很少与以言行事动词混淆的言语行为动词。这类动词与直接引语联系紧密，我称之为有声描述动词（Phonically Descriptive Verbs）（Leech 1980 [1977b]：67），它与内容描述动词（Content-Descriptive Verbs）形成对比，而后者又可以再分为以言行事动词
213 和以言成事动词。有声描述动词与说话的方式而非说话的内容有关，比如 *grunt*、*hiss*、*mumble*、*mutter*、*shout*、*whine*、*whisper* 等。这类动词（大多数可用于描述非发声的声音），通常无法将“s_2 VERB *Y*”改述为“s_2 SAY *Y* in a VERBING manner”，例如：

[13] “Boris mumbled ‘Goodbye.’ ” 恒等于 “Boris said ‘Goodbye’ in a mumbling manner.”。

有声描述动词常用于引出直接引语，而非间接引语。比如：

[14] “That was a mistake”, *mumbled/grasped/squeaked/ stuttered* Maggie.［较常见］

[15] Maggie *mumbled/grasped/squeaked/stuttered* that that was a mistake.［较少见］

相反，以言行事动词则常用于引出间接引语，而非直接引语。比如：

[16] Walter ordered/urged/implored me to go away.　［较常见］

[17] “Go away”, ordered/urged/implored Maggie.　［较少见］

上述搭配上的偏好不足为奇，句中的直接引语和间接引语分别是

对转述话语的形式描述和语义或语用描述。还有一种中立的类别介于两者之间，如 *say*、*repeat*、*reply* 等言语行为动词，它们既可用于直接引语，也可用于间接引语。相对于 *say* 来说，尽管 *repeat*（say again）和 *reply*（say in answer）的意思要更加明确，但它们所描述的既不是言语行为的方式，也不是言语行为的内容，而是该言语行为在一系列言语行为中的顺序。从这个意义上说，它们介于有声描述动词和内容描述动词之间，处于中立状态。

图 9.5 总结了以上提及的各类动词。

214

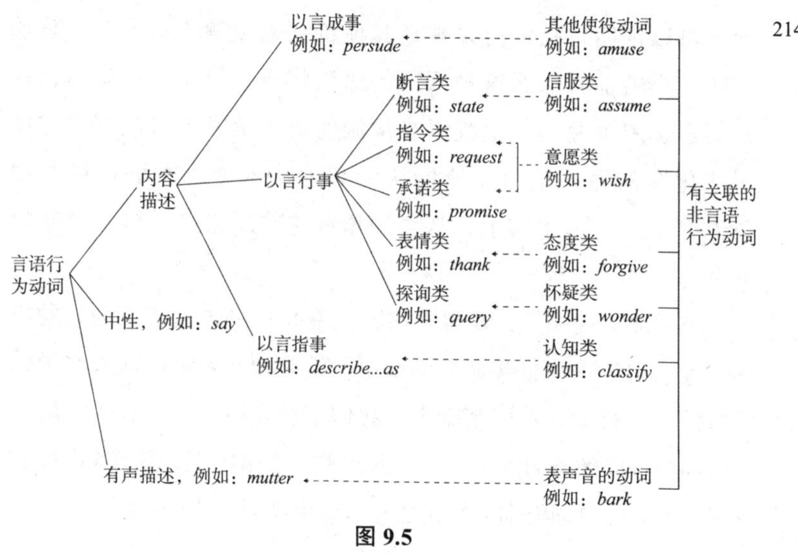

图 9.5

9.3　是否有一种独立的施为动词？

很明显，目前关于言语行为动词的讨论并未涉及施为动词。在研究施为句的时候，人们总会假设有一类特殊动词，专门用于表示施为行为，那些追随施为假设（见 8.6）的人，如罗斯（Ross 1970）和萨多克（Sadock 1974）就曾明确这样假设过，他们给这
215 一类动词的词典释义加上了一个特征，即“施为性”。同样，塞尔（1979 [1975a]：7）也曾假设存在一个独立的“施为性”标准，作用于以言行事行为分类。

我认为并不需要这样一个特征，这样只会使语法和词汇变得更加复杂。从英语语法的角度而言，英语学习者必须准确知道哪些动词可用作施为动词，对这一点，我们无须进行假设。如果可以证明，我们可以根据其他特征来预测“施为性”是动词的一个特征，那么这种语言的语法将更为简化。我认为，这是语言学家（尤其是生成语义学派的语言学家）将数据“过度语法化”的另一结果，他们认为必须从语法角度解释这些现象（见 3.5），但事实上，从语用角度这些现象可以得到更好的解释。

为了证实这一点，我将先回顾一下 8.3—8.5 关于施为句的描述。施为句是一种自我命名的话语，施为动词表示说话人在说话时所涉及的行为。在此基础上，我们不妨先假设，所有的言语行为动词都可以像施为动词一样自我指称。但事实上，图 9.5 中最上方和最下方的单词类别通常无法充当施为动词。比如：

[18] ?? I (hereby) *persuade* you to be quiet.
（以言成事动词）

[19] ?? I (hereby) *whisper* “You be quiet”.
（有声描述动词）

以上原因主要在于语用而非语法。把以言成事动词，如 *persuade* 用作施为动词是不合乎语法的（有时也是不礼貌的），因为如果说

话人不能提前确保听话人会按照自己的希望进行回复[14]，说话人就不能这样使用。只有在假想的世界里，听话人是受到说话人“思维控制”的机器人，否则例 [18] 的语言就缺乏适切性。值得注意的是，在所谓的“模糊施为句”（见 6.2）中，使用以言成事动词则不足为奇，因为在这种情况下，施为效果并非是理所当然的。比如：

[20] May I *persuade* you to eat more cake?

[21] We must *remind* you that dogs are forbidden.

我们还可以从另一个语用角度，来解释不会出现例 [19] 的原因。216
根据质准则和量准则，将有声描述动词用作施为动词，缺乏动机，听话人一听到说话人的施为话语，就知道说话人的有声描述是否正确。如果说话人低声说出例 [19]，听话人就会知道例 [19] 为真；但是，如果说话人冲着听话人的耳朵喊出例 [19]，听话人就会明白例 [19] 为假。从这个方面来说，将有声描述动词用作施为动词，这与把以言行事动词用作施为动词完全对立起来了。因为在后一种情况中，听话人通常难以断定施为句的真实性，因此施为前缀“I VERB you...”总是带有一定程度的信息量。

图 9.5 中，其他类型的言语行为动词都可用作施为动词，尤其是以言行事动词。鉴于语用和语义方面的因素，我们认为只有在某些奇怪的情境下（如果真的存在这些场景）用作施为动词才显得恰当。当然，该类动词中也存在少数例外[15]，这些动词包括 *allege* 和 *boast*，暗含听话人不认可说话人的言语行为之意，还包括 *insinuate*、*imply* 和 *hint*，需要通过含蓄或间接的方式传递命题内容。

[22] ?? I hereby *allege* that the money was stolen.

[23] ?? I hereby *hint* that your slip is showing.

从积极的方面看，我们也可以在这一类动词中增加一些起着施为作用的动词，比如 *caution*、*nominate*、*resign*、*bid* 和 *baptize* 等，出现在宣告类言语行为中。这些动词可以部分表示自我指涉[比如，在说 *I resign* ...（我辞职……）的时候，可能会包含部分辞职行为]，但本质上，它们表示仪式性社会行为，而不是言语行为。

因此，我们的结论是，施为动词这一集合应该包括所有的言语行为动词和所有用于宣告的动词，那些因某种原因不具有自我指涉功能的言语行为动词除外。过去的语言学家通常在没有语境的情况下评价施为动词的语法性。但是，需要指出的是，在不同的文化环境下这些动词的可接受程度往往千差万别。[16] 从这个角度和上面所指出的原因看，仅从语法的角度评判施为动词是错误的（见 8.3—8.6）。

9.4 以言行事动词的语义分析

本章余下内容将主要概要性地分析言语行为动词中有代表性
218 的一组动词意义。分析方法类似于成分分析，也就是说，我将根据动词的意义差异，分离出一些离散变量。从断言类、指令类、承诺类和表情类中各选出一些动词进行分析。很明显，后三类动词的变量具有相似性，因为它们可以包含在单个表格中，如表 9.2 所示：

表 9.2

	[X表示命题内容所描述的事件]	(a)X是否在言语行为之后发生？	(b)s或h是否参与X？	(c)若X在言语行为之后发生，那么是有条件的还是无条件的？	(d)X是↑s、↓s、↑h还是↓h？（见第 xx 页）	(e)暗含的是什么态度？
指令类动词	a. TELL COMMAND ORDER DEMAND ASK	是	h	无条件的	↓h(↑s)	目的是使h做X
	b. REQUEST BEG ADVISE	是	h	有条件的	↓h(↑s)	希望h做X
	c. RECOMMEND SUGGEST	是	h	有条件的	↑h	相信做X对h有益
	d. INVITE	是	h	有条件的	↑h↓s	愿意h做X
承诺类动词	e. OFFER	是	s	有条件的	↑h↓s	愿意h做X
	f. PROMISE UNDERTAKE VOW	是	s	无条件的	↓s(↑h)	打算做X
	g. THREAT	是	s	有条件的	↓h(↑s)	坚持让h做X
表情类动词	h. CONGRADUATE	否	(h)	—	↑h	为X感到愉快
	i. THANK	否	(h)	—	↑s	感谢X
	j. APOLOGIZE	否	s	—	↓h	后悔X
	k. PARDON CONDOLE	否	h	—	↓s	原谅X
	l. COMMISERATE WITH	否	(h)	—	↓h	同情h发生X
	m.LAMENT	否	(s)	—	↓s	对X感到惋惜
	n. BOAST	否	(s)	—	↑s	因X而狂喜

在表 9.2 中，左边一栏的单词，如 *tell*、*ask* 和 *advise* 应理解为具有特定涵义并用于特定的句法 / 语义语境中。所以，尽管动词 *suggest* 既可是指令类动词，也可是断言类动词，但该表格中明显表征的是它的指令类涵义。关于表 9.2 的解读，还有以下几点需要说明：

1.（a）栏

该栏将表情类动词和指令类及承诺类动词区分开来。时间是否靠后是它们的主要差别，现在和过去（以转述话语的时间为基准）合二为一，与未来相对。因此，指令类和承诺类只能描述未来发生的事件，而表情类可以描述现在和过去的事件，不能描述将来发生的事件。

* I promise { that you have been having fun. / that you are enjoying yourselves. }

* Mary thanked us for coming to see her next week.[17]

在研究时态和体时，时间连续性上主要的对比是过去和非过去，但在研究言语行为动词定义时，主要对比却是未来和非未来。这一点不仅适用于承诺类、指令类和表情类动词，也同样适用于断言类动词（见 9.5）。

2.（b）栏

该栏将指令类动词和承诺类动词区分开。部分以言行事动词，尤其是指令类动词，会涉及事件（*X*），并且说话人认为听话人应该对 *X* 负责。在其他情况下，如祝贺，听话人可以参与事件，但不一定是实施者［这种情况在表 9.2 中用（*h*）标示］。我们必须
219 将这两种“以听话人为导向”的以言行事动词和对应的“以说话

人为导向”的以言行事动词，如 *promise*、*offer*、*apologize* 等进行对比。从这个意义上区分说话人导向和听话人导向时，我们需要留意说话人或听话人（视具体情况而定）是否参与事件，尤其是当补语成分没有明确表明时。比如：

[24] The colonel ordered *that the bridge be destroyed.*

[25] I promise *that you will get your reward.*

不难理解，尽管例 [24] 并没有提及听话人，但他会被认为将是负责摧毁大桥的人。同理，在例 [25] 中，说话人将是奖励听话人的责任者。鉴于此，我们应该根据补语指代的事件 *X* 而不是补语本身的语义结构，去界定说话人导向和听话人导向等因素。

3.（c）栏

该栏仅与事件 *X* 在言语行为之后发生的动词有关。如果是“有条件”的，那么除非听话人表示同意或服从，否则说话人不会打算让事件发生；如果是“无条件”的，那么无论听话人是何种态度，说话人都打算让 *X* 发生。因此，从该角度而言，命令和请求之间的区别体现在前者是一个说话人认为听话人一定会服从的指令，而后者是一个说话人认为或声称只有在听话人同意的情况下才会生效的指令。根据前面所讨论的可选择性问题（5.6—5.7），这种区别和礼貌密切相关，*promise* 和 *offer* 之间存在可比性差异。在语用现实中，“制约因素”指听话人拥有的选择范围，而在语义学中，这只是一个简单“是与非”的选择，即选用一个词条而非另一个词条。在受条件制约的指令类动词中，有一些动词（如 *beg*、*plead*、*implore*）表达了这样的预设信息：与听话人比较而言，说话人处于一种不利地位，因此留给听话人的选择余地更大。

4.（d）栏

该栏中用到的符号和 5.7 中的一样。在广义上，↑ *s* 表示“有利于说话人”，↑ *h* 表示“有利于听话人”，↓ *s* 表示“不利于说话人”，↓ *h* 表示“不利于听话人”。因此，根据适切性等级，我们可以使符号的意义更加准确（见 5.7、6.1.1—6.1.4）。指令类
220 和承诺类动词与受损-受益等级有关（见 5.3），因此基于第五章对承诺类和强加类动词的讨论，符号的意义可以更加明确地表述为“说话人 / 听话人受益”和“说话人 / 听话人受损”。根据 6.1.2 和 6.1.3 中讨论的赞誉准则和谦虚准则，表情类动词与其他等级有关，*commiserate*（同情）表示 *X* 对听话人而言是一件不幸之事，而 *congratulate*（祝贺）表示 *X* 对说话人来说是一件值得称赞之事。如表 9.2 所示，有些动词对说话人和听话人来说，表示不同的价值（见 5.7），而对其他动词，只涉及一方的价值。

5. 横排分组

表 9.2 没有进一步从意义的角度区分各横排一组中“几乎同义”的动词，也没有详尽地列举出每组包含的动词。下面通过例子，阐明了表格中没有表示出来的语义差异，*command* 隐含地表示说话人是听话人的上级，而 *demand* 的含意则相反，说话人不是听话人的上级：

The colonel *commanded* that the bridge (should) be destroyed.

The residents *demanded* that the eyesore (should) be removed.

如果将两个句子的主要动词互换，句子就会显得很不协调，我们几乎很难想出它们适合的语境。但结合下文第 8 点所给出的理由，被互换主要动词之后的句子仍然合乎语法。

6. 最小对立体

表 9.2 详细阐释了如何从言语行为的语义中找出“最小对立体”。例如，根据该表，我们可以区分 *tell* 和 *ask* 之间的不同，它们的不同仅体现在回应的制约性上，也就是说，在以下例句中：

Guy *told/asked* Hugo to feed the hamster.

这里 *told* 表示不管 Hugo 是否愿意，Guy 都想要他去喂仓鼠，而 *asked* 表示 Hugo 可以选择去喂或不喂仓鼠。这种差异还涉及关乎礼貌的语用结果及 Guy 和 Hugo 之间的关系。下面以 *promise* 和 *offer* 为例，探讨承诺类动词的最小对立体。

My sister *promised/offered* to buy the tickets. 221

此例仍是制约性方面的语义对比，但附带的语用对应关系却截然不同。该例清楚地表明语义的类属区分和语用标量变量之间的差异。在实际对话中，我们可能难以确定“I will buy the tickets.”究竟是“承诺”还是“提议”，因为两者之间的差异体现在渐变（可选择性等级）程度上。但如果我们转述这类言语行为，就会发现我们要么将其描述为“承诺”，要么描述为“提议”，由此把它解释为一种类属。另一组最小对立体 *offer* 和 *invite* 的主要差异体现为，说话人或听话人是否是未来行为 *X* 的实施者（此外，*invite* 可以表达更为特殊的意义“邀请听话人去拜访或成为说话人的客人”）。尽管说话人导向和听话人导向是划分指令类和承诺类界限的依据，但在现实中两者之间的差异却往往难以察觉。例如：

Matt *offered* to lend me his bicycle.

Matt *invited* me to borrow his bicycle.

上述两个句子几乎同义，因为句中的“交易性”动词，如 *lend* 和 *borrow*，在很大程度上中和了这两种导向。

7. “偶然空缺”

成分分析也揭示了以言行事动词在词汇上的“偶然空缺”。在表情类动词一栏，如将（b）栏的两个选项和（d）的四个选项结合在一起，理论上就可以得出八种涉及说话人和听话人的交际类型，但表 9.2 只列出了七种。我们没有列出的一种是（b）栏的 *s* 和（d）栏的↑ *h* 相结合的情况，这种情况包含了由 *s* 发起且对 *h* 有益的事件 *X* 的一种言语行为。从表面上看，似乎可以从语用角度解释缺乏这些特征的以言行事动词的原因。由于这种言语行为看上去很不礼貌，暗示着听话人会得到听话人的恩惠，涉及一种逆向的感谢行为，因此这种言语行为看上去是很不礼貌的。然而，观察发现，确实存在这样的言语行为，就是它的功能在于礼貌地回应听话人所表达的感谢。在某些语言中，礼貌表达“对感谢的认可”是约定俗成现象，如德语中的 *bitte*（*sehr*），但众所周知，英语中关于感谢的言语回应语不多。从得体的角度而言，说话人采用这种言语行为，可以弱化 *X* 的方式减少给说话人带来的损失，
222 比如，说出 *X* 是说话人愿意做的事（如“It’s a pleasure.”），或 *X* 不足挂齿（如“It was nothing.”“Not at all.”等）。这种言语行为的效果在于降低说话人的付出，也许不足为奇的是，英语词汇中本身缺乏类似编码。

8. 关于等级的解读

针对表 9.2 的最后一个解释，是关于（d）栏中的评价等级。例如，如何认定 *X* 是有损于还是有益于说话人或听话人，据此来判定动词，如 *offer*、*invite* 或 *ask*，是否得体。显然，补语从句的内容是做出判断的重要依据，这也解释了为什么我们通常认为例

[26] 要比例 [27] 更加得体：

[26] Ada *offered* to clean out the stables.

[27] Ada *invited* me to clean out the stables.

但这个判断是很主观的，取决于每个人对愉快或不愉快事件的定义。我们没有理由认为例 [27] 这样的句子不合乎语法，因为仅从语言的角度分析，一个人喜欢打扫马厩没什么好奇怪的。从这个主观判断的原则进一步设想，我们甚至可以对不太可能出现的情况进行合理解释，比如：

[28] The children *promised* to be as bad as they could.

[29] The millionaire *apologized* to me for making me his heir.

[30] Max *congratulated* Walter on getting mauled by a lion.

[31] I *advised* Sarah to make me an interest-free loan of £3000.

[32] Bod *threatened* that if Mary misbehaved, he would give her anything she asked for.

我向读者提出这样一个挑战（这是一个施为行为！）：在五秒钟的时间内，给以上每个句子想出一个可以合理存在的语境。如果实在想象不出来，我们可以假设有一个富裕的古怪叔叔，或一个认为今世受苦越多来世收获越多的虔诚信徒。然而有趣的是，对于转述的以言行事行为而言，谁对满意或不满意的判断起决定性作用呢？以动词 *congratulate* 为例，是由谁的判断来决定，转述人（s_1）、祝贺人（s_2）还是被祝贺人（h_2）？粗略地看，作出评价的人是 h_2，动词蕴含的是 h_2 的评价［即 h_2 是表 9.2（d）栏中 ↑ *h* 表示的那个人］。因此，例 [30] 表示，Walter 认为被狮子弄 223
伤是一件令他满意的事情（可能因为他是一名狮子训练员，受伤可以得到一笔丰厚的保险赔偿）。但是，这只是一种表面看法。

更加确切地说，例 [30] 意味着，Max（s_2）认为 Walter（h_2）对 X 很满意。所以，如果 Walter 没有继续买保险，而 Max（Walter 的同行）却不知情，在这种情况下（尽管是错误的），Max 还是可以说恭喜 Walter，例 [30] 仍旧是对祝贺以言行事行为的准确转述。因此，准确而言，判断一个以言行事动词的转述是否正确，取决于涉及三方的评价，即 s_1（转述人）认为 h_2 对 X 的判断符合 s_2 的预测。

9.5 断言类动词

前面的分析并未涉及断言类动词，在此单独分析。断言类动词是数量最多的一类以言行事动词，但不太容易对它们进行系统分析，大概是因为不同于其他种类的以言行事动词，它们通常假设 s_2 和 h_2 处于对等的关系。在表 9.2 中，有一个等级涉及断言类动词，即（a）栏的时间参照。描述的事件（X）是否晚于言语行为发生，这对断言的状态而言至关重要，据此，我们可以将预言性（predictive）断言类动词（如 *predict*、*foretell*、*forecast*）和回溯式（retrodictive）断言类动词（如 *report*、*narrate*、*recount*）区分开来：[18]

[33] The economics experts predicted that inflation would decrease.

[33a] ? *The economics experts predicted that inflation had decreased.

[34] The economics experts reported that inflation had decreased.

[34a] ?* The economics experts reported that inflation would decrease.[19]

其他的主要差异体现在:(a)是"公开表达 *P*"(如 *declare*、*proclaim*、*announce*),还是"隐含表达"(如 *intimate*、*imply*、*hint*);(b)是"有把握的断言"(如 *affirm*、*aver*、*avouch*、*confirm*、*certify*),还是"尝试性的断言"(如 *suggest*、*hypothesize*、*postulate*)。224
此外,有些断言类动词(如 *announce* 和 *report*)表示单向传递有关某现实的信息,而有些(如 *claim* 和 *disagree*)则具有争辩性(argumentative),表示当前宣称的事实与说话人或听话人宣称的其他事实之间的关系。在争辩中,每个参与者都有自己的"立场",这个立场是参与者想要证明和维护的在逻辑上相互联系的信念。因此,动词 *claim*"主张"属于说话人的给定命题,或支持说话人的立场;动词 *admit* 则"承认"某人的对立者的立场站得住脚。这样一来,断言类动词和承诺类、指令类及表情类动词一样,都具有一定的交互性特征。下面的尝试性界定阐明了如何从对立的立场,去界定争辩性动词,[其中 *s*= 说话人,*a*= 对立者,需要注意的是,*a* 和 *h*(听话人)不一定是同一个人]。

1. "*s* CLAIMS that *P*" 蕴涵:

"*s* 主张 *P*",且"*P* 是 *s* 所持的部分立场"。

(类似的动词还有:*submit*、*posit*)

2. "*s* ADMITS that *P*" 蕴涵:

"*s* 主张 *P*","*P* 是 *s* 所持的部分立场",且"*P* 与 *s* 所持立场之间存在一定矛盾"。

(类似的动词还有:*concede*、*acknowledge*、*allow*、*confess*、*grant*、*owe*)

3. "*s* MAINTAINS that *P*" 蕴涵:

"*s* 主张 *P*",且"*a* 主张或暗示非 *P* 是 *a* 所持的部分立场"。

(类似的动词还有:*insist*)

4. “*s* AGREES that *P*” 蕴涵：

“*s* 主张 *P*”，“*P* 是 *s* 所持的部分立场”，且“*P* 是 *a* 所持的部分立场”。

（类似的动词还有：*concur*）

5. “*s* ARGUES that *P*” 蕴涵：

“*s* 主张 *P*”，且“*P* 是根据 *s* 所持立场范围内的论据得出的结论”。

（类似的动词还有：*contend*）

这样看来，界定断言类动词的重要因素可能有：（a）预测性断言与回溯式断言；（b）公开断言与隐含；（c）有把握的断言与尝试性断
225 言；（d）信息性断言与争辩性断言。上述差异蕴含在断言类动词的词汇编码中，因此我们可以合理假设，这些差异对断言的语用研究很重要。不管是何种情况，断言类动词的差异与其他以言行事动词的差异一样，往往是分等级的，而不是非有即无的状态。通常认为断言类动词要实施的任务清晰而简单，即把信息从一个人传递到另一个人，然而差异（b）和差异（c）又显然是真实的，这也许会让我们感到奇怪。

9.6 结论

如同词汇的大多数其他领域一样，言语行为动词的类别区分具有模糊性，而这些类别所适用的现实往往具有等级性或不确定性。这对言语行为理论具有如下启示：

（a）对以言行事行为进行机械的分类是毫无意义的；

（b）尝试对以言行事动词或以言行事谓语进行分类，是切实可行的，且具有启发意义；

（c）就以言行事动词的界定而言，对比是十分重要的，我们有

> 理由认为，它与分析言语行为活动也是相关的。

在言语行为理论的早期研究中，被问得最多的问题就是“一共有多少言语行为？”[20]。对此，维特根斯坦（Wittgenstein）的回答是“有无数种”（1953，第 23 段，见 Searle 1979：vii）（这也是对“一共有多少种句子”的回答），这或许和其他回答一样明智。但是，对于另一问题“英语中一共有多少言语行为动词？”，我们需要一个确切的数字予以回答。研究言语活动和研究言语行为动词之间有着本质区别，这一点在本章及前面的章节已经讲过了。言语活动存在很多方面的差异，手段-目的是表征言语活动的恰当分析模式，它允许多种情况、多重目标以及具有不同间接性目标等的存在，也即，该分析顺应了言语活动的多维性特点。此外，我们无法按照言语行为理论提出的方式，将言语行为活动分解为离散的“行为”。因此，使用言语行为动词去转述言语行为，需要进行选择并加以简化，包括使用某个“类别的”结构。只有在自我转
述话语，尤其在施为句中，说话人会使用言语行为动词的元语言，226
来描写自己的话语。这种真实的言语活动才能反映施为动词的类属结构。总而言之，言语行为动词分析是施为言语行为分析的关键。但同时我们必须注意，施为句是一种特殊情况，不能将其视为言语活动的标准形式。

注释

① 奥斯汀（1962：103）曾写道，“我们对言语行为的兴趣表现在：集中研究第二类，即以言行事行为，并将它和其他两类进行对比”。尽管塞尔不认同奥斯汀对以言指事行为和以言行事行为的区分，但他的研究重心也是以

言行事行为。

② 奥斯汀（1962：101–132）及巴赫和哈尼什（1979：16–18）曾讨论过被认定为“以言成事行为”的各种效果。困难是难以判断有些动词的意义是否包含言后效果，如 *inform* 和 *tell*。

③ 有些动词的涵义存在着不确定性。例如：*persuade* 是否一定表示语言行为？我们是否可以真正挥舞斧头去“劝”某人？或者说，这只是一种修辞性说法？

④ 巴赫和哈尼什（1979：42）将 *conclude* 和 *reveal* 加入了以言行事行为的列表。

⑤ 除了塞尔的五种言语行为外，奥斯汀的五种以言行事用意（1962：151）是：判定类（Verdictives）、行使类（Exercitives）、承诺类（Commissive）、行为类（Behavitives）和阐述类（Expositives）。塞尔（1979 [1975a]）对奥斯汀的批评以及与自己分类之间的对比，反映了两种类别之间的异同。巴赫和哈尼什（1979：41）的表述类、指令类、承诺类和感谢类分别对应塞尔的前四类，奥斯汀的第五类称之为“规约性以言行事行为”。完全不同的是弗雷泽（Fraser 1974）的分类，他主要研究“通俗类施为动词”。

⑥ 见塞尔（1979 [1975a]）对施为句的深层结构分析，塞尔发现的规律与我此处提到的大致相同。

⑦ 我在 5.2 中指出的指令类以言行事行为和强加类以言行事行为的差异同样适用于动词。因此，*threaten* 是强加类动词，而不是指令类动词，但 *invite* 则是指令类动词，而非强加类动词。

⑧ 见巴赫和哈尼什（1979）指出的交际性以言行事行为和规约性以言行事行为之间的差异，以及弗雷泽（1974）指出的通俗类施为动词和仪式性施为动词之间的区别。

⑨ 见巴赫和哈尼什的“描述类”和弗雷泽的“规定类”。

⑩ *Threaten* 表示一种有条件的言语行为，也就是说，“说话人用 *X* 威胁听话
227 人”的涵义大致等同于“如果听话人没有做说话人希望他做的行为 *A*，说话人就会让他遭受不好的事情（*X*）”。*threaten* 的条件特征把它和其他描述条件言语行为的动词，如 *promise* 和 *bet*，联系在一起［见福臣（Fotion

1981）]。

⑪ 需要注意，9.2.2 列举的补语形式还存在例外情况：（a）断言类动词（尤其是被动态时）后面可以接不定式结构，如“He was reported to be a Fascist.”；（b）断言类动词（尤其出现在否定句和疑问句时）后面可以接 *wh-* 从句，如“Tom told them when Sheila would arrive.”。

⑫ 注释⑪中的（b）可能存在一种例外情况：断言类谓语和转述问题同时出现，如“Tom TOLD them WHEN Sheila would arrive.”，其中 *wh-* 从句表示省略了某信息（此例中指 *when* 表示的信息）的命题，因为转述者不知道该信息，而初始说话人则知道。换而言之，以上例句中 *when Sheila would arrive* 不是一个转述问题，而是初始说话人针对转述的陈述内容所提出的问题。

⑬ 塞尔（1979 [1975a]：15）指出了表情类命题内容的假设本质，菲尔莫尔（Fillmore 1971）对评价类动词（包括表情类动词，如 *criticize* 和 *apologize*）的语义分析也涉及假设因素。

⑭ 从这个角度来说（见注释②），*inform* 和 *tell* 处在以言行事动词和以言成事动词的模糊界限上。施为句，如“I tell you.”和“I hereby inform you.”是以言行事行为的分析例子。*tell* 和 *inform* 可以理解为以言成事动词，但它们恰巧用于描写紧随话语出现的以言成事行为，这会被说话人认为是理所当然的。但事实是听到信息后，听话人可能获取这个信息，但不一定会被说服。

⑮ 图 9.5 不包含另一类言语行为动词，这类动词包括 *praise*、*denigrate*、*eulogize*、*deride*、*ridicule* 等，它们一般不会用作施为动词，原因如下。这类“情感”动词一般表示间接出现而非直接出现期待效果的言语活动，因此“I hereby denigrate your parents.”和“I hereby tell you a joke.”类似，因为说话人不能够通过描写，就可以真的把一个话语变成为一个笑话或一种诋毁。见塞尔（1979 [1975a]：7）。

⑯ “I divorce thee.”用作施为句，这是体现施为句的文化相关性的一个众所周知的例子。根据传统的伊斯兰法律，这是恰当的，但在其他国家的婚姻法中则不然。

⑰ 然而，*promise* 和 *thank* 都有表 9.2 中定义未涵盖的延伸用法。*Promise* 有
228 时会（带有讽刺意味）用于指称不愉快的事件，如在 “You'll regret it, I promise you.” 中，*promise* 表示威胁；*thank* 可以表示期盼发生，尤其是在请求信件中，如 “I thank you in anticipation for your help.”。但这是一个特例，因为写信人不会立刻收到通信人同意帮忙的回复。加上 *in anticipation* 或 *in advance* 清楚地表明，如果作者理所当然认为对方会答应请求，这在某种程度上是不适切的。

⑱ 巴赫和哈尼什（1979：42）指出了断言类动词的两个子类：“预言性断言动词”和“回溯式断言动词”。

⑲ 符号 ? * 表示例 [33a] 和例 [34a] 中我的判断不是完全荒谬的，因为我认为可以通过加上额外的显性言语行为使它们变得有意义，这样一来，例 [33a] 表示“经济学专家预测了一个未来的报告……”，例 [34a] 表示“经济学专家报告了一个早前的预测……”。虽然这种解读很特殊，但可以让 *predict* 和 *report* 的用法符合它们的定义。

⑳ 奥斯汀（1962：150）大胆猜测约有 1000—9999 种不同的以言行事用意。参照施为动词谬论，“仔细翻阅字典……秉着自由精神”，他编纂了“一个动词列表”，从而得出了该数字。

第十章　回顾与展望

我即将要说的既不难开口，也不会引起争议，我认为可以用真实来形容，至少部分如此。

［奥斯汀，《如何以言行事》，第 1 页］

（J. L. Austin, *How to Do Things with Words*, p.1）

我的研究始于语义与语用、语法与修辞、涵义与语力等之间的差异。我也提出应该将语法和修辞之间二元性重新理解为（借用韩礼德的术语，旧词新解）语法（概念成分）、人际语用和篇章语用之间的三元差异。第一章、第二章和第三章的内容构想很宏大，看似一本鸿篇巨制，但实际上本书主要探究人际语用学的相关问题。该领域中的一些问题值得我们重新思考，并对已有观点提出质疑。在语用学研究中，我的目的是拓展格赖斯的合作原则，阐释人际修辞以及其他原则或准则，例如礼貌原则和反讽原则，这些对语力的描述至关重要。在问题解决框架下，人工智能的影响显而易见，它使得会话含意被重新理解为符合常识的推理。语力可以转化成为手段–目的分析中的问题解决范式，语用阐释也可以成为提出假设与验证假设的问题解决范式。在研究交际言语行为的一般框架中，和“直接言语行为”一样，“间接言语行为”也是解决问题的一种有效策略，只是后者的分析方法更加复杂且间

接。作为一种非典型的特殊类别，施为句具有特殊的以言行事用
230 意，不能成为评价一般会话行为的合适标准。鉴于此，我加入了“互补主义”的视角问题，这些问题在语用学中极具争议性，并试图证明如何通过一般范式解决它们，以整合语言的形式研究和语言使用的语用研究。

还有不少话题本书尚未涉及，就本研究而言，这些话题可能十分重要。以下列举几个重要的方面：

1. 未使用足够的篇幅讨论篇章修辞（Textual Rhetoric）。比如，与日益兴起的旧-新衔接、话题与焦点等有关的可处理性原则（见第 72—75 页），还有很多讨论的空间。此外，也可进一步探讨表达性原则和交际的审美问题，如文本形式的象似性用法。[1] 通过这些研究，我们可以从教学意义上“有效利用语言形式资源来构建篇章”[2] 的角度，将语言学和“修辞”更加紧密地结合在一起。

2. 对互补主义范式的表述还不够正式。显性数学模型还可以更加形式化。如果我的观点正确的话，那么不同的模型可适用于语义学和语用学。比如，我认为语义类别可以通过模糊逻辑 [3] 实现恰当的形式化处理，而适合于语用学的模型将是线性规划 [4]。作为一种数学分支，该模型已用于商业管理中的决策环节。该模型将广泛应用于以目标为导向的人类行为以及交际语境中的决策行为。

3. 一个高度成熟的语用理论不仅应该是形式化的，而且应该产生可用于实验验证的系列假设。在人际语用中，我们一般是根据母语说话人（即所考察的言语群体成员）的观察结果进行描述的。许多观察结果都是从某个等级，如从礼貌等级、相关性等级、

可接受等级等角度，进行相对判断，而且原则上可以通过测试观察者得到客观验证。在测试时，除了待检测变量外，其他所有的语用变量都应该恒定的。特别是，我们无法对比社会语用因素，如言语群体以外的礼貌问题。在篇章修辞研究中，我们可以进行 231
类似的观察者测试，比如判断存在不同程度句末重心的句子可接受性（见第 74 页）。虽然语用测试的方法论还尚未成熟，但原则上而言，语用测试存在的问题不会比其他类型的语言测试更多。

4. 我们还可以通过分析语料库数据（Corpus Data），去验证语用假设。这样的假设将会涉及概率问题，因为这样，才可能推翻已有的语用原则和准则。最简单的情况是预测出符合某准则的概率高于违反的情况。但也可能会出现语料研究结果与假设相互矛盾的情况，这可能是因为受到了相互竞争准则的影响。

5. 我没有太多尝试从跨语言比较的角度去研究交际行为，这是一个具有吸引力的研究领域，而且对语言教学也有着明显的启示作用。只有当我们结合语用语言策略，如间接策略，以及不同言语群体中实施这些策略的准则，来研究句子，例如“The Japanese are more modest than the British.”或“The British are more tactful than Americans.”，这些句子才会有意义。直接把一个群体的准则照搬到另一个群体，很容易导致“语用失误”，并做出说话人表现不礼貌或不合作之类的判断（见 Thomas 1981, 1983）。但这些观点也并非绝对正确。我希望本书所介绍的一般范式可以为语用语言策略的对比研究提供框架。

6. 我的研究主要局限于个人话语或话语交流，限于研究相互联系的话语，如话语分析（Discourse Analysis），还没有对该范式进行拓展性研究。我的论述表明（如4.3和4.4中所讨论的关系准则），在“组织有序的”会话交流中，参与者的目标应该或多或少是一致的。合作原则的作用就是确保参与者一方配合另一方，以实现既定的话语目标；礼貌原则的作用则是确保合作顺利进行，即使说话人和听话人之间的目标出现了冲突。但同时我也坚持，合作原则和礼貌原则等语用原则只能在一定程度上得到遵循。因此，更加现实的话语使用将会表明，合作原则和礼貌原则并非是
232 不可违反的，而且这两个原则与其他原则之间、与个人的以言行事目标之间存在相互竞争的关系。在具有平等地位交际者的双边话语动态过程中，参考双方A和B的目标是需要进行“磋商”的，至少可能出现以下结果：

[1] A接受B的目标
[2] B接受A的目标
[3] A和B在双方原有目标的基础上达成共同目标
[4] A和B未达成任何别的目标

“磋商”[5]是一种隐喻性用法，用在此处非常适切（或者，有人喜欢使用商界中的通用表达式，“讨价还价”），因为以上所列四种结果分别对应可能出现的还价结果：

[1] A接受B的价格
[2] B接受A的价格
[3] A和B达成一个中间价格
[4] A和B没有就价格达成一致，交易失败

从这种角度来说，具有高度指导性的话语分析模式就是埃德蒙森（Edmondson 1981，特别是第六章）提出的模式。但是，有人可能会从相同的角度对话语分析的其他模式进行质疑，认为该模式适

用于从语义与语用的路径去研究施为用意。在过去的研究中，因语法模型的影响，出现了对话语单元的分解与等级化倾向，仿佛它们就是直接成分分析中的成分。[⑥]在早期的语篇分析模式中，这种倾向是很明显的。[⑦]我认为这里面存在一个错误，类似于将不同的言语行为看作为独立且相互排斥的类别（见 8.1、8.2）。如果将话语分析视为投射到时间维度的人际语用学，我们就会犯“过度语法化”的错误，不仅表现为不同类别之间相互排斥的纵组合僵化，也表现为话语单元之间彼此独立、互不搭界的横组合僵化。

不管针对以上领域的深入研究结果如何，我都希望本书可以抛砖引玉，帮助读者进一步理解语言的特征和语言交际中的使用问题。

注释 233

① 从篇章修辞的角度，最早对该领域进行探讨的是利奇和肖特（Leech and Short 1981：第七章）。

② 同样，该领域的首次尝试，见利奇、迪赫尔和胡詹拉德（Leech, Deuchar and Hoogenraad 1982, 第十二章）。

③ 关于模糊逻辑和模糊集合理论，见麦考利（McCawley 1981：360–394）。

④ 关于线性规划，见金（Kim 1971），尤其是该书第四章。

⑤ 关于话语中磋商的概念，见坎德林和洛特费尔–赛迪（Candlin and Lotfiour-Saedi 1981）。

⑥ 见埃德蒙森（1981：67–73）对克拉默（Klammer 1973）、辛克莱和库尔哈德（Sinclair and Coulthard 1975）及对其他受语法分解与等级化影响下的话语模式的批评。

⑦ 德·布格兰德和德雷斯勒（de Beaugrande and Dressler 1981：14–30）调查了篇章语言学的早期研究方法，包括那些受语法模式影响的方法。

参 考 文 献

AKMAJIAN, A., and HENY, F. (1975), *An Introduction to the Principles of Transformational Syntax*, Cambridge, Mass.: MIT Press.

ALSTON, W. P. (1964), *Philosophy of Language*, Englewood Cliffs, NJ: Prentice-Hall.

ANDERSON, S. (1971), *On the linguistic status of the performative-constative distinction*, Bloomington: Indiana University Linguistics Club.

ARGYLE, M., and DEAN, J. (1965), “Eye-contact, distance, and affiliation” , *Sociomtry*, 28, 289–304.

AUSTIN, J. L. (1962), *How to Do Things with Words*, Cambridge, Mass.: Harvard U. P.

BACH, K., and HARNISH, R. M. (1979), *Linguistic Communication and Speech Acts*, Cambridge, Mass.: MIT Press.

BAILEY, C. -J. N., and SHUY, R. W. (eds.), (1973), *New Ways of Analyzing Variation in English*, Washington, DC: Georgetown U. P.

BARRETT, R., and STENNER, A. (1971), “On the myth of exclusive ‘or’ ” , *Mind*, 79, *pp* 116–121.

BEAUGRANDE, R. de, and DRESSLER, W. (1981), *Introduction to Text Linguistics*, London: Longman.

BEVER, T. G. (I970), “The cognitive basis for linguistic structures” , in J. R. Hayes (ed.), *Cognition and the Development of Language*, New York: J. Wiley, *pp* 279–352.

BEVER, T. G. (1976), “The influence of speech performance on linguistic structure” , in Bever, Katz, and Langendoen, op. cit., *pp* 65–88.

BEVER, T. G., KATZ, J. J., and LANGENDOEN, D. T. (1976), *An Integrated Theory of Linguistic Ability*, New York: Thomas Y. Crowell.

BEVER, T. G., and LANGENDOEN, D. T. (1976), "A dynamic model of the evolution of language" , in Bever, Katz, and Langendoen, op. cit., *pp* 115–148.

BLOOMFIELD, L. (1933/1935), *Language*, New York: Holt, Rinehart and Winston 1933; London: Allen & Unwin, 1935.

BOLINGER, D. L. (1961), *Generality, Gradience, and the All-or-None*, The Hague: Mouton.

BOLINGER, D. L. (1965 [1952]), "Linear modification" , *PMLA*, 67, 1117–1144. Reprinted in *Forms of English*, Cambridge, Mass.: Harvard U. P., *pp* 279–307.

BOLINGER, D. L. (1977), *Meaning and Form*, London: Longman.

BOLINGER, D. L. (1980), *Language—the Loaded Weapon*, London: Longman.

BOUCHER, J., and OSGOOD, C. E. (1969), "The Pollyanna Hypothesis" , *Journal of Verbal Learning and Verbal Behavior*, 8, 1–8.

BROWN, P., and LEVINSON, S. (1978), "Universals in language usage: politeness phenomena" , in Goody, E. N. (ed.), *Questions and Politeness: Strategies in Social Interaction*, Cambridge: Cambridge U. P., *pp* 56–289.

BROWN, R., and GILMAN, A. (1960), "Pronouns of power and solidarity" , in Sebeok, T. A. (ed.), *Style in Language*, Cambridge, Mass.: MIT Press, *pp* 253–276.

BUBLITZ, W. (1978), *Ausdrucksweisen der Sprechereinstellung im Deutschen und Englischen*, Tübingen: Niemeyer.

BUBLITZ, W. (1980), *Conducive Yes-No Questions in English*, Trier: Linguistic Agency University of Trier, Series A, Paper No. 70.

BÜHLER, K. (1934), *Sprachtheorie*, Jena: Fischer.

BURT, M. K. (1971), *From Deep to Surface Structure: An Introduction to Transformational Syntax*, New York: Harper & Row.

CANDLIN, C. N., and LOTFIPOUR-SAEDI, K. (1983), "Processes of discourse" , *Journal of Applied Language Study*, 1, 2.

CARDEN, G. (1973), "Disambiguation, favored readings, and variable rules" , in Bailey and Shuy, op. cit., *pp* 171–182.

CARNAP, R. (1942), *Introduction to Semantics*, Cambridge, Mass.: MIT Press.

CHOMSKY, N. (1957), *Syntactic Structures*, The Hague: Mouton.

CHOMSKY, N. (1964), "Current issues in linguistic theory" , in Fodor, J. A., and Katz, J. J., *The Structure of Language*, Englewood Cliffs, NJ: Prentice-Hall, *pp* 50–118.

CHOMSKY, N. (1965), *Aspects of the Theory of Syntax*, Cambridge, Mass.: MIT Press.

CHOMSKY, N. (1976), *Reflections on Language*, New York: Pantheon.

CHOMSKY, N., and RONAT, M. (1979), *Language and Responsibility* (trans. from the French by J. Viertel), Sussex: Harvester Press.

CLARK, H. H. (1976), *Semantics and Comprehension*, The Hague: Mouton.

CLARK, H. H., and CLARK, E. V. (1977), *Psychology and Language: An Introduction to Psycholinguistics*, New York: Harcourt Brace Jovanovich.

CLARK. H. H., and HAVILAND, S. E. (1974), "Psychological processes as linguistic explanation" , in Cohen, D. (ed.), *Explaining Linguistic Phenomena*, Washington, DC: Hemisphere Publishing, *pp* 91–124.

CLARK, H. H., and HAVILAND, S. E. (1977), "Comprehension and the given-new contract" , in Freedle, R. O. (ed.), *Discourse Production and Comprehension*, Norwood, NJ: Ablex Publishing, *pp* 1–40.

COLE, P., and MORGAN, J. L. (eds.), (1975), *Syntax and Semantics*, Vol. 3: *Speech Acts*, New York: Academic Press.

COMRIE, B. (1976), "Linguistic politeness axes: speaker-addressee, speaker-referent, speaker-bystander" , *Pragmatics Microfiche*, 1, 7.

CORSARO, W. A. (1981), "Communicative processes in studies of social organization" , *Text*, 1 (1), 5–63.

CRYSTAL, D., and DAVY, D. (1969), *Investigating English Style*, London: Longman.

DIK, S. C. (1978), *Functional Grammar*, Amsterdam: North-Holland.

DOWNES, W. (1977), "The imperative and pragmatics", *Journal of Linguistics*, 13, 77–97.

EDMONDSON, W. (1981), *Spoken Discourse: A Model for Analysis*, London: Longman.

FILLMORE, C. J. (1971), "Verbs of judging: an exercise in semantic description", in Fillmore, C. J. and Langendoen, D. T. (eds.), *Studies in Linguistic Semantics*, New York: Holt, Rinehart and Winston, *pp* 273–289.

FIRBAS, J. (1980), "Post-intonation-centre prosodic shade in the modern English clause", in Greenbaum, Leech and Svartvik, op. cit., *pp* 125–133.

FOTION, N. (1981), "I'll bet you $10 that betting is not a speech act", in Parret, Sbisà and Verschueren, op. cit., *pp* 211–224.

FRASER, B. (1971), "An examination of the performative analysis", Bloomington: Indiana University Linguistics Club.

FRASER, B. (1974), "An analysis of vernacular performative verbs", in Shuy, R. W. and Bailey, C.-J. N. (eds.), *Towards Tomorrow's Linguistics*, Washington, DC: Georgetown U. P., *pp* 139–158.

FRASER, B. (1975), "Hedged performatives", in Cole and Morgan, op. cit., *pp* 187–210.

FRAZIER, L. (1979), "On comprehending sentences: syntactic parsing strategies", Bloomington: Indiana University Linguistics Club.

GAZDAR, G. (1979), *Pragmatics: Implicature, Presupposition and Logical Form*, New York: Academic Press.

GIVÓN, T. (1979), *On Understanding Grammar*, New York: Academic Press.

GOFFMAN, E. (1963), *Behavior in Public Places: Notes on the Social Organization of Gatherings*, Glencoe, Ill: Free Press of Glencoe.

GOFFMAN, E. (1967), *Interaction Ritual: Essays in Face-to-Face Behavior*, Garden City, NY: Doubleday.

GOFFMAN, E. (1971), *Relations in Public: Microstudies of the Public Order*, New York: Basic Books.

GORDON, D., and LAKOFF, G. (1971), "Conversational postulates", in *Paper from the Seventh Regional Meeting, Chicago Linguistic Society*, Chicago: Chicago Linguistic Society, *pp* 63–84.

GREENBAUM, S., LEECH, G., and SVARTVIK, J. (eds) (1980), *Studies in English Linguistics: For Randolph Quirk*, London: Longman.

GRICE, H. P. (1957), "Meaning", *Philosophical Review*, 66, 377–388. Reprinted in Steinberg, D. D. and Jakobovits, L. A. (eds.) (1971), *Semantics: An Interdisciplinary Reader in Philosophy, Linguistics and Psychology*, Cambridge: Cambridge U. P., *pp* 53–59.

GRICE, H. P. (1975), "Logic and conversation", In Cole and Morgan, op. cit., *pp* 41–58.

GRICE, H. P. (1981), "Presupposition and conversational implicature", in Cole, P. (ed.), *Radical Pragmatics*, New York: Academic Press, *pp* 183–198.

HAKULINEN, A. (1975), "Finnish 'sitä' — an instance of the interplay between syntax and pragmatics", in Hovdhaugen, E. (ed.), *Papers from the 2nd Scandinavian Conference of Linguistics*, Oslo, *pp* 147–163.

HALLIDAY, M. A. K. (1970), "Clause types and structural functions", in Lyons, J. (ed.), *New Horizons in Linguistics*, Harmondsworth: Penguin, *pp* 140–165.

HALLIDAY, M. A. K. (1973), *Explorations in the Functions of Language*, London: Edward Arnold.

HALLIDAY, M. A. K. (1978), *Language as Social Semiotic*, London: Edward Arnold.

HALLIDAY, M. A. K. (1980), "Modes of meaning and modes of expression: types of grammatical structure, and their determination by different semantic functions", in Allerton, D. J. *et al.* (eds.), *Function and Context in Linguistic Analysis*, Cambridge: Cambridge U. P., *pp* 57–79.

HARE, R. M. (1970), "Meaning and speech acts", *Philosophical Review*, 79, 3–24. Reprinted in Hare, R. M. (1971), *Practical Inferences*, London: Macmillan, *pp* 74–93.

HARNISH, R. M. (1976), "Logical form and implicature", in Bever, Katz and Langendoen, op. cit., *pp* 313–392.

HARRIS, R. (1978), "The descriptive interpretation of performative utterances", *Journal of Linguistics*, 14, 309–310.

HARRIS, Z. S. (1951), *Structural Linguistics*, Chicago: University of Chicago Press.

HAWKINS, J. A. (1978), *Definiteness and Indefiniteness: A Study in Reference and Grammaticality Prediction*, London: Croom Helm.

HOLDCROFT, D. (1978), *Words and Deeds: Problems in the Theory of Speech Acts*, Oxford: Clarendon Press.

HORN, L. R. (1976), *On the Semantic Properties of Logical Operators in English*, Bloomington: Indiana University Linguistics Club.

HUDSON, R. A. (1975), "The meaning of questions", *Language*, 51, 1–31.

JAKOBSON, R. (1960), "Linguistics and poetics", in Sebeok, T. A. (ed.), *Style in Language*, Cambridge, Mass.: MIT Press, *pp* 350–377.

KARTTUNEN, L., and PETERS, S. (1979), "Conventional implicature", in Oh, C.-K. and Dinneen, D. A. (eds.), *Syntax and Semantics*, Vol. 11: *Presupposition*, New York: Academic Press, *pp* 1–56.

KATZ, J. J. (1964), "Analyticity and contradiction in natural language", in Fodor, J. A. and Katz, J. J. (eds.), *The Structure of Language: Readings in the Philosophy of Language*, Englewood Cliffs, NJ: Prentice - Hall, *pp* 519–543.

KATZ, J. J, and FODOR, J. A. (1963), "The structure of a semantic theory", *Language*, 39, 170–210.

KATZ, J. J., and POSTAL, P. M. (1964), *An Integrated Theory of Linguistic Descriptions*, Cambridge, Mass.: MIT Press.

KEENAN, E. O. (1976), "The universality of conversational postulates", *Language in Society*, 5, 67–80.

KEMPSON, R. M. (1975), *Presupposition and the Delimitation of Semantics*, Cambridge: Cambridge U. P.

KEMPSON, R. M. (1977), *Semantic Theory*, Cambridge: Cambridge U. P.

KIM, C. (1971), *Introduction to Linear Programming*, New York: Holt, Rinehart and Winston.

KLAMMER, T. P. (1973), "Foundations for a theory of dialogue structure" , *Poetics*, 9, 27–64.

KUHN, T. S. (1962), *The Structure of Scientific Revolutions*, Chicago: University of Chicago Press (2nd enlarged edn, 1970).

KUNO, S. (1973), *The Structure of the Japanese Language*, Cambridge, Mass.: MIT Press.

LABOV, W. (1972), "Rules for ritual insults" , in Sudnow, D. (ed.), *Studies in Social Interaction*, New York: Free Press, *pp* 120–169.

LABOV, W. (1973), "The boundaries of words and their meanings" , in Bailey and Shuy, op. cit., *pp* 340–373.

LAKATOS, I. (1970), "Falsification and the methodology of scientific research programmes" , in Lakatos, I. and Musgrave, A. (eds.), *Criticism and the Growth of Science*, Cambridge: Cambridge U. P., *pp* 96–196.

LAKATOS, I. (1978), *Mathematics, Science, and Epistemology: Philosophical Papers*, Vol. 2, Worrall, J. and Currie, G. (eds.), Cambridge: Cambridge U. P.

LAKOFF, G. (1971), "On generative semantics" , in Steinberg and Jakobovits, op. cit., *pp* 232–296.

LAKOFF, G. (1977), "Linguistic Gestalts" , in *Proceedings of the Thirteenth Annual Meeting of the Chicago Linguistic Society*, Chicago: Chicago Linguistic Society, 236–287.

LAKOFF, R. (1972), "Language in context" , *Language*, 48, 907–927.

LAKOFF, R. (1973), "The logic of politeness, or: minding your p's and q's" , in *Papers from the Ninth Regional Meeting of the Chicago Linguistic Society*, Chicago: Chicago Linguistic Society, *pp* 292–305.

LARKIN, D., and O'MALLEY, M. H. (1973), "Declarative sentences and the rule-of-conversation hypothesis" , in *Papers from the Ninth Regional Meeting of the Chicago Linguistic Society*, Chicago: Chicago Linguistic Society, *pp* 306–319.

LEECH, G. (1969), *Towards a Semantic Description of English*, London: Longman.

LEECH, G. (1971), *Meaning and the English Verb*, London: Longman.

LEECH, G. (1974), *Semantics*, Harmondsworth: Penguin.

LEECH, G. (1977), Review of Sadock (1974) and Cole and Morgan (1975), *Journal of Linguistics*, 13, 133–145.

LEECH, G. (1980), *Explorations in Semantics and Pragmatics*, Amsterdam: John Benjamins.

LEECH. G. (1980 [1976]), "Metalanguage, pragmatics, and performatives", in Leech (1980), *pp* 59–78 (originally published in Rameh, C. (ed.), *Semantics: Theory and Application*, Washington: Georgetown U. P.).

LEECH, G. (1980 [1977a]), "Language and tact", in Leech (1980), *pp* 79–117 (originally Linguistic Agency University of Trier, Series A, Paper No. 46, 1977).

LEECH, G. (1980 [1977b]), "Natural language as metalanguage", in Leech (1980), *pp* 31–58 (originally published in *Transactions of the Philological Society*, 1976–1977, 1–31).

LEECH, G. (1981 [1974]), *Semantics*, 2nd edn, Harmondsworth: Penguin.

LEECE, G. (1981), "Pragmatics and conversational rhetoric", In Parret, Sbisà and Verschueren, op. cit., *pp* 413–442.

LEECH, G., and COATES, J. (1980), "Semantic indeterminacy and the modals", in Greenbaum, Leech and Svartvik, op. cit., *pp* 79–90.

LEECH, G., DEUCHAR, M., and HOOGENRAAD, R. (1982), *Grammar for the Present Day*, London: Macmillan.

LEECH, G., and SHORT, M. (1981), *Style in Fiction: A Linguistic Introduction to English Fictional Prose*, London: Longman.

LEVIN, S. R. (1976), "Concerning what kind of speech act a poem is", in Van Dijk, T. A. (ed.), *Pragmatics of Language and Literature*, Amsterdam: North-Holland, *pp* 141–160.

LEVINSON, S. C. (1978), "Activity types and language", *Pragmatics microfiche*, 3, Fiche 3–3, D.1– G.5.

LIGHTFOOT, D. (1978), *Principles of Diachronic Syntax*, Cambridge: Cambridge U. P.

LURIA, A. R. (1976), *Basic Problems of Neurolinguistics*, The Hague: Mouton.

LYONS, J. (1977), *Semantics*, Vols. 1 and 2, Cambridge: Cambridge U. P.

MCCAWLEY, J. D. (1968), "The role of semantics in a grammar" , In Bach, E. and Harms, R. T. (eds.), *Universals in Language*, New York: Holt, Rinehart and Winston.

MCCAWLEY, J. D. (1981), *Everything that Linguists have Always Wanted to Know about Logic*** *but were Ashamed to Ask*, Chicago: Chicago U. P.

MALINOWSKI, B. (1930), "The problem of meaning in primitive languages" , in 2nd and subsequent editions of Ogden, C. K. and Richards, I. A. (1923), *The Meaning of Meaning*, London: Routledge, 296–336.

MATTHEWS, P. H. (1976), Review of Sadock (1974), *General Linguistics*, 16, 236–242.

MILLER. G. A., and JOHNSON-LAIRD, P. N. (1976), *Language and Perception*, Cambridge: Cambridge U. P.

MILLER. G. A., and NICELY, P. (1955), "An analysis of perceptual confusions among some English consonants" , *Journal of the Acoustical society of America*, 27, 338–352.

MILLER, R. A. (1967), *The Japanese Language*, Chicago: Chicago U. P.

MORRIS, C. W. (1938), *Foundations of the theory of signs*, Chicago: Chicago U. P.

MORRIS, C. W. (1946), *Signs, Language, and Behavior*, Englewood Cliffs, NJ: Prentice-Hall.

NEWELL, A. (1973), "Artificial Intelligence and the concept of mind" , in Schank, R. C. and Colby, K. M. (eds.), *Computer Models of Thought and Language*, San Francisco: W. H. Freeman, *pp* 1–60.

NEWMEYER, F. J. (1980), *Linguistic Theory in America*, New York: Academic Press.

O'HAIR, S. G. (1969), "Meaning and implication" , *Theoria*, 35, 38–54.

PALMER, F. R. (1977), "Modals and Actuality" , *Journal of Linguistics*, 13 (1), 1–23.

PALMER, F. R. (1980), "*Can*, *will*, and actuality" , in Greenbaum, Leech and

Svartvik, op. cit., *pp* 91–99.

PARISI, D., and CASTELFRANCHI, C. (1981), "A goal analysis of some pragmatic aspects of language" , in Parret, Sbisà and Verschueren, op. cit., *pp* 551–568.

PARRET, H., SBISÀ, M., and VERSCHUEREN, J. (eds.) (1981), *Possibilities and Limitations of Pragmatics*, Amsterdam: John Benjamins.

POPPER, K. R. (1972 [1963]), *Conjectures and Refutations*: *The Growth of Scientific Knowledge*, 4th edn, London: Routledge (originally published 1963).

POPPER, K. R. (1972), *Objective Knowledge*: *An Evolutionary Approach*, Oxford: The Clarendon Press.

QUIRK, R. (1965), "Descriptive statement and serial relationship" , *Language*, 41, 205–217.

ROMAINE, S. (1981), "The status of variable rules in sociolinguistic theory" , *Journal of Linguistics*, 17, 93–119.

ROSCH, E. (1977), "Human categorization" , in Warren, N. (ed.), *Advances in Cross-cultural Psychology*, Vol. 1, New York: Academic Press.

ROSCH, E., and MERVIS, C. B. (1975), "Family resemblances: studies in the internal structure of categories" , *Cognitive Psychology*, 7, 573–605.

ROSS, J. R. (1970), "On declarative sentences" , in Jacobs, R. A. and Rosenbaum, P. S. (eds.), *Readings in English Transformational Grammar*, Waltham, Mass.: Blaisdell, *pp* 222–272.

ROSS, J. R. (1973), "A fake NP squish" , in Bailey and Shuy, op. cit., *pp* 96–140.

SACKS, H., SCHEGLOFF, E., and JEFFERSON, G. (1974), "A simplest systematics for the organization of turn-taking in conversation" , *Language*, 50, 696–735.

SADOCK, J. M. (1974), *Toward a Linguistic Theory of Speech Acts*, New York: Academic Press.

SAUSSURE, F. de (1959 [1916]), *Course in General Linguistics*, New York: Philosophical Library (translated by Wade Baskin, Original French edition

1916).

SEARLE, J. R. (1969), *Speech Acts: An Essay in the Philosophy of Language*, Cambridge: Cambridge U. P.

SEARLE, J. R. (1979), *Expression and Meaning*, Cambridge: Cambridge U. P.

SEARLE, J. R. (1979 [1975a]), "A taxonomy of illocutionary acts" , in Searle (1979), 1−29 (originally published 1975).

SEARLE, J. R. (1979 [1975b]), "Indirect speech acts" , in Searle (1979), 30−57 (originally published in Cole and Morgan (1975)).

SEARLE, J. R. (1979 [1975c]), "Speech acts and recent linguistics" , in Searle (1979), 162−179 (originally published 1975).

SINCLAIR, J. MCH. (1980), "Discourse in relation to language structure and semiotics" , in Greenbaum, Leech and Svartvik, op. cit., *pp* 110−124.

SINCLAIR, J. MCH., and COULTHARD, R. M. (1975), *Towards an Analysis of Discourse*, London: Oxford U. P.

SLOBIN, D. I. (1975), "The more it changes... on understanding language by watching it move through time" , *Papers and Reports on Child Language Development*, University of California, Berkeley, September 1975, *pp* 1−30.

SMITH, N., and WILSON, D. (1979), *Modern Linguistics: The Results of Chomsky's Revolution*, Harmondsworth: Penguin.

SPIELMANN, R. W. (1980), "Performative utterances as indexical expressions—comment on Harris" , *Journal of Linguistics*, 16, 89−94.

STEINBERG, D. D., and JAKOBOVITS, L. A. (eds.), (1971), *Semantics: An Interdisciplinary Reader in Philosophy, Linguistics and Psychology*, Cambridge: Cambridge U. P.

STENIUS, E. (1967), "Mood and language-game" , *Synthese*, 17, 254−274.

THOMAS, J. A. (1981), "Pragmatics failure" , University of Lancaster: unpublished M.A. dissertation.

THOMAS, J. (1983), "Cross-cultural pragmatic failure" , *Applied Linguistics*, 4.2, 91−112.

THORPE, W. H. (1972), "The comparison of vocal communication in animals and man" , in Hinde, R. A. (ed.), *Non-Verbal Communication*, Cambridge:

Cambridge U. P. *pp* 27–47.

TREVARTHAN, C. (1977), "Descriptive analyses of infant communicative behavior" , in Schaffer, H. R. (ed.), *Studies in Mother-Infant Interaction*, New York: Academic Press, *pp* 227–270.

VELOO, V. P. (1980), "Grammar and semantics of the verb in Malayalam" , University of Lancaster: unpublished M.A. dissertation.

VENNEMANN, T. (1973), "Explanation in syntax" , in Kimball, J. P. (ed.), *Syntax and Semantics*, Vol. 2, New York: Seminar Press, *pp* 1–50.

VERSCHUEREN, J. (1985), *What People Say they Do with Words*: *Prolegomena to an Empirical-conceptual Approach to Linguistic Action*, Norwood, NJ: Ablex Publishing Corporation.

WIDDOWSON, H. (1975), *Stylistics and the Teaching of Literature*, London: Longman.

WILSON, D. (1975), *Presupposition and Non-Truth-Conditional Semantics*, London and New York: Academic Press.

WILSON, D., and SPERBER, D. (1981), "On Grice's theory of conversation" , in Werth, P. (ed.), *Conversation and Discourse*: *Structure and Interpretation*, London: Croom Helm, 152–177.

WINSTON, P. H. (1977), *Artificial Intelligence*, Reading, Mass.: Addison-Wesley.

WITTGENSTEIN, L. (1953), *Philosophical investigations*, Oxford: Blackwell.

YNGVE, V. (1961), "The depth hypothesis" , in *Structure of language and its mathematical aspects, Proceedings of Symposia in Applied Mathematics*, 12, 130–138.

索　　引

索引所标页码为英文版页码，即本汉译版的边码。

A

addressee, **13**, 15, 153　受话人

addressee-orientation, 219, 221　受话人导向 / 以受话人为出发点

addresser, 13　发话人

Agreement, Maxim of **132**, 137, **138**, 142, 149　一致，准则

Akmajian, A., and Heny, F., 74, 75　阿克马吉安和亨尼

Alston, W. P., 6, **20**, 203–204　阿尔斯通

ambiguity, 2, **66–67**, 68　歧义

Ambiguity Maxim , 66　歧义准则

ambivalence, **23–24**, 122　含混

anticipatory illocution, **97–97**, 120　预期的以言行事

apology, 124–125, 132　道歉

Approbation Maxim, **132**, **135–136**, 140, 149, 200　赞誉准则

arbitrary meaning　任意性意义，见 meaning

argumentative function　论辩功能，见 function

Argyle, M., and Dean, J., 12　阿盖尔和迪安

artificial intelligence, 4, 229　人工智能

asking, **114–115**, 117　询问

assertion, 41, 44, **114–115**　断言

assertive, **105–106**, **205**, 208, 209, **223–225**, 227⑪　断言类言语行为

　argumentative assertive, 224　论辩性断言

　predictive assertive, 223, 224, 228⑱　预言性断言

　retrodictive assertive, 223, 224, 228⑱　回溯式断言

assertive predicate, **210–211**　断言类谓语

attitudinal predicate, **211–212**　态度类谓语

Austin, J. L., x, xi, 2, 6, 12, 14, 15, 128②, 156, **174**, **175–181**, 195, 196, 197⑨, 198, 199, 200, 205, 226①, 228⑳　奥斯汀

authority scale, **126**, 144 , 220　权势等级

B

Bach, K., and Harnish, R. M., 128②, 196④, 205, 226②, ④, ⑧, ⑨, 228⑱　巴赫和哈尼什

background knowledge, 13, 93, 94　背景知识

Banter Principle, **144–145**, 151⑧　玩笑

原则
de Beaugrande, R., and Dressler, W., 233⑦　德·布格兰德和德雷斯勒
Bloomfield, 17②　布龙菲尔德
boasting, 136　吹嘘、自夸
Bolinger, D. L., **172**③　鲍林格
Brown, P., and Levinson, S., 128①, ⑤ 布朗和莱文森
Brown, R., and Gilman, A., 126 布朗和吉尔曼
Bühler, K., 57 比勒

C

Carnap, R., 6　卡纳普
causative verbs, 203, 204　使役动词
Chomsky, N., 1, 2, 3, 4, 17⑤, ⑥, 46, 54–55, 74, 76①, ③, 77⑩　乔姆斯基
clarity, 100　清晰
Clarity Principle, **66–67,** 69, 100, 102　清晰原则
Clark, H. H., and Clark, E. V., 91, 101, 151⑪　克拉克和克拉克
clash of principles/maxims, 80, **82–83**, 84, **137**, 147, 231, 232　原则 / 准则之间的冲突
cognitive verbs, 207　认知动词
collaborative illocutionary functions, 104–105　协作类以言行事功能
comity, 105　礼仪
command (distinguished from imperative), 114　命令（区别于“祈使”）
commissive, **106**, 107, 109, 127, 132, **206**, 209, 217, 218, 220, 221　承诺类言语行为
commissive predicate, 210–212　承诺类谓语
communicative function　交际功能，见 function
communication, x　交际
ideational　概念交际，见 message
interpersonal 人际交际，见 discourse
另见 process model of communication
communicative goal, **200**　交际目的
communicative grammar, xi, **152–172**　交际语法
competence, 3, 4　能力
competitive illocutionary function, **104–105**　竞争类以言行事功能
complementarism, x, 6, 7, 19, 88, 114, 183, 187, 190, 230　互补论，互补主义
conative function　意动功能，见 function
conditionality factor, **219**　制约因素
conflict, **112–114**, 144　冲突
conflict of principles/maxims　原则或准则之间的冲突，见 clash
conflictive illocutionary function, **104–105**　冲突类以言行事功能
congratulation, 132　祝贺
constative, **176**　表述语 / 表述句
constitutive rules, 8, **21–22**　构成性规则
content-descriptive verb, **212–213**　内容描述类动词
context, 3, **13**, 15　语境
convention, **24–30**, 44, 45⑩, ⑫　规约
arbitrary, 43　任意性的规约
motivated, **26**　有理据的规约
conventional implicature, 11, 18⑭, **91**, 119　规约含意
conventionalization, **28**　规约化
conversational analysis, 4, 10　会话分析
conversational implicature　9, 27, **32–33**,40, **90–93**, 119–146, 153, 165, 229　会话含意
conversational principles, **7–10**　会话原则

convivial illocutionary function, **104–105** 和谐类以言行事功能
Cooperative Principle, **7–10**, 15, 17, 18⑪, 23, 24, 27, **30–34**, 40, 42, 59, 69, **79–84**, **88**, 89, 91, 93, 94, 100–101, 104, 120, 131, 133, 135, 137, 141, 142, 145, 146, 147, 164, 166, 170, **171–172**, 190, 229, 231 合作原则
corpus data, 231 语料库语料
corroborative conditions, **42–43**,164 确定性条件
Corsaro, 18⑪ 科尔萨罗
cost-benefit scale, **107–112**, 114, 123, **124–125**, 126, 132, 133–134, 175, **219–220** 损-益等级
courteous goal, 105 礼貌目的
CP 合作原则，见 Cooperative Principle
creditive predicate, **211** 表信类谓语
cross-linguistic studies, 231 跨语言研究
Crystal, D., 12 克里斯特尔

D

Davy, D., 12 戴维
declaration, **106–107**, 133, **179–181**, 206 宣告类言语行为
declarative, **114**, 121 宣告句 / 陈述句
decoding, 60 解码
deep structure, 19 深层结构
  analysis, 208, 209, 226⑥（深层结构）分析
default interpretation, **42**, 100, 164 缺省解释
definiteness, **90–93** 确指性
descriptive function 描述功能，见 function
determinacy, 70–73 确定性
direct illocutions, 37 直接以言行事
direct speech, **184–187**, 213 直接引语
direct speech acts , 37, 229 直接言语行为
directive, **106**, 107, **205–206**, 208, 209, **217**, **218**, 220, 221 指令类言语行为
directive predicate, 210 指令类谓语
discourse, **59**, **199**, 226, 231 话语
discourse analysis, 4, 59, 231, 232 话语分析
discourteous goal, 105, 109 不礼貌目的
discreteness, **70–73** 离散性
do-support, 21 do 支持规则
dubitative predicate, **211–212** 怀疑类谓语
dynamic features, 12 动态特征

E

Economy, Principle of 25, **67–68** 经济，原则
Edmondson, W., 232, 233⑥ 埃德蒙森
elliptical response, 26 省略回答 / 省略性回复
encoding, 60 编码
End-Focus, Maxim of, **22**, 63, **64–65**, 69, 70, 74, 75–76 句末-焦点，准则
End-Weight, Maxim of, **65–66**, 69, 73–74 句末-重心，准则
énoncé, 18⑯ 表述
énonciation, 18⑯ 表述行为
entailment, 224 蕴涵
essential condition, 164 基本条件，另见 default hypothesis
euphemism, **147** 委婉语
exaggeration, 143, 147 夸张，另见 hyperbole
expectation, 168 期望
  actual, 168 实际期望
  cancelled, 168 被取消的（期望）
experiential function 经验功能，见 function

Expressibility, Searle's Principle of, **177** 塞尔的可表达性原则
expressive, 106, 132, 206, 209, **217**, **218**, **220**, 227⑬ 表达类言语行为
expressive function 表达功能，见 function
expressive predicate, **210–212** 表情类谓语
expressive repetition, **69** 表情类重复
Expressivity Principle, **68–70**, **230** 表达力原则
extended standard theory, 3 扩展的标准理论

F

Face Threatening Act 威胁面子行为，见 FTA
felicitousness, 176 合适性
Fillmore, 227⑬ 菲尔莫尔
Firth, 2, 54 弗斯
Flattery Maxim, 135 恭维准则
force (distinguished from sense), **17**, **24**, **30–35**, 152, **174**, 228 语力（区别于“涵义”）
(relating force to sense), **80**, **104**, 131 （语力与涵义的联系）
另见 illocutionary force, pragmatic force, rhetorical force
formalism, **46–47**,**76** 形式主义
(distinguished from functionalism)(区别于“功能主义”) **4–5**, **46–47**, **76**
Fraser, B., 193, 226⑤, ⑨ 弗雷泽
function of language, **49–58**, **61** 语言功能
argumentative, 49, 52, **53**, 57, 58, 157 论辩
communicative, 51 交际功能
conative 意动，见 signalling function
descriptive, 49, 53, 57, 58, 157 描述功能
experiential, 57 经验功能
ideational, 56, 62, **70–73** 概念功能
interpersonal, 56, 57, 58, 62, 72 人际功能
logical, 57 逻辑功能
metalinguistic, 52 元语言功能
propositional, 159, 163 命题功能
signalling, 49, 51, 52, 154, 157 信号传递功能
speech-reporting, 212 言语转述功能
textual, 56, **57**, 58 篇章功能
thought-reporting, 212 思想转述功能
functionalism, **46**, **48–76**, 198 功能主义
biological, 48–50 生物功能主义
psychological, 51 心理功能主义
social, **51–53** 社会功能主义

G

garden paths, 67, 77⑬ 花园幽径现象
Gazdar, G., 102⑤, 193 盖兹达
general pragmatics 普通语用学，见 pragmatics
Generosity Maxim, **132**, **133–134**, 136, 149, 150 慷慨准则
goal, 13, 24, 30, 40 目的
另见 competitive, communicative, courteous, discourteous, illocutionary, preparatory, rhetorical, social, ulterior
goal-directed behavior, **36–40**, 51, 61, 95, 112, 143, 150, 227, 230 目的导向行为
goal-oriented 目的取向行为，见 goal-directed
Gordon, D., and Lakoff, G., 103⑩, ⑪, 197⑫ 戈登和莱可夫
grammar, 4, **12–13** 语法

categorical, 71–73 类属语法
communicative, xi, **152–172** 交际语法
distinguished from pragmatics 区别于“语用学”，见 pragmatics
generative, 3 生成语法
transformational, 73–74 转换生成语法
grammaticality, 73–75 语法性
Grice, H.P., x, 2, **6–10**, 18⑩, 27, **30–34**, 42, 43, 45⑫, 48, 69, 79, 80, 91, 99–100, 102②, 131, 135–136, 155, 164–165, 229 格赖斯
Gumperz, J. J., 18⑫ 甘柏兹

H

Halliday, M. A. K., 2, 12, 15, 46, 54, **56–58**, 61, 70, 75, 76①, 78㉓, 229 韩礼德
Harnish, R. M., 18⑫, ⑭ 哈尼什
Harris, R., 196⑥ 哈里斯
hedged performatives, 140, 150③, 215 模糊性施为句
hedging, 101, 114 模糊限制
heuristic analysis, **40–43**, 104, 111, 153, 164 探索式分析
hierarchy of instrumentality, 200 工具性等级
higher-order principles, **144–145** 高阶原则
hinting strategy, **97–99**, 122, 128, 139–140 暗示策略
Holdcroft, D., 193 霍尔德克罗夫特
hyperbole, **145–149**, 150 夸张

I

Iconicity Maxim, 68, 230 象似性准则
ideational communication 概念交际，见 message
ideational function 概念功能，见 function
idiom 146 习语
idiomatization, 194 习语化 / 惯用法
illocution 以言行事 / 施事，见 illocutionary act
illocutionary act, 14, **22**, 24, 59, **105–107**, **174–175**, **176**, 180, **188–189**, 196, 198, **199–203**, 204, 205, 207, 208①, ④, ⑤, ⑧ 以言行事行为 / 施为行为
另见 anticipatory, assertive, commissive, declaration, direct illocutionary act, directive, indirect illocutionary act
illocutionary categories, **207–211** 以言行事类别 / 施为类别
illocutionary failure, 205 以言行事失败
illocutionary force, 3, 5, 7, 12, **15**, 17, 20, **22–23**, 43, **153–154**, 156–157, **174–175**, **177**, 182, **192**, 193, 200, 228⑳, 229, 230, 232 施为用意 / 以言行事用意
illocutionary functions 施为功能 / 以言行事功能
见 collaborative, competitive, conflictive, convivial
illocutionary goal, 17, 82, 94, 98, **104–105**, 154, **180**, 199, 202 施为目的 / 以言行事目的
illocutionary meaning, 200 以言行事意义 / 施为意义
illocutionary performative, **181–189**, 196 以言行事施为句
illocutionary predicate, **209–212** 以言行事谓语
illocutionary verb, **174–175**, 176, 181, **198**, **203**–207, 209, 212–213, **216–223**, 225 以言行事动词 / 施为动词
addressee-oriented, 219 以受话人为中心的言语行为动词 / 施为动词

speaker-oriented, 219　以说话人为中心的言语行为动词 / 施为动词
illocutionary verb fallacy, **174–175**, 201　以言行事动词谬误 / 施事动词谬误
imperatives, **114–118**　祈使句
implicature, **30–31**, 33, **42**, 44, **90–93**, 94, 111, 112, 119, 120, 133, 141, 143–144, 153–154, 166–169, **169–171** 含意
另见 conversational, logical, meta-implicature, politeness, second-instance
impolite beliefs, 170　不礼貌信念
impositive,108–110, 114, **119–123**, 124, 132　强加类言语行为
indeterminacy（of pragmatic meaning）23, 30, 35, **154**　不确定性
indicative propositions, 117, 118, 160　直陈命题
indirect illocutions, **32–33**, 38–39, 62, 94–96, 97, 103⑩, ⑪, **108–109**, 203　间接性以言行事行为
indirect speech act, 33, **37–39**, 229　间接言语行为
indirectness, scale of, **108–109**, **123–124**, 126, 127, 195　间接性等级
insincerity, 142–143　不真诚
instantaneous present, **186–187**, 197⑧　瞬时现在时
Interest Principle, **146–147**, 149, 151⑪　兴趣原则
interpersonal communication　人际交际，见 discourse
interpersonal pragmatics　人际语用学，见 pragmatics
interpersonal rhetoric　人际修辞，见 rhetoric
interrogation, 152, **157–169**　疑问
interrogatives, 114–118　疑问句
Irony Principle, **83**, 102②, 127, 131, **142–145**, 150, 229　反讽原则
IP　反讽原则，见 Irony Principle

J

Jakobson, R., 57　雅各布森

K

Karttunen, L., and Peters, S., 18⑭　卡尔图宁和彼得斯
Katz, J. J., 1–2　卡茨
Keenan, E., 18　基南
Kempson, 103⑧, 117　坎普森
Kim, C., 223④　金
Kuhn, T. S., 3, 17④　库恩

L

Labov, W., 18⑫, 70, 72　拉波夫
Lakoff, G., 3, 174　莱可夫
Left-branching, 65（语法结构）左分支的
Levin, S.R., 18–19　莱文
linguistic theory（scope of）, 2, 3　语言学理论
linguistic universals, 46　语言共性
litotes, **145–149**　曲言 / 间接肯定
loaded questions, **166–169**　诱导性疑问句
locutionary act, **176**, **199–203**, **207**　以言指事行为
logical form, 5, **19**　逻辑形式
logical function　逻辑功能，见 function
logical implicature, **85–88**　逻辑含意
lower-order principles, **145**　低阶原则
Lyons, J., 9, 13, 17⑧, 18⑯, 128⑧　莱昂斯

M

McCawley, J. D. , 197⑩, 233　麦考利

mand, 114, **116**, 117, 119, 128⑧, 210 祈使
另见 reported mand
Manner, Maxim of 8, 39, **66**, **99–100**, 101, 166, 167, 168 方式，准则
markedness, 75, 101 标记性
maxims (distinguished from rules), 9–10, 133 准则（区别于"规则"）
另见 clash of principles/maxims *and maxims under* Agreement, Ambiguity, Approbation, End-focus, End-Weight, Flattery, Generosity, Iconicity, Manner, Modesty, Negative Uninformativeness, Phatic, Politeness, Quality, Quantity, Reduction, Relation, Sympathy, Tact, Transparency
Meanings, 2, 5, 15, **17**, **34–35**, 210 意义
arbitrary, **25** 任意意义
conveyed, 155 传达意义
illocutionary, 200 以言行事意义 / 施为意义
intended, 155–156 意指意义
propositional, 80 命题意义
semantic v. pragmatic, 6 语义（意义）与语用（意义）
另见 indeterminacy
means-end analysis, **36–40**, 42, 58–59, 62, **95–96**, 123, 154, 156, 157, 175, **179–180**, **200–203**, 225, 229 途径–目的分析 / 手段–目的分析
meiosis 弱陈 / 缓叙，见 litotes
message, 59, 60, 100, **199**, 200 信息
metagrammar, **25**, 27 元语法
meta-implicature, 111–112, 212 元含意
metalinguistic function 元语言功能，见 function
metaphor, 29, 194 隐喻
metapropositional, 156, 161–162, **172③**, 188, 210 元命题
Miller, G. A., and Johnson-Laird, P. N., **172** 米勒和约翰逊–莱尔德
Miller, R. A., **136–137** 米勒
minimum illocutionary assumption, **42**, 171 最小施为假设
miscommunication, 35 错误交际
mock-impoliteness, 144 虚假不礼貌
modality, 152 情态
Modesty Maxim, **132**, 135, **136–138**, 140, 149, 150, 200 谦逊准则
Morris, 6 莫里斯
motivated convention 有动因 / 有理据的规约，见 convention
motivation, **24–30** 动因 / 理据

N

Natural Constituent Structure, Principle of, 77⑫ 自然成分结构，原则
Natural Serialization, Principle of, 77⑫ 自然序列化，原则
negation, 152, **157–163**, **165–169** 否定
Negative Uninformativeness, Sub-Maxim of, **100–102**, 143, 152, 165, 168 负向信息短缺，次准则
negative question 否定问句，见 question
negotiation (of pragmatic factors), 23, 232, 233 协商（语用因素）
Newmeyer, F. J., 17① 纽迈耶
non-indicative propositions, 116–117, 118, 160 非直陈命题
non-performative, **189–191**, 192 非施为句
non-posterior time, 218, 223 非后验时间
non-speech act verbs, 204 非言语行为动词

O

objective knowledge, 49, 62 客观知识
obliquity, 96, 100–101, 120, 139, 167, 170 间接性
optionality scale, **109–110**, 123, 126, **175**, **219**, 221 可选择性等级
or, inclusive and exclusive, **88**, 103⑧ 或，包容性与排他性
oratio obliqua, 139, **181**, 183, **184–189**, 191, 210, 212, 213 间接引语
overgrammaticization **20**, **58**, **73–76**, 215, 232 过度语法化

P

Palmer, F. R., 89, 103⑨ 帕尔默
paradigm (defined), 3 范式（界定）
pardons, 124–125 原谅
particle-postponement rule, 74 小品词–后置规则
passive, 22 被动
performance, 4（语言）运用
performatives, 156, **174–196**, **216**, 225, 227⑭, ⑰, 229 施为句
  explicit, **176**, 192 显性（施为句）
  primary, 176 基本（施为句）
  另见 hedged performative, illocutionary performative, non-performative
performative-deletion, 192 施为取消
performative fallacy, **174–175**, **177**, **182**, 196②, 228⑳ 施为谬误
performative hypothesis, 6, 19–20, **174–175**, **192–195**, 213 施为假设
  extended, **193–195** 扩展性（施为假设）
performative verb, 177, 189, 195, **213–216** 施为动词
performative utterance, 176, **189** 施为话语，另见 performative
performativity, **215** 表述行为
perlocutionary act, **176**, **199–203**, 226② 以言成事行为
perlocutionary failure, 205 以言成事失败
perlocutionary verb, **203–205**, 212, **214–215** 以言成事动词
phatic act, 197⑨ 寒暄行为
phatic communion, 39, 40, 141 寒暄语
Phatic Maxim, **141–142** 寒暄准则
phonetic act, 200 发声行为
phonically-descriptive verb, **212–213**, 214, **215–216** 有声描述动词
phrastic act, 200 指陈行为
plan, 201 计划
politeness, 12, 18⑩, 26, 27, 29, 62, 80, **81–82**, **83–84**, 96, 102, **102①**, 104, 107, 109–110, 111, 122, 123, 131–133, 146, 147, 154, **169–171**, 199 礼貌
politeness
  absolute, **83–84** 绝对（礼貌）
  negative, **83–84**, **107**, 110, 133 负面（礼貌）
  off-record, 82 间接（礼貌）
  on-record, 112, 121 直接（礼貌）
  positive, **84**, **107**, 110, 113 正面（礼貌）
  relative, **83–84**, 134 相对（礼貌）
politeness implicatures, **170–171** 礼貌含意
Politeness, Maxims of 礼貌准则
  见 *maxims under* Agreement, Approbation, Generosity, Modesty, Phatic, Sympathy, Tact
Politeness, metalinguisitic aspect of, 139–142 礼貌，元语言方面的礼貌

Politeness Principle, 7, 15, 17, 18⑪, 26, 33, 39–40, 59, 69, **79–84**, 93, 105, 111, 120, 131, 132, 143, 144, 154 , **170–171**, 229, 231 礼貌原则
Pollyanna Principle, **147–148**, 151⑪ 乐观原则
polysemy, **208** 一词多义 / 多义性
Popper, K., 5, **48–58**, 154, 157 波普尔
posterior time, 218, 223 后验时间
postulates, 5, **19–44**, **47–48**, **54–56**, **70–73** 假设
power 权力，见 authority
PP 礼貌原则，见 Politeness Principle
pragmalinguistics, 11, 18⑬, 231 语用语言学
pragmatic asymmetry, 133 语用不对称
pragmatic exemptions, **27** 语用豁免，语用例外
pragmatic failure, 231 语用失误
pragmatic force, **17**, **35**, **152–156**, 203 语力，另见 illocutionary force
pragmatic hypothesis, **193** 语用假设
pragmatic metalanguage, 156–157 语用元语言
pragmatic paradox, **110–112**, 128⑥, **136–137** 语用悖论
pragmatic principles, 9–10, 133, 231 语用原则
另见 *principles under* Banter, Clarity, clash of, conversational, Cooperative, Economy, Expressibility, higher-order, Interest, Irony, lower-order, natural serialization, Politeness, Pollyanna, Processibility, second-order, third-order, Transparency
pragmatic restrictions, **27**, 68 语用限制
pragmatic scales, **123–127**, **132**, 137 语用等级
另见 *scales under* authority, cost-benefit, indirectness, optionality, praise-dispraise, social-distance
pragmatic specialization, **28**, 194 语用特殊化
另见 idiomaticalization
pragmaticism, **6** , **20**, 232 语用论，语用主义
pragmatics, x, 4, 6, **15** 语用学
distinguished from grammar, xi，4, **10**, **12–13**, 14, **47–48**, 56, 57, 70–71, 73, 75, 89–90, **174**, 215 区别于“语法”
distinguished from semantics, **5–7**, 10, 14, 89, **114–115**, **171**, **192**, 196, 221, 222, **230** 区别于“语义学”
general, 1, 5, **10–13**, 84 普通语用学
interpersonal, 62, 93, 229, 230, 232 人际语用学
referential, 11, 93 指称语用学
textual, **63–70** 篇章语用学
pragmatics as problem-solving , x, 5, **31**, **35–44**, **153**, 164, 229 问题解决的语用学
pragmatics as part of theory of action, 32 作为行为理论组成部分的语用学
praise-dispraise scale, 132, **135–138** 赞扬–指责等级
predicate 谓语
见 *predicates under* assertive, attitudinal, creditive, commissive, directive, dubitative, expressive, illocutionary, propositional attitude, psychological, rogative, speech act, volitional
predicative assertive 预言性断言类动词，见 assertive

preparatory condition, 164, 166, 172　预备条件
preparatory goal, 98　预设目的
presupposition, 3, 17③　预设
principles (distinguished from rules), 5, 9–10, **21–30**, 133, 173　原则（区别于"规则"）
principles, pragmatic　原则，语用原则，见 pragmatic principles
process model of communication, **58–63**, 199　交际的过程模型
Processbility Principle, **64–66**, 67, 230　可处理性原则
proposition, **114–115**, 116, 119, 121, 122, 156, **182–183**, 190, 224　命题
  另见 *propositions under* indicative, non-indicative, real, reported, unreal
propositional, **115**, 117, 118, 156, **160**　命题的
propositional attitude predicate　命题态度谓语，另见 creditive predicate
propositional content, 115, 117, 129⑨, 159　命题内容
propositional function 159, 163　命题功能
propositional logic, 21, 80, 152　命题逻辑
psychological predicate, **211**　心理谓语
  另见 *predicates under* attitudinal, creditive, dubitative, volitional
psycholinguistics, 4　心理语言学

Q

Quality, Maxim of, 8, 24, **31–34**, **42**, **84–90**, 91, 100, 111, 133, 142–143, 145, 147, 151⑨, 164, 190, 212, 216　质准则
Quantity, Maxim of , 8, 9, 18⑪, 31–32, 42, **80**, **84–90**, 91, 92, 93, 94, 101, 135, 141, 142, 143, 145, 164, 165, 166, 168, 216　量准则
question, 96, 114, 117, 121, 122　疑问
  assertive question, 167　断言类疑问
  loaded question, **166–169**　诱导性疑问
  negative assertive question, 168, 169　消极断言类疑问
  non-assertive question, 168　非断言类疑问

R

real propositions, **118**　真命题
receiver, 13　接受者
reciprocity of perspectives, 170　视角互换性
Reduction, Maxim of, **67**　简化准则
referential pragmatics　指称语用学，见 pragmatics
reflective belief, 191　自反性信念
reflexive intention, **34–35**, 45⑪　自反性意图
register, 12　语域
regulative rules, 8, **21–23**　调节性规则
Relation, Maxim of , 8, 25, 27, 35, **42**, **81**, **93–96**, 97, 100, 102, 155, 164, 165, 231　关系准则
relevance, **94–95**, 97, **99**, 100, 128, 155　关联 / 相关
reported mand, 212　间接祈使语
reported proposition, 211　间接命题
retrodictive assertive　回溯式断言类动词，见 assertive
rhetic act, 197⑨, 200　表意行为
rhetoric, 11, **15–17**, 24, 145　修辞
  interpersonal, 15, **57–89**, 60, **63**, 95, 100, 118, 122, **131–150**, 157, 175, 229　人际修辞

textual, 15, 22, 45⑤, **57–59**, 60, 62, 76, 100, 157, 230, 231, 233① 篇章修辞
rhetorical force, 17 修辞语力
rhetorical goal, 154 修辞目的
right-branching, 65（语法结构）右分支
rights and duties, 126, 128③, 129⑰ 权利与义务
rogative predicate, **210–211**, 212 探询类谓语
rogative verbs, **206**, 209 探询类动词
Rosch, E., 71 罗施
Ross, J. R., 2,7, 44①, ②, 70, 174, **175**, **193**, 213 罗斯
rules（distinguished from principles）, 5, 21–24 规则（区别于“原则”）
另见 constitutive rules, particle-postponement rule, regulative rules

S

Sadock, J. M., 29, 38, 129⑮, 174, 192, **193–195**, 197⑫, 213 萨多克
Sapir-Whorf hypothesis, 178 萨丕尔–沃尔夫假说
Saussure, F. de, **25**, 54–55 索绪尔
scalarity, 225 级差性 / 等级特点
scales, pragmatic 语用等级 / 级差
见 *see scales under* authority, cost-benefit, indirectness, optionality, praise-dispraise, social distance
Searle, J. R., x, xi, 2, 6, 7, 13, **20–21**, 22, 24, **32**, 38–39, **44**, 45③, ④, 48, 103⑩, ⑪, **105–107**, 128①, ⑦, 132–133, 153, 154, 156, 159, 164, 165, 166, 169, 171, 172①, **174–181**, 193, 195, 196, 196①, ②, ③, ④, 198, 200, **205–206**, 207, 208, 215, 225, 226①, ⑤, ⑥, 227⑬, ⑮ 塞尔
second-instance implicature, **167–168**, **172⑥** 次生含意
second-instance sentences, 166 次生句
second-instance utterances, **161–162** 次生话语
second-order principles, 142, 147 二阶原则
semantic analysis, **159–163**, **216–223**, 227⑬ 语义分析
semantic representation, **19–21**, 30, **114–118**, **208–209** 语义表征
semanticism, 6, 19–20, 183, 232 语义论，语义主义
semantics, 2, 6 语义学
truth-based, 80 真值
speech act , 200 言语行为
semantics（distinguished from pragmatics）**5–7**, 10, **12–15**, **19–22**, **24** 语义学（区别于“语用学”）
semantics, generative, 3, 192 生成语义学
sense, 24, 34, 43, 44, **80**, **114–115**, **208** 涵义
distinguished form force 区别于“语力”，见 force
sentence-radical, 115, 129⑨ 语句主体
sign, 155 符号
signal, 156 语符（信号）
signalling function 信号传递功能，见 function
silence, 139, **141** 沉默
sincerity condition, 164, 172, 180–181 真诚条件
Slobin, D. I., 64 斯洛宾
social act, 206, 216 社会行为
social goal, 17, 27, 94, **104–105**, **199** 社交目的

social-distance scale, 126, 140–141, 144 社会-距离等级
sociolinguistics, 4 社会语言学
socio-pragmatics, **10**, 11, 18⑪, ⑬, **80**, **84**, 231 社会语用学
sounding, 151⑧ 辱骂
speech-orientation, **219**, 221 言语取向
speech-act, 14, 20, 22, **33**, 177, **179**, **198**, 210, 216 言语行为
  categories, **203** 类别
  compound, **208** 复合
  另见 direct speech act and indirect speech act
speech-act predicate, 208 言语行为谓语
speech-act rules（Searle）, **44**, 165, 171 言语行为规则（塞尔）
speech-act theory, 34, 154, 156, 174, **175–181**, **191**, 195, **225–226** 言语行为理论
speech-act verb, 175, 196, **198–226**, 227⑮ 言语行为动词
  另见 non-speech act verbs
speech-reporting function 言语转述功能，见 function
speech situation, **13–15**, 20, 34, **94**, 131 言语情景
  primary, **184–186** 初生言语情景
  secondary, **185–186** 次生言语情景
Spielmann, R. W., 196⑥ 施皮尔曼
standing features, 12 突出特征 / 显著特征
style, 12 语体
Sympathy Maxim, **132**, **138–139**, 142, 149 同情准则
synonymy, 2, 20, 220 同义关系

T

Tact Maxim, 104–128, **107–114**, **119–127**, 131, 133, 134, 136, 141, 150, 154, 222 得体准则
text, **100**, 200 篇章
textlinguistics, 4, 232, 233⑦ 篇章语言学
textual function 篇章功能，见 function
textual pragmatics 篇章语用学，见 pragmatics
textual rhetoric 篇章修辞，见 rhetoric
theory of action, 32 行为理论
third-order principle, 145 三阶原则
Thorpe, W. H., 7 索普
thought-reporting function 思想转述功能，见 function
trade-off between principles/maxims 原则 / 准则之间的权衡，见 clash
Transparency Principle, 77⑪, ⑫ 透明原则
truth, 80, 145–146, 176 真值

U

understatement, 143 低调陈述 / 委婉语
  另见 litotes
uninformativeness, **100–102** 信息短缺
  另见 negative uninformativeness
ulterior goal, 98 隐秘目的
unmarked, 75–76 未标记（的）
unreal propositions, **118** 非真实命题
utterance, **14**, 18⑯ 话语

V

values, **9–10**, 220, 225 价值
verbs 动词
  见 *verbs under* addressee-oriented, assertive, causative, cognitive, commissive, content-descriptive, declarative, directive, expressive, illocutionary, imperative, impositive, non-speech

act, performative, perlocutionary, phonically-descriptive, rogative, speech act
volitional predicate, 211–212 表意类谓语

W

Wittgenstein, L., 6, 225 维特根斯坦

Y

yes-no question, 116, 120, 166, 171 是非问句
另见 loaded questions

图书在版编目(CIP)数据

语用学原则/(英)杰弗里·利奇著;冉永平译.—北京:商务印书馆,2023(2024.9重印)
(汉译世界学术名著丛书)
ISBN 978-7-100-23174-9

Ⅰ.①语… Ⅱ.①杰… ②冉… Ⅲ.①语用学—研究 Ⅳ.①H030

中国国家版本馆CIP数据核字(2023)第210162号

汉译世界学术名著丛书
语用学原则
〔英〕杰弗里·利奇 著
冉永平 译

商 务 印 书 馆 出 版
(北京王府井大街36号 邮政编码100710)
商 务 印 书 馆 发 行
北京市白帆印务有限公司印刷
ISBN 978-7-100-23174-9

2023年12月第1版 开本850×1168 1/32
2024年9月北京第2次印刷 印张10
定价:49.00元